①

②

③

①アジア図（東洋文庫所蔵）　オランダ東インド会社に所属した地図作家ウィレム・ブラウ（1571-1638）によるアジア地図。本図の両端には民族衣装を身につけたアジア各地の人々が描かれ、上端にはオランダ東インド会社が進出したゴアやバンテンをはじめアジア主要都市の俯瞰図が描かれている　②『モンタヌス日本誌』より鹿児島図（1669年　東洋文庫所蔵）　著者モンタヌスがイエズス会宣教師の報告や東インド会社の記録を読み、想像して書いた挿絵入りの日本記録『モンタヌス日本誌』の挿絵　③復元された平戸オランダ商館の外観（牧野元紀撮影）

④

⑥

⑤

④『寛文長崎図屏風』（左隻部分）（長崎歴史文化博物館所蔵）　17世紀後半。長崎市中と港湾施設や来港船が描かれている→【深瀬論文参照】　⑤国姓爺前軍談（近松門左衛門作、西安斉編　享保元年（1716）　東洋文庫所蔵）　福建出身の商人・海賊鄭芝龍と備前平戸出身の田川マツとの間に生まれた鄭成功（1624〜1662）の活躍を描いた『国姓爺御前軍談』の挿絵→【中島論文、深瀬論文参照】　⑥鄭成功廟（牧野元紀撮影）　台湾の台南にある鄭成功とその母マツを祀った「明延平郡王祠」から鄭成功の分霊をうけて平戸市丸山に祀られている

⑦画本東都遊（葛飾北斎　享和2年（1802）　東洋文庫所蔵）商館長（カピタン）を筆頭としたオランダ人の一行が日本橋の薬種問屋「長崎屋」に滞在した際の様子が描かれている。建物の前に人だかりができ、指を指したりのぞき込んだりしている　⑧*The dangers of the deep.*（東洋文庫所蔵）1806年12月7日に海賊に拉致され、身代金で無事に帰還したイギリス東インド会社の商船隊の一等航海士、ジョン・ターナーの報告書を元にしたダイジェスト版の裏表紙に付された挿絵。内部規律に違反した海賊を処刑する光景の想像図→【豊岡論文参照】

⑦

⑧

⑨

⑩

⑨アトソン湾におけるイギリス、メネシス号の中国兵船砲撃（東洋文庫所蔵）アヘン戦争時の虎門の戦いを描いた版画→【村上論文参照】 ⑩海賊艦隊撃破（クリー　東洋文庫所蔵） 1840年代、香港を守る英国海軍は賞金をかけ海賊の掃討作戦を行い、壊滅させた→【村上論文参照】

増補改訂版

東インド会社とアジアの海賊

東洋文庫
斯波義信
平野健一郎
羽田正
［監修］

牧野元紀
［編］

勉誠社

まえがき

斯波義信 SHIBA Yoshinobu

「東西交渉史」は、ユーラシア史の復原と並ぶほどのスケールの大きい歴史の大テーマです。東洋文庫ミュージアムでは、二〇一二年に「東インド会社とアジアの海賊」という特別展示を企画しましたが、これも東西交渉史をさまざまな角度から、切り口を工夫して、立体的な全体像をもたらそうという試みのひとつであるとご承知ください。

ところで、東西交渉史なかんずく海上による交渉経過の具体的ないきさつは、存外といえるほどよく記録されていて、データは日本だけでなく世界の著名な古文書館に保存され、整理されて、来館者が訪れるのを待っているのです。一例を挙げてみましょう。

一五九五年から一七九五年までに、アジアに航海したオランダ船はすべて四七二二隻、アジアから帰った船は三三五九隻で、このほとんど全てについて船名、船長名、トン数、船型、乗員数、出帆日、到着日、航海日数、海難、拿捕、海戦　そして出産までが摘録されて、一種の統計の形になっています（*Dutch Asiatic Shipping*, III vols., 1979, 87）。

ポルトガル、英、仏の船を拿捕した記事に混じって、オランダ船が一官（鄭芝龍か：官は観とも書き、厦門方言の尊称）のジャンクに（一六二七）、また日本人及びカンボジア人の船に（一六三九）拿捕された、等々の記述が見えて、世上の海賊譚も絵空事や吹聴ではなかったことが見えてきます。

本書は東インド会社のアジア進出と、それにつれて活発化してきた現地海賊についての、最新の研究成果を載せた論文集です。東インド会社、アジアの海賊のいずれをも理解する上で、信頼に値する羅針盤《コンパス》として、海図《チャート》として役立つといえましょう。以下を読んで、海の東西交渉史をめぐる皆さんの歴史イメージを生き生きとふくらませてください。

牧野元紀
MAKINO Motonori

序論　アラビア海から東シナ海までの船旅

東洋文庫が拠って立つ東洋学。西欧近代に産声を上げたこの総合的地域学はアジア各地に在留した商人、船乗り、探検家、宣教師などから寄せられた無数の現地情報の集積とその分析を出発点とする。では、彼ら自身と彼らに関わる文物（書簡や財貨など）は物理的に、誰がいかにして運んだのか。十七世紀から十八世紀にかけて、それを主として担ったのが東インド会社であることに疑いの余地はないだろう。東洋文庫には東インド会社関連の膨大な史料の所蔵が確認されるが、それは東洋学の成り立ちに鑑みれば、至極自然なことである。この東洋文庫の史料のユニークさを世に示すべく、ミュージアムで何らかのテーマ展示を企画できないかと考えたのが、本書誕生のそもそものきっかけであった。

筆者はこの展覧会（「東インド会社とアジアの海賊」）とそれにかかわるシンポジウム、および公開講座に企画者として関与した。研究者としては東南アジア史（ベトナムのキリスト教史）を一応の専門とするが、正直なところ、東インド会社についても、海賊についても、高校の教科書程度の知識しか持ち合わせない〝素人〟である。

しかし、心配はご無用。本書に名を連ねる執筆者は世界的水準において当該分野の第一線を走る専門家である。研究者の論文集というと、ややもすれば堅苦しい学術書となってしまいかねないが、こちらの要望に快くお応え頂き、難解な内容も可能な限り平易に、面白くお書き頂いた。いずれも素晴らしき水先案内人《ナビゲーター》である。

ここでは船出の前に海図を広げるイメージで、各章の中身をかいつまんでご紹介することとしたい。

総論　羽田正「東インド会社という海賊とアジアの人々」

「東インド会社が海賊?」、人気漫画の『One Piece』を〝つかみ〟に、本章を読み終えた読者は、中学や高校で学んだ東インド会社に対するイメージを根底から痛快なまでにくつがえされる。「東インド会社」というその語感は我々にある種の先入観を与えてきた。すなわち、イギリス、オランダなど西欧の〝先進文明国〟から派遣された〝紳士的な会社員〟が、アジア・アフリカの〝未開の海賊たち〟に手をこまねくという構図である。全くの偏見である。なぜなら、彼らが日本を含めた東アジアに勢力を展開し始めた十七世紀には、いわゆる国際法は未確立であり、武力に物を言わせて、現地の常識（既存の政治・経済の秩序）を乱した彼ら西欧人こそが、ほかならぬ海賊であったのだ。

著者は日本近海でポルトガル船や華人の船を襲撃したオランダ東インド会社の私掠行為をその如実な例として掲げている。海禁政策を取る徳川政権や明朝中国にとって、近海を行き交う東インド会社の船は海軍と海賊の間を揺れ動く存在であった。

本書冒頭を飾るにふさわしい東インド会社についてコンパクトかつ必要なエッセンスのつまった解説である。本章を読まれ、さらに詳細を探究されたい方には、同『東インド会社とアジアの海』（講談社、二〇〇七年）の併読をお勧めしたい。

1. 嘉藤慎作「海賊の正体を求めて——ガンジ・サワーイー号掠奪事件と多言語史料に見るその実態」

アジア各地の海域ではヨーロッパ人こそが海賊であったという総論で投じられた重めの剛速球をしっかりとミートしたのが本論の一番バッターを務める本章である。著者は十七世紀末から十八世紀初頭にかけてインド洋の西海域に出没したヨーロッパ人海賊による掠奪活動の実態を、先行研究を参照しつつイギリスやオランダの図書館・文書館に所蔵される一次史料を新たに活用することで見事に描き出している。

東西交易の盛んなインド洋はもともと海賊活動も盛んであった。いわゆる大航海時代以降に目立つのはポルトガル、イギリス東インド会社、オランダ東インド会社等で、彼らは自分たちの都合で定めたルールを適用して在地船を掠奪した。それとは別に十七世紀末頃、カリブ海での取締りから逃れてきたヨーロッパ人の海賊たちが喜望峰をこえてインドとメッカを結ぶ巡礼船の富に目をつけるようになった。

ムガル皇帝の大型帆船ガンジ・サワーイー号を掠奪したのもこうした海賊の一味であり、イギリス東インド会社とは無関係で、統率者こそイギリス人ヘンリ・エヴリであるがフランス人やデンマーク人らが少なからず含まれる流れ者の集団であった。彼らによるガンジ・サワーイー号の掠奪は当時のインド洋西海域におけるヨーロッパ人による海賊行為の典型であり、イギリス東インド会社の活動をむしろ阻害するものであった。

同社の要請をうけてのイギリス本国からの取締りと、スペイン継承戦争をうけてのスペイン船に対する私掠船への転換によって、十八世紀の最初の十年間でインド洋西海域でのヨーロッパ人海賊問題は一応の終結をみた。他方でこのガンジ・サワーイー号掠奪事件はその後も東洋の海賊譚としてヨーロッパ中に広まり、ロマンあふれる脚色が繰り返された。

そもそも海賊行為は露見すれば処罰の対象となり、海賊自身が自らの行為を記録することは少ない。被害者は被害を誇張し、その伝聞を基にした記録にはさらに尾ひれがつく。「かくして海賊に関する情報は錯綜し、その正体は彼を捕らえることのない限り、中々明確にはならないのである」と著者は本章冒頭でいみじくも語る。今日残される数少ない史資料を吟味し、雑多な情報を整理したうえで真実に近づく、まさに歴史家の腕の見せどころを示した好論である。

2．鈴木英明「ジョアスミー海賊とは誰か？——幻想と現実の交錯」

十八世紀末から十九世紀前半にかけてのインド洋の西海域、とくにペルシア湾で、イギリス東インド会社から〝海賊〟として名指しされた「ジョアスミー」とよばれた人たちの活動の実態を紹介している。著者によると、ジョアスミーとは結局のところ、イギリス東インド会社の関係者たちが共有した幻想にすぎなかった。具体的には、会社が結ぶブー・サイード家と利害関係において敵対するカーシミー家を中心としたカワーシムと呼称される集団が〝海賊〟にあたる。一八一九年、彼らの討伐に成功を収めたことで、イギリス東インド会社はペルシア湾に平和と秩序をもたらす役割を担う存在であると、現地住民からみなされるようになったという。

章題に暗に示されてはいるが、本章を読むと、「ジョアスミー〝海賊〟」が、勝者による歴史的名辞にすぎないことがわかる。冒頭では、「同時代人が彼を海賊と呼ぶことに同意しない限り、何人も海賊ではない」と、イギリスの哲学者コレリッジの言葉が紹介されるが、ここで紹介された実例がまさにそれを証明している。

3．太田淳「貿易と暴力――マレー海域の海賊とオランダ人、一七八〇～一八二〇年」

本章が舞台とするのは東南アジアのマレー海域（マレー半島、スマトラ島東岸、カリマンタン島西岸で囲まれる海）である。インドと中国を結ぶ海の大動脈に位置する。この海域における海賊活動が一七八〇年頃から一八二〇年頃にかけて活発化した理由、そしてそれが数多く記録に残された理由を詳らかにしている。

著者によると、マレー世界にはそもそも王位継承や内部対立に伴う海賊行為がしばしば発生したが、別段珍しいことではなく、当地独自の社会秩序に内包されるものであった。しかし、十七世紀にオランダ東インド会社が進出し、バタヴィアに貿易活動の中心が置かれたことで、この秩序は動揺する。

十八世紀半ばに急速に膨張した中国市場を背景に、港町リアウを中心とした新たな貿易構造が生まれた。取り残されたオランダ商人に代わって華人やイギリス私商人による貿易が活発となった。後者を支えるため、ブギス人はじめ様々な移民が増加し、海賊行為を伴いつつも、現地で重要な商業的・政治的役割を担うこととなった。

挽回を期すオランダ東インド会社は本国海軍の支援を受けリアウを陥落し、ポンティアナック王国と連合することで新貿易拠点のスカダナ港をも制圧した。しかし、結局は業績不振にあえぎ、撤退を余儀なくされ、さらには本国自体がフランスの支配下に入ったことで、一七九九年ついに解散の憂き目にあう。

斜陽を迎えたオランダ東インド会社職員にとって、会社の利益を阻害する存在はすべて海賊であった。そのため海賊被害に関する報告が増加した。植民地期になると、海岸部の移民は否定的に叙述され、海賊と名指しされたが、それは当時のオランダ人官僚や研究者の経済観と歴史観の反映である。文字資料に乏しい島嶼部東南アジアの歴史研究においてヨーロッパ資料は有用だが、そのバイアスに十分な注意が求められる。「海賊」をめぐる言説はまさにその証左といえる。

4．弘末雅士「ヨーロッパ人の植民地支配と東南アジアの海賊」

前章に続いて、マレー海域の海賊を分析対象とする。ただし、時代は下り、十九世紀の植民地期が焦点となる。著者もやはり冒頭で、東南アジアの権力者において元々海賊活動は交易活動とならんで権力構築に不可欠なものであったことを強調している。

十九世紀に入り、マラッカ海峡はイギリスとオランダの勢力圏に分断され、植民地体制が持ち込まれた。なかんずく、ジャワ副総督のイギリス人ラッフルズによる一八一九年のシンガポール開港は大きなインパクトとなった。以後、リアウやバタヴィアに代わって、同港が東南アジアを代表する中継港として中心的役割を担うようになった。

結果、同地の統治権を委譲した地元有力者のスルタンらは配下のマレー人首長や海上民を養うのに厳しい経済的状況下におかれることとなった。これを打開するために、彼らが選んだ手段が海賊行為である。マラッカ海峡を行き交う船舶がその主要な標的となった。

イギリス・オランダ両国は鎮圧を目論むが、十九世紀前半においてはその人員と財力に限界があり、完全に取り締まることはできなかった。結局は在地有力者に協力を依頼することとなる。その相手がジョホールのトゥムンゴンとリアウの副王である。したたかな彼らはヨーロッパ勢力との協調をつうじて自らの権限拡大を図ることに成功する。十九世紀後半、植民地秩序が確立され、蒸気船による植民地政庁の取り締まりが効果を上げるようになってようやく、マレー人による海賊活動は終焉を迎えた。

5. 中島楽章「海商と海賊のあいだ——徽州海商と後期倭寇」

本章が対象とする海域は日本と中国に挟まれた東シナ海である。ここで活動した海賊、すなわち、「倭寇」が日本人の海賊であるという認識はいまだ根強いようである。しかし、高等学校の日本史の教科書には、それが日明貿易の始まりと終わりを概ね境として、前期倭寇と後期倭寇とに区別され、前者が西日本と朝鮮半島の沿海民から主に構成されているのに対し、後者の大部分が中国人から構成されていることがきちんと言及されている。本章が主に扱うのは後期倭寇の時代である。

明朝による海禁政策の弛緩と石見銀山の銀産出量の急増を背景に、一五四〇年代になると中国人商人が東シナ海を舞台に日本との密貿易に乗り出す。その拠点となったのが浙江省沖合の舟山群島、なかでも双嶼港であった。初めは福建商人の前進基地であったが、十六世紀半ばには徽州商人が勢力を張った。その代表的人物が許棟である。ここでは彼ら中国人海商を仲介人に、地域社会の有力者である郷紳を後ろ盾として、ポルトガル、日本、東南アジア、アフリカなどから到来した人々が各々密貿易に従事した。彼らのなかには商品代金の支払いにおいて損失が生じた際に海賊行為に走ったり、沿海の村々を掠奪したりする者が出た。治安の悪化を懸念する明朝政府は一五四八年に双嶼を軍事的に壊滅し、許棟ら密貿易集団の頭目を捕えはしたが、配下の多くは東南沿海に散らばり、社会不安は一層拡大することとなった。許棟の後継として徽州グループをまとめたのが王直である。

王直は一五四三年に種子島に鉄砲を伝えたポルトガル船に乗っていた「五峯」と同一人物とされる。豊後の大友氏や博多商人とも気脈を通じ、双嶼壊滅後も舟山に残って日本人との交易を継続したという。密貿易利権をめぐる福建海商との争いに勝利し、瀝港を拠点に「浄海王」と自称するまでの権勢を誇った。これを危ぶんだ明朝は一五五三年、瀝港を掃討するが、かえって海賊活動は激化し拡散することとなった。王直の次なる拠点となったのが五島と平戸である。こんどは「徽王」として日明間の密貿易を束ねるが、一五五七年、明朝の総督胡宗憲の帰順命令には素直に応じて投降した。通商の公認を見込んでのことであったが、保身に動いた胡宗憲の上奏により、一五五九年杭州で処刑されてしまう。

一五六〇年代末、明朝は漳州湾からの東南アジアへの民間商船の渡航を正式に許可する。この結果、日本への密貿易に従事していた海商の多くも合法的な東南アジア貿易へ転じてゆき、大規模な倭寇の活動はようやく終息へ向かった。華人海商による交易が活発化するなか、この海域に姿を現し始めたのがオランダ東インド会社である。

6．パオラ・カランカ「中国沿岸の商業と海賊行為（一六二〇～一六四〇）
――リポン大尉の記録におけるオランダ人の参入

ここで総論とつながるのだが、この新参のオランダ東インド会社こそ、まぎれもない海賊であった。中国本土での滞在許可が得られない彼らはマカオや澎湖諸島の沖合でポルトガル船や中国船を次々と攻撃した。密貿易に絡むためか、中国史料には詳しい記録が残らない。しかし、それを補うヨーロッパ史料が存在する。オランダ東インド会社のスイス人傭兵、エリー・リポンが残した『大インドにおけるリポン上尉の旅と冒険』である。海賊活動の現場にいた一兵卒の具体的証言からなる一級史料である。

著者によると、オランダ東インド会社の船員たちは、その生活の厳しさや報酬の少なさのために、社会の最下層から来たものが大部分であったという。兵士や船員の需要は年々高まる一方であったため、オランダは外国人を雇わざるを得ず、なかでもドイツ圏の出身者が多かったという。三十年戦争で疲弊した故郷を去った彼らは〝荒くれ男たち〟であり、遠いアジアでの一攫千金を夢見ていた。リポンもその一人であった。獲得を目指す富へのみ関心が集中し、その手段の善悪には無頓着であったという。自分や自分の仲間の海賊行為については口を閉ざし、中国人やポルトガル人の密貿易業者は海賊であると厳しく断罪する。ここでも「海賊」は常に他者であった。

そもそもヨーロッパで海賊行為が刑法の対象となるのは十八世紀から十九世紀にかけてのことである。アジア市場の獲得に最初に乗り出したのはポルトガル人であるが、彼らにも商取引と海賊行為の間にはほとんど区別がなかった。後発のオランダ人はこの傾向をやわらげるどころか、その暴力的な側面をさらに強化したと著者は鋭く指摘している。

7．深瀬公一郎「屏風に描かれたオランダ東インド会社の活動」

さて、ご承知おきのとおり、いわゆる「鎖国」下の日本で海外に開かれていた最大の窓口が出島に代表される港町長崎である。長崎歴史文化博物館研究員の著者は同館所蔵『寛文長崎図屏風』から、明清交代期にあたる十七世紀後半の長崎近海におけるオランダ東インド会社の活動を読み解いている。屏風に描かれたオランダ旗を掲揚している唐船（中国船）に着目し、同時代史料の『商館長日記』と照らし合わせると、当時の緊迫した東シナ海域情勢を把握することができる。オランダ東インド会社、鄭氏政権、清朝、そして徳川幕府などの諸勢力がそれぞれ拮抗し、ときに協力した。ここで競合する相手には攻撃、すなわち、海賊行為が行われる。敵・味方を識別するためには目印が必要であった。

唐船はなぜオランダ旗を掲揚したのか。浙江省・福建省を主な基盤とする商人たちは、幕府によって清朝支配地からの来港を禁じられていた。そこで彼らが考え出したのが、台湾を拠点としたオランダ東インド会社との中継貿易である。清朝船とオランダ東インド会社との台湾貿易は日本が清朝と接触することなく、南京からの輸入を維持できる方法であった。彼らは台湾への渡航と貿易を許された証として、旗と通航証を長崎オランダ商館に求めた。それにはオランダ東インド会社から攻撃を受けることなく、友人としてもてなされるという意味があった。琉球の渡唐船もオランダ旗を掲揚していたことから、オランダ旗が有効となるのはオランダ東インド会社の商館が設置された港周辺海域だけでなく、唐船・オランダ船が航行する東シナ海域の海上まで広がっていたことが想定される。東シナ海域の貿易をめぐる鄭氏政権とオランダ東インド会社との抗争がその背景をなしていた。

8. 豊岡康史「『中国海賊《チャイニーズパイレーツ》』イメージの系譜」

本章は、総論の『One Piece』に負けず劣らず、子どもから大人まで人気のディズニー映画『パイレーツ・オブ・カリビアン』を入口に、欧米圏における中国海賊のイメージに迫る力作である。

十八世紀末、ベトナム内戦のなかで成長した海賊たちは、一八〇〇年頃から中国南部広東省沿海を横行した。統率者であった鄭一の死後、未亡人の鄭一嫂とその後夫である張保仔が率いた集団はとりわけ強力で、一八一〇年、清朝は官位を授けることでようやく懐柔することができた。英語圏の中国海賊といえば、鄭一嫂＝ミストレス・チンと張保仔であり、彼らは名前と設定をかえて度々登場するという（※編者注：中国の女海賊頭目のイメージは英語圏のみならず、西洋一般でそうなのだろう。二〇〇三年にパリの街中で観たイタリア映画『屏風の陰で歌いながら』を思い出す）。著者によると、そのイメージの淵源は二十世紀初頭の海賊史家ゴス『海賊の世界史』（一九三二年）に求められるという。そのゴスのタネ本となったのが、ノイマン『中国沿海を荒らしまわった海賊の記録』（一八三一年）であり、グラスプール『海賊捕囚についての簡略な記録』（一八一四年）であった。

一八〇〇年〜一八一〇年の中国海賊の存在は実はノイマン以前にすでに知られていた。最初に紹介したのがスコットランド出身の東洋学者で、イギリス東インド会社所属のダルリンプルである。一八〇六年に『中国沿海の海賊についての覚書』を編纂出版し、その死後一八一二年に『追加報告』が会社に提出された。そこに含まれたのがモーガン『中国沿海を荒らす海賊の記録』、ターナー『タイ号一級航海士ターナー拉致記録』、グラスプールの手紙である。このうち最も古く、その公開によってイギリスで中国海賊への好事家的関心を高めたのがターナーの手記であった。

では、ターナーの手記を伝えたのは誰か？　答えはイギリス東インド会社広東商館の最高責任者ジョン・ウィリアム・ロバーツである。十八世紀末以降、マカオのポルトガル商人とイギリス東インド会社の間には対中国貿易において、アヘン輸出をめぐっての競合関係が存在した。ロバーツはターナーの手記を引用し、海賊の脅威を過度に強調することで、インドの大英帝国ベンガル総督に派兵させ、イギリス海軍によるマカオ鎮圧を狙ったのである。企みは結局失敗に終わったが、中国海賊の情報自体は会社の本部ロンドンにも伝わることとなった。パイレーツ・オブ・カリビアンに代表される「中国海賊」の一部イメージはなんとイギリス東インド会社によって形成されたのだ。

9. 村上衛「清朝に〝雇われた〟イギリス海軍——十九世紀中葉、華南沿海の海賊問題」

これまた衝撃的タイトルであるが、まさに「事実は小説より奇なり」である。十八世紀末以来、動揺の続いた清朝の貿易管理制度(広東システム)を完全に崩壊させたのはアヘン戦争である。その結果、活性化したのが東シナ海から南シナ海沿海海域における海賊活動であった。

本来ならば、海上の治安維持にあたるのは公権力たる清朝であり、直接にはその海軍・海上警察たる水師である。しかし、清朝が本質的に「小さな政府」であったため、水師の兵力規模は小さかった。そのため多数の武装住民には対抗できる状態にはなかった。さらには、水師自体が海賊の編入によって構成されることがしばしばであったため、海賊の鎮圧にはほとんど力を発揮できなかった。かわって登場したのがイギリス海軍である。

一八四八年、開港場の周辺で相次ぐ海賊船による欧米船の襲撃に業を煮やしたイギリス海軍省は海賊掃討を開始した。治安の安定化を望む清朝側の要望もあり、厦門を中心とする福建沿岸の鎮圧に続き、一八五〇年代に活性化した広東人海賊の掃討にも成功する。清朝によるこの〝アウトソーシング〟の結果、開港場においては、中国海賊はもはや欧米の直接的脅威となることはなかった。他方、清朝政府においても一八六〇年代後半からは近代海軍が設立され、沿海部での大規模な海賊の復活は不可能となった。

以上、読者の皆さまには総論（母港）を出で立ち、たゆたう船に揺られるがごとく、西はアラビア海から東は東シナ海までゆっくり時系列に沿って読み進んで頂けるよう各章の配列を心掛けた。

最後に。本書の刊行にあたって、勉誠社の編集者、黒古麻己さんには大変お世話になった。この場を借りてお礼を申し上げたい。初版刊行にあたって日仏会館で開催されたシンポジウム会場で早速に出版の話をお持ち掛け頂いたが、東インド会社の船乗りや海賊さながらに、百戦錬磨で個性の強い講演者の面々を粘り強く説き伏せ、最高の水先案内人に仕立て上げられたのも、彼女のミストレス・チン顔負けの強靭なメンタリティとバイタリティに負うところ大である。感嘆の念を禁じ得ない。あわせて、黒古さんの産休中、ピンチヒッターを務められた、初版刊行当時は勉誠出版編集部長で、現在は勉誠社社長の吉田祐輔氏にもあらためて感謝申し上げる。末文となってしまったが、やはり本書は研究・教務の多忙の極みにもかかわらず、原稿を起こし校正の労をとって頂いた執筆者各位のご協力なくして完成はあり得なかった。このたびの増補改訂版の刊行にも快くご協力いただいた。ここに記してあらためて厚く謝意を表する次第である。

牧野元紀

目次

羽田　正
HANEDA Masashi

総論　東インド会社という海賊とアジアの人々

はじめに

尾田栄一郎作の『One Piece』というコミックが人気を博している。「麦わらのルフィ」と呼ばれる若者とその仲間の海賊たちが繰り広げる冒険物語である。この作品の魅力の一つは、個性あふれる海賊の仲間同士の友情と絆の尊さが感動的に描かれているところにある。しかし、それ以上に、ストーリーそのものが起伏に満ちていて面白い。気が付くと読者は、悪辣な敵と戦うルフィやその仲間たちを必死に応援している。

話が進むにつれてさまざまな敵が現れるが、一貫してルフィたちの前に立ちふさがるのは、「海軍」である。その将校たちは正義と大書されたマントを背中につけている。一般的な常識では、海軍はマントに記された通り正義を体現する存在であり、海賊は海軍による取締りの対象で

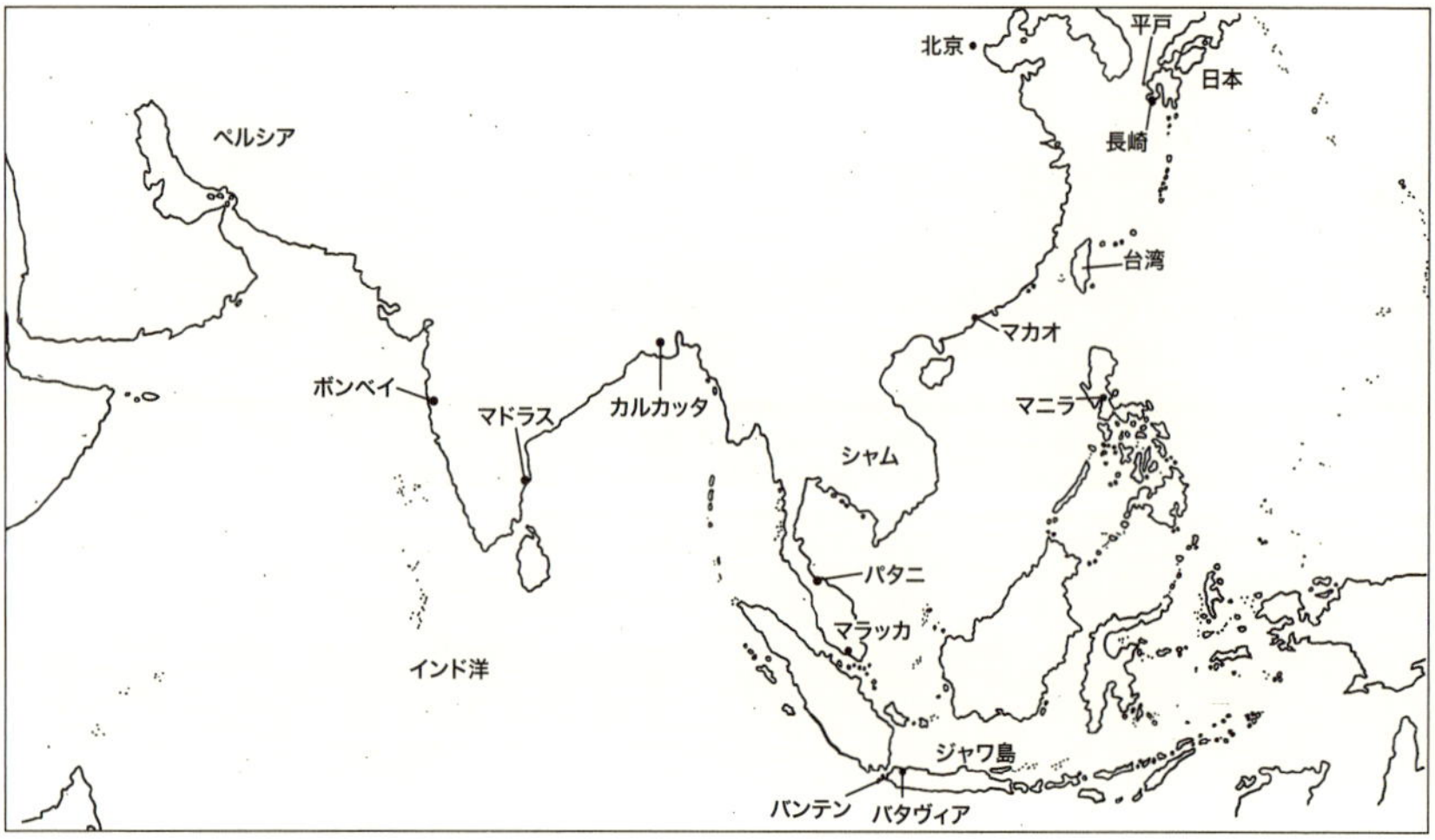

東インド会社関連地図

ある。常識に従えば、ルフィたちは悪者のはずなのだ。しかし、『One Piece』では、どうみてもルフィたちに正義があり、海軍は悪者である。この物語では、海軍と海賊という二つの集団、正義と不正義という二つの概念が、正反対のものとしてはっきりと区別され、海軍と不正義、海賊と正義が結びついている。その結果、私たちの常識がひっくり返る。そこにこの作品のもう一つの面白さがあるように感じる。

『東インド会社とアジアの海賊』と題された本書を手に取った読者は、一般的な常識に従って、正義と秩序を体現する東インド会社が、アジアの海を跋扈《ばっこ》する悪辣な海賊を退治する物語を予想されているかもしれない。しかし、この本のタイトルをもじってつけられたこの総論の題目は、「東インド会社という海賊とアジアの人々」である。そのまま読めば、世界史上で有名なかの東インド会社が海賊だということになる。『One Piece』同様のあべこべの世界が展開されるのだろうか。残念ながら、そこまで白黒のはっきりした明快なストーリーをお話しできるわけではない。現実の世界は、コミックほど単純に善悪の区別はつけられないからだ。しかし、見方によっては、東インド会社は確かに「海賊」だった。本稿の後半で、十七世紀初めに平戸に商館を置いたオランダ東インド会社の活動に注目することによって、このことを説明したい。

前半では、本書の主役である東インド会社の概要を説明し、基礎的な知識をまとめておく。この部分はこれから本書を通読する際に役立つはずである。この総論を通じて、この会社が、現代の日本人の多くが信じているほど、善良で勤勉で貿易による利益を上げることに特化した「企業」だったわけではないこと、少なくとも十七世紀の段階では、世界の海に共通の原則や法が存在せず、オランダ東インド会社は日本のしきたりや考え方に合わせて行動せざるをえなかったこと、オランダ人たちは、「海軍」と「海賊」の間を揺れ動く存在だったこと、という三点を読み取って頂ければ幸いである。

一　東インド会社の概要

❖東インド会社の誕生

十六世紀は、ユーラシアの西端に位置する西ヨーロッパで、人々の世界地理についての知識が大きく広がった時代である。一四九二年にコロンブスが大西洋の向こう側に新たな土地を「発見」した。一四九八年、ヴァスコ・ダ・ガマの航海によって、喜望峰を越えアフリカやアジアの各地に海路で直接向かう方法が見つかった。一五二二年には、マゼラン一行による世界周遊が実現し、わずか数十年の間に、西ヨーロッパの人々が知る世界の姿は大きく広がり、変わった。新しく西ヨーロッパの人々の視野に入った地域には、彼らの流儀で名前が付けられた。コロンブスが発見したカリブ海の島はイスパニョーラ島、南北に延びる長い大陸は、一五〇三年に『新世界』という論文を発表したアメリゴ・ヴェスプッチにちなんで、アメリカといった具合である。これらは、むろん実際に現地に住む人々にはなじみのない名前だったが、その後西ヨーロッパの政治・経済・文化的な力が強まるにつれて、次第に共通名称となって世界中で用いられ定着してゆく。

この本の主題の一部となっている「東インド」も、そのようにして名付けられた地名の一つである。西ヨーロッパから船で航行して到着する場所のうち、喜望峰から東、マゼラン海峡より西に位置する空間が総じてそう呼ばれた。これに対して「西インド」は、西ヨーロッパから西に向かった末に突き当たる陸地の総称で、マゼラン海峡より東側に位置する空間を指した。現在の南北アメリカ大陸の東海岸とその周辺の島々がそれにあたる。西ヨーロッパの人々は、大西洋を越えて行き着く先を二分し、東と西のインドと名付けたのである。従って、東インドは、現在地理的にインドと呼ばれている場所だけではなく、東南アジアや中国、それに日本列島もその一部と見なされた。とはいえ、さすがにこれらはあまりにも漠とした名称であり、その後これらの地域についての情報が増え、より精密な地名が使われるようになると、一部を除いて次第に忘れられていった。しかし、東インド会社について語る本稿では、「東インド」という語をその当初の意味で用いる。

西ヨーロッパから喜望峰を越えて東インド各地に向かう航路は、十六世紀初頭から半ば過ぎまで、ポルトガル王権の管轄下に置かれていた。ポルトガル艦隊の武力は強大だったので、当初は、ポルトガル国王の許可を得ずに、西ヨーロッパの他の場所から東インドへの航海に出ることは事実上不可能だった。しかし、ポルトガル船に乗って実際に東方との間を往復した人々の数が増え、彼らによって、東インドの政治状況、東方との交易の具体的な航路とそれが生み出す富などについて、確実な情報がもたらされるようになると、多くの人々がポルトガル王権による規制をかいくぐって、喜望峰越えの航海を試みるようになった。ポルトガル国王に、すべての航海を阻止するだけの政治力や軍事力、経済力はなく、十六世紀末になると、東インドへの航路は、それを望む者たちには事実上制限なしに開かれたものとなった。

といっても、誰もが遠い東インドまでの航海を敢行できたわけではない。実際に東インドに商船を送るには、財政と技術の両面で高いハードルを越えねばならなかった。遠洋航海に耐える頑丈な船を建設すること、航海に熟練した人と必要なモノの準備を整えること、東インドへ運ぶ商品を大量に買い付けることなどである。また、実際に船が出航してから帰帆するまで最短でも一年半程度を見込まねばならず、その間は準備に要した資金を回収することができなかった。このように莫大な資本を要する巨大な事業を実行することは個人には難しく、資金に余裕のある商人や金融業者が共同で出資することがどうしても必要だった。十六世紀末から十七世紀初めの時点では、オランダのアムステルダムをはじめとするいくつかの都市とイギリスのロンドンに住む人々だけが、この新規で困難ではあるが魅力的な事業に取り組む意欲と財力を持っていた。東インド会社と総称される組織を創設したのは、彼らオランダやイギリスに住む商人や金融業者だった。

一六〇一年一月十日、イングランドの国王エリザベス一世が、「東インドとの交易を行うロンドンの商人たちの代表と組合」に対して、一通の勅許状を発布した（概説ではしばしば一六〇〇年とされるが、発布日は十二月三十一日であり、当時のイギリスはユリウス暦を用いていたので、グレゴリウス暦に換算すると勅令の発布は一六〇一年となる）。また、一六〇二年三月には、オランダで新たに組織された「連合東インド会社」に、オランダ共和国政府から特許状が発行された。これが後にそれぞれ「イギリス東インド会社」「オランダ東インド会社」と呼ばれることになる組織の誕生である。さらに少し遅れるが、一六六四年には、フランス東インド会社も設立された。これら新しい組織の創設によって、以後およそ二世紀に亘る東インド会社の時代が始まる。

❖東インド会社の特徴

日本では、高校世界史の教科書に名前が現れることもあり、「東インド会社」という単語自体は比較的よく知られている。しかし、さらに一歩進んで、それが実際はどのような会社だったのかという点になると、途端に知識はあやふやとなるようだ。イギリス東インド会社、オランダ東インド会社、フランス東インド会社のように、東インド会社と呼ばれる組織が複数あったこと、その多くが十七世紀にヨーロッパ諸国で国ごとに設立されたこと、これらの会社はアジア各地との貿易に従事していたことくらいが、一般の人々が持っている知識のすべてではないだろうか。

そこで、ここで東インド会社の全般的な特徴をまとめておく。東インド会社という一般名詞があるくらいだから、どの国の会社にも共通する特徴は数多くある。しかし、設立された国によって、異なった部分があったことも事実である。また、十七、十八世紀のおよそ二〇〇年の間に、各国の会社の組織や形態、政府との関係などは大きく変化した。詳細はかつて私が記した『東インド会社とアジアの海』（講談社、二〇〇七年）を参照して頂くこととして、ここでは細部にはあまりこだわらず概要をざっと説明することにしたい。

（1）東インド会社の基本的な性格

東インド会社は、商人や金融業者、それに王や貴族ら財力を持つ人々が東インドとの貿易事業に出資し、事業成功の暁には出資の割合に応じて利益を分配する私的な企業体だった。各国の東インド会社は、共通して、東インドと独占的に貿易を行い、その豊かな物産を取引する貿易によって利益を上げることを究極の目的とした。エリザベス女王やオランダ共和国政府は、この企業体が東インドとの貿易を独占することを許した。つまり、それぞれの国において、他の個人や団体が、東インドとの貿易に従事することを禁じたのである。これは、十六世紀にポルトガル王権が東インドとの貿易を独占しようとしたことと似ている。しかし、ポルトガルの場合は名目的とはいえ王が貿易を独占したのに対し、イギリスやオランダの場合は、王や政府は民間の企業体に特許状を発行しただけである。王や政府がこの企業体を経営したのではない。むろん、特許状の発行によって、彼らは東インド会社からなにがしかの見返りを得た。

もっとも、一六六四年に設立されるフランス東インド会社は、国営に近い組織構造を持っていた。また、時代が進み十八世紀の後半になると、創建当初とは周辺の事情が大きく変化し、特にイギリスでは政府が会社の経営に深く関与するようになる。従って、その存続した時代を通じて、すべての会社が国や政府の指揮下になかったとはいえない。しかし、出発点が私企業だったという点には留意が必要である。

この本のテーマとの関係で注目したいのは、東インド会社には、東インドで要塞を建設する権利、総督を任命する権利、兵士を雇用する権利、さらに現地の支配者と条約を結ぶ権利が認められたという点である。現代であれば、本国から離れた土地に、私企業が本国と現地の政府の許可なく要塞を築くことは考えられない。また、本国の軍隊とは別に会社が自らの兵士を持つこともありえない。しかし、東インド会社にはそれが許された。会社はいわば準国家的な存在だったともいえるだろう。

各国ごとに会社が組織されたとはいえ、会社に勤務する人々が、皆その国の出身者とは限らなかった。例えば、日本の長崎出島の商館に赴任したオランダ東インド会社の商館長の中には、オランダ人以外に北欧やドイツ出身者もいた。また、水夫や商館の使用人などには、現地(東インド各地)の人々が多く用いられていた。人的構成という点で、東インド会社はきわめて複合的な性格を持っていた。

現代の主権国民国家の制度や考え方に慣れた私たちは、単純に国と国民、会社を結び付け、オランダ東インド会社はオランダ政府が経営し、オランダ人がオランダという国の利益のために貿易を行ったと考えやすい。しかし、実際は、これらの会社は王や政府の特許を得ただけの私的な企業体であり、その目的はあくまでも出資者(それぞれの国の人に限らない)に対する事業利益の配当だった。王や政府が東インド会社の不利益になる決定を行うことはままあったし、逆に、会社が王や政府の方針に従わない場合も見られた。当時の西ヨーロッパには、現代のような主権国民国家は未だ成立していない。

(2) 東インド会社の組織と運営

会社の組織は、大別して、本国に置かれる本社と東インド各地に設置された商館群の二つからなっていた。イギリスの会社の経営権限がロンドン本社に集中していたのに対し、オランダの会社はオランダ本国内の六支部と東インドのバタヴィアに権限が分散し、より複雑な意思決定の仕組みを持っていた。遅れてスタートしたフランスの会社は、ほぼ国営に近いスタイルで運営され、政府によって任命されパリの本社にいる総裁が経営責任を持ち、実際に事業を行う拠点として大西洋岸に港町ロリアンが設けられた。このように、各国の会社はそれぞれに適した経営の方法を採用していた。

オランダの会社は、東インドにおける薬種・香辛料生産の中心地である現在のインドネシアをおさえた上で、さらに東は日本列島から西はペルシアに至るまでの各地に多数の商館を設けた。東インドの中心に位置したバタヴィアは要塞都市であり、商館員と兵士が多く居住していた。多くの商館は、バタヴィアと同様に武装されていた。この点で、日本の長崎出島にあった商館は、例外である。長崎では、兵士の駐留は許されず、居住していたのは、商館員や医者、召使といった武力とは関係の薄い人々だけだったからである。

薬種・香辛料の主要産地であるインドネシア方面での活動をオランダの会社に阻まれたイギリスの会社は、その事業の主要な部分をインド亜大陸で行わざるをえなかった。その結果、マドラス（現在のチェンナイ）、ボンベイ（現在のムンバイ）、カルカッタ（現在のコルカタ）に順次要塞状の商館を築き、貿易活動を展開した。これらの商館には、貿易に携わる商館員以外に多くの兵士が駐留していた。フランスの会社は、活発に活動した期間が限られているが、十八世紀前半にはインド各地に商館を置き、イギリスの会社の手ごわいライバルとなった。

本国にある本社と各商館の間では、恒常的に手紙と文書による情報伝達・共有がなされ、それをもとにして各所で意思決定が行われた。テレビも電話もファックスもインターネットもなく、往復に二年かかる手紙による通信だけを頼りに事業が遂行されたのである。会社の経営陣と各地の商館の責任者たちは、現代の経営者とはよほど異なった意識と責任感をもって事業に携わらねばならなかったはずである。

会社の運営主体は、国ごとに異なっている。イギリスの会社は株主総会での投票によって二十四名の取締役が選ばれ、彼らが会社の運営の責任を担った。投票権は出資額によって制限されていたが、ある意味ではきわめて民主的な運営方法である。また、ロンドンの本社が会社運営の全責任を持った。オランダの場合は、アムステルダムをはじめとする六つの都市にある支部に財政規模に応じて代表数が割り当てられ、全部で六十人の代表が集まって構成される取締役会が会社の経営に責任を持った。実質的な経営の方針は、取締役の中から選ばれる十七人の重役で構成される十七人会で決定された。はっきりとした本部はなく、十七人会や取締役会の開催場所も年によって異なっていた。また、イギリスとは異なって東インドの拠点としてバタヴィア（現在のインドネシアのジャカルタ）にインド評議会が置かれ、東インド域内における日常的な経営判断は、この評議会の責任者である総督が行った。

会社は株式によって事業に必要な資金を集めた。イギリスの会社は当初は一回の航海ごとに出資金を集め、船が戻ると清算していた。一方、オランダの会社の場合、出資金は十年間据え置かれ、その間に複数回の航海が行われた。これはオランダの会社の方が資金集めに余裕があったためである。発足後しばらくして、継続的な事業の見通しが立ち、資金が順調に集まるようになると、オランダの会社は期限を決めて資本を清算することをやめ、出資者には利益だけを配分するようになった。イギリスの会社もすぐにこの方式を採用するようになった。後発のフランスの会社も出資金を募集したが、その過半は王室や政府からの資金によって占められていた。

（3）東インド会社の船と社員

東インド会社が航海に用いた船の所有形態は、会社によって異なっていた。オランダやフランスの東インド会社は、船を自らが所有した。一方、イギリス東インド会社は船を船会社から賃借した。船は基本的に西ヨーロッパの各国で建造されたが、長い航海で傷んだ船体は東インド各地の造船所で修繕され、時にはそこで船そのものが作られることもあった。西ヨーロッパから東インドへの航海は、冬に出発し、次の年の夏から初秋に戻るのが一般的だった。インド洋を吹き抜けるモンスーンの方向を考慮するとこれがもっとも合理的な方法だった。つまり、一航海におよそ一年半から二年弱程度を費やしたことになる。

オランダの会社がオランダから喜望峰を経て東インドに至るすべての航路で、貿易活動を独占しようとしたのに対して、イギリスとフランスの会社は、喜望峰から西ヨーロッパまでの航路は独占したものの、東インド域内では私貿易商人による交易活動を認めた。このため、ヨーロッパ各国出身の私貿易商人たちが、マドラスやムンバイ、ポンディシェリなど東インド会社の要塞が築かれた港町に拠点を置いて、東インド域内の交易に従事した。東インド会社は、彼らの扱う商品のうちヨーロッパ各地で売れるものを独占的に買い取り、西ヨーロッパへと運んだのである。多数の私商人が、東インド域内の貿易に参入したということは、とりも直さず、東インド域内での交易活動がきわめて活発だったことを示している。オランダ東インド会社は、東インド域内での交易活動も独占しており、この分野で大きな利益を上げていた。

東インド会社の事業遂行には多数の人材が必要であり、会社はヨーロッパと現地で多くの社員を雇用した。西ヨーロッパの本社で商品の売買や事務に携わる人々、船員、水夫、現地商館の商館員、兵士、職人、医者、通訳、従者などなどである。基本的には全員が男性だった。

（4）東インド会社が扱った商品

ポルトガル船がアジアの海に乗り入れた際に、胡椒をはじめとする各種薬種・香辛料を独占的にヨーロッパへ持ち込もうと試みたことはよく知られている。特に、クロウヴ、ナツメグ、メイス、シナモンといった高級薬種は、現地の仕入れ値とヨーロッパでの売値の差が大きく、有利な商品だった。ポルトガル船の後を追ってアジアの海に進出した東インド会社も、当初は当然これらの薬種・香辛料の入手を目指した。一六六八～七〇年のオランダ東インド会社アムステルダム支部の売り上げの総額をみると、胡椒が二九パーセント、上記四種の高級薬種が二八・五パーセントを占めており、両者を合わせると、五七・九パーセントとなる。これに他の薬種・香辛料を加えれば、おそらく総販売量の六割以上が、薬種・香辛料によって占められていただろう。高級薬種・生産量の産地の多くは、オランダの会社によっておさえられていたにもかかわらず、イギリスの会社も胡椒をヨーロッパ方面に運んでおり、一六六四年の時点では、その売上げは総額の一三・二パーセントだった。十七世紀後半までの段階では、東インド会社にとってもっとも重要な商品は、間違いなく薬種・香辛料だった。

十七世紀後半から十八世紀には、薬種・香辛料にかわって、中国産の茶とインド産の綿織物が、もっとも重要な商品の位置を占めることになる。輸入総額に占める茶の割合は、オランダの会社の場合、一七三〇～三二年に一八・八パーセント、一七七一～七三年に二四・二パーセント、一七八九～九〇年には五四・四パーセントに達する。イギリスの会社は、一七二一年に一八・七パーセント、一七四七年以後は二〇パーセントを超える。これ以外にも、フランスの会社が大量の茶を運び、一七三〇年代からは、スウェーデンやデンマークの会社も茶貿易に参入した。当時、茶がいかに重要な商品だったかが分かる。

綿織物の主要な産地はインドである。大半の交易拠点をインドに置いていたイギリス東インド会社にとって、綿織物は十七、十八世紀を通じて常にもっとも重要な商品だった。一六六四年には会社の輸入額の七三パーセントを綿織物が占め、その後も三〇～九二パーセントが綿織物である。オランダの会社も一七三八～四〇年の時点では、アムステルダム支部の輸入額の二八・五パーセントを織物が占めていた。

なお、ここでは主として会社のヨーロッパ向け主要商品について説明したが、特にオランダ東インド会社は東インド域内の交易活動に活発に参入し、ある地域の品物を別の地域に運び、その地の特産品と交換することによって大きな利益を上げていた。その好例が日本との貿易である。

オランダの会社は、中国の絹やインドの綿織物、それに東南アジア各地の薬種や染料、砂糖などアジア各地の多様な商品を長崎に運び、日本産の銀や銅と交換し、それらを中国やインドに運んで現地の商品を買い付けていた。イギリスで珍重されたインド産の綿織物は、江戸時代の日本にももたらされ、桟留や奥嶋などと呼ばれ人気を博した。現代日本では、オランダ東インド会社は鎖国時代の日本に「進んだ」ヨーロッパの文物をもたらしたと評価されることが多いが、少なくとも十八世紀末頃までのこの会社を通じた主要な輸入品は、間違いなく中国、東南アジア、インドなどのアジア産品だった。東インド会社は決してヨーロッパとアジアを結んだだけではない。アジア各地をも商品によって結びつけていたのである。

以上が東インド会社の全般的な説明である。このようにまとめて記すと、秩序だった巨大な組織が、現代の貿易商社と同じように、西ヨーロッパとアジアの海を股にかけて整然と事業を展開していたかのように見える。しかし、実態はそんなきれいごとでは済まない。現代とは異なり、地球の裏側の地域についての情報は不足し、人々の常識や慣習は地域によって大きく異なっていた。ある地域の人々が他の地域に赴いた際には、当然、一種の文化的な摩擦や衝突が生じる。一方にとっては正当で認められた行為が、他方にとっては秩序を乱す許しがたい行為となりうる。

東インド会社が商館を設けたアジアの海の各地でしばしば「海賊」が問題となったことの背景には、このような相互の常識の違いがあった。ここからは、日本周辺におけるオランダ東インド会社の具体的な活動を設立されて間もない時期に焦点を絞って紹介し、この常識の違いについて考えてみることにしよう。

二　東インド会社と日本

❖オランダ東インド会社による平戸商館設置

一六〇二年に設立されたオランダ東インド会社の船は、それからおよそ数年後にはユーラシアの東端に位置する日本列島周辺にも姿を見せるようになった。そして、一六〇九年には二隻のオランダ船が平戸に入港し、成立して間もない徳川政権に対して、正式の交易許可を求めた。徳川家康はこれを許し、平戸への商館設置を認めた。以後、オランダ東インド会社と日本との間での貿易が始まった。これが「日蘭関係史」の始まりについての、私たちの一般的な理解である。しかし、実はこのとき平戸に入港した二隻の船には、別のより重要な使命があったのだという。最近公刊されたアダム・クルロウ（モナシュ大学）の著書『会社と将軍』(1)は、その事情を詳しく解説しているので、以下でクルロウの述べるところを紹介しよう。

一六〇七年にオランダを出航した十三隻からなる東インド会社船団を率いるピーテル・フェアホフは、バンテン（現在のインドネシア、ジャワ島西部の港町）に到着したとき、ポルトガル人がマカオから長崎へ向けて大型の商船を送る準備をしているという情報を入手した。一五五七年にマカオに居住することを認められたポルトガル人たちは、この港町を拠点に中国の絹と日本の銀を交換する交易に従事し、十七世紀初め頃には毎年定期的にマカオ―長崎間に大型船を就航させ、巨額の利益を上げていた。高価な商品を山積みにしたマカオ発の大型船は、いわば宝の山だった。この情報を得たフェアホフは、その指揮下にあった船団のうちの二隻に、ただちにこのポルトガル船を襲うように命じた。

これは正に海賊の行為ではないのか。オランダ政府に認められた貿易会社の社員であるはずのフェアホフは、そのようなことを部下に命じてもよいのだろうか。この点については、少し説明が必要だろう。当時の西ヨーロッパでは、国あるいは政府同士が戦争状態にあるとき、一方の国に属する民間の船は、対立する国に属する船（軍船、民間船を問わない）を攻撃し略奪する権利を有すると考えられていた。このような行為のことを「私掠」といい、それを行う船を「私掠船」と呼ぶ。洋上の船を襲い積荷と人を奪うという意味で、これは海賊行為と変わらないが、政府がそれを公認しているという点が大きな違いだった。政府が認めない海賊行為は厳罰に処せられたが、私掠行為の場合は、逆に政府から褒賞を得ることすらあった。(2)

この当時、オランダは、スペインから実質的に独立したばかりで、ポルトガル王を兼ねるスペイン王とは敵対関係にあった。従って、民間の事業ではあったが、政府から武力を持つことを許されていた東インド会社は、その船を使ってオランダ政府のためという名目で、ポルトガル船を襲撃する私掠行為ができると考えられたのである。フェアホフが、マカオから長崎に向かうポルトガル船攻撃を命じた背景には、このような事情があった。しかし、この「私掠」という行為は、あくまでも西ヨーロッパの国際体系と水域の中でのみ有効な考え方であり、果たしてその考え方が東インドのような西ヨーロッパ水域外でも有効なのかについては、西ヨーロッパでもまだ定まった見解はなかった。(3) まして、徳川政権や明朝のような当時のユーラシア東部の強大な政治権力が、自らの権力の及ぶ空間でこのような一種の略奪行為を認めるかどうかはまったく不明だった。「私掠」はあくまでも西ヨーロッパの国際体系を前提とし、その中でのみ通用する概念なのである。

もう一つ留意すべきことは、設置されて間もなくまだアジア各地に交易の拠点となる商館が確立されていないこの当時のオランダ東インド会社にとって、交易そのものは相当手間と時間がかかる難しい事業だったのに対して、ポルトガル船に対する私掠行為は、財物を比較的容易に入手できる有利な手段だったということである。会社の順調な経営のためにも、他の国の船を襲ってその積荷を奪うことは、幹部によってしばしば奨励されていた。かくしてオランダ東インド会社船は、あたかも海賊のごとく、アジアの海の各地で積荷を満載したポルトガル船への襲撃を試みたのである。

とはいえ、レーダーもない広大な海上で敵対するポルトガルの船を発見し、これを襲撃することはそれほどたやすいことではない。フェアホフは万一襲撃がうまく行かなかった場合、二隻はそのまま日本列島に赴き将軍に交易の開始を願い出るようにとも命じていた。命令を受け取った二隻の船は、至急東シナ海方面へ向かう準備を整えた。ポルトガル船捕獲に失敗したとしても、日本に商館を設置し交易を始める希望を持っていることを説得的に説明できるように、パタニの港で若干の絹と胡椒、鉛を積み込んだという。

東シナ海へ向かった二隻は結局ポルトガル船を捕獲することができず、次善の策として命じられた通り、平戸に入港した。オランダを出発するときから、日本との間で交易の交渉を行うこと自体は想定されていたので、為政者宛の総督の親書は用意されていた。しかし、二隻の元来の使命はポルトガル船捕獲であって交易開始の交渉ではなかったので、為政者に拝謁しオランダ総督の親書を手渡すべき大使が乗船していなかった。やむをえず下級船員二名をそれに充てた。また、為政者宛の豪華な贈り物が明らかに不足していたので、長崎のポルトガル人から人を介して秘密裡に高級な絹を買い付けたという。本来襲撃するべき相手から奪っているはずの品物を購入する羽目になるとは何とも皮肉なことだった。

準備を整えた「大使」一行は、駿府に徳川家康を訪ねた。ちょうど家康が外国との貿易拡大に向けてアジア各地に親書を送っていた時期にあたり、一行は歓待され、首尾よく交易と平戸に商館を置くことの許しを得た。これが史上に名高いオランダ東インド会社による平戸商館設置の顚末である。もし二隻のオランダ船がポルトガル船を私掠することに成功していれば、その後の日蘭交渉史の流れは、いささか異なったものとなっていただろう。

❖私掠の拠点平戸

平戸に商館を設置はしたものの、当時のオランダ東インド会社は、まだ日本に持ってきて売るための有力な商品を確保できていなかった。しかも彼らは、薬種・香辛料の産地である東南アジアの島々をめぐって、ポルトガル人、スペイン人、それにイギリス東インド会社と激しく争っている最中だった。アジアの海全体で船が不足し、商品を積んだ船が平戸を定期的に訪れることは難しかった。中国の絹が日本で求められている商品であることは分かっていたが、日本人や華人、ポルトガル人が盛んに朱印船貿易を行っていた当時、彼らがそこに新たに参入することは容易ではなかった。その結果、オランダ人たちは、私掠をもっとも有効な蓄財の手段と考えるようになった。一六一五年にはSanto Antonioという名のポルトガル船が五島列島の南西に位置する男女群島の女島周辺で捕獲され、平戸に連行された。当時は女島周辺海上までが漠然と日本の政権の権限が及ぶ範囲とみなされていたので、長崎のポルトガル人たちは、将軍の管轄下でのオランダ船による襲撃は不当であると徳川政権に訴えでた。

本来自分たちが独占していた東インドでの交易活動に、オランダ人たちが後から割り込んできたのだから、ポルトガル人たちがオランダ東インド会社に対してよい感情を持っているわけはない。この頃アジアの海で活動していたポルトガル人たちに、どの程度ポルトガル王への忠誠心があったかは定かではない。しかし、ポルトガル人が原則としてカトリックかカトリックに改宗したユダヤ教徒であったのに対して、オランダ人はプロテスタントであり、両者の信仰は異なっていた。様々な点でオランダ人はポルトガル人の敵だった。

一六〇〇年にオランダ船リーフデ号が大分に流れ着いた時から、すでに日本に拠点を持っていたポルトガル人たちはオランダ人をことあるごとに盗賊と非難してきた。このときも、彼らは

「将軍のご領内でオランダ人がポルトガル人をとらえたので、訴えております」「オランダの海賊船が海を荒らしまわっています。オランダ人は海賊以外の何者でもありませんから、他のどの国も彼らの船が港に錨をおろすことを許していません」と説明し、襲撃に対する補償をオランダ東インド会社に命じるように徳川政権に迫った。これに対して、オランダ側の言い分は、ポルトガルはオランダの敵であり彼らの行為は私掠としてオランダ総督に認められていること、たとえそれが将軍の管轄下の空間で起こったとしても、今回のことで将軍には何の迷惑もかけていないことの二点だった。

これは「私掠」というそれまで日本にはなかった概念を徳川政権が理解し認めるかどうか、また徳川政権が海上での第三者同士の争いを裁くかどうかという点できわめて興味深い法的な争いだった。しかし、大坂夏の陣が終わったばかりで戦後処理に忙しかった徳川政権は、それほど慎重にこの案件を扱ったようにはみえない。幕府は捕獲されたポルトガル船が朱印状を保持していたかどうかを問い、朱印状がなかったことを確認すると、船、人、積み荷はすべてオランダに与えるとの裁きを下したのである。幕府は私掠の是非については判断をしていない。政権にとって大事なことは、自らの威光や体面が傷つけられたかどうかだった。もしSan Antonio号が朱印状を持っていれば、幕府の対応はまったく異なっていただろう。ただし、幕府が第三者同士の海上での争いであっても、それに対して法的な判断を下し、争っているグループがその裁きを受け入れたという事実は重要である。それが先例となり、以後、海上での事件はそれが外国人同士のものであっても幕府に訴え判断を求めることが慣例化するからである。

私掠という名の公然たる「海賊」行為を実行したにもかかわらず幕府からの咎めを受けなかったオランダ人は、幕府はどちらかというとオランダ人寄りであるか、少なくとも、オランダ人の私掠行為に無関心であると考え、その後も平戸を拠点にして東シナ海各地で略奪行為を働き続けた。一六一七年には、三隻のオランダ船が私掠行為を働くために、積荷を満載したポルトガル船を長崎港で公然と待ち受け、長崎奉行が何とかこれを押しとどめるという事件も生じた。

被害を受けたのは、ポルトガル船だけではなかった。中国大陸各地とマニラの間を往復する華人のジャンク船も攻撃を受けた。華人は公式にはオランダ人の敵ではなかった。しかし、オランダ人は自らの敵であるスペイン勢力をマニラから駆逐するためという理由で、華人が所有する船を襲ったのである。一六一七年には、少なくとも七隻のジャンク船から奪った大量の銀と商品、捕虜が、平戸の商館にもたらされた。会社の船が正規に運んでくる貿易商品は乏しいのに、略奪行為ばかりが目立ち、さすがに平戸の人々もオランダ人たちの行いに眉をひそめたという。見方によっては、平戸商館は海賊集団の根拠地だったからである。

このときも、平戸に拠点を置いていた李旦をはじめとする有力華人たちが、幕府にオランダ人の無法を訴えた。だが、幕府は襲撃が自らの管轄外の海上で生じているので、両者の争いには介入しないということを彼らに告げた。フィリピン近海で生じた案件は、その海域を管轄する政権に訴えるように、というのである。これは華人たちを失望させる回答だった。しかし、実はこのとき幕府は、もし自らの管轄下で同様の事件が生じた場合には訴えを取り上げ、賠償を命じるとも明言している。理念的に自らの体面を保つだけで満足するのではなく、外国人同士の争いであってもそれが自らの管轄下で生じた際には、政権として何らかの判断を下しそれを実行に移すという姿勢を明確に示したことになる。

そして、ポルトガル人や華人の度重なる訴えの結果、幕閣にはオランダ人を海賊とみなす人々も現れていた。例えば、一六一八年に、リーフデ号に乗って漂着後、徳川家に仕えていたオランダ人ヤン・ヨーステンが老中土井利勝に進上品を持っていったところ、土井は「これは盗品ではないのか」と尋ねたという(4)。オランダ人が自分たちの常識に従って私掠行為を行うことが難しくなる時が近付いていた。

❖オランダ人に対する海賊禁止令とその後

一六二一年九月、江戸幕府は、一通の老中奉書を九州の諸大名宛に発布した。この奉書は、平戸の大名松浦隆信によって直ちにオランダとイギリスの商館長に伝えられた。奉書は五か条からなり、そのうちの一条には、「おらんたいきりす日本ちかき海上にをひてばハん仕間敷事（オランダとイギリスは日本に近い海上で海賊行為を行ってはならない）」とあった。「ばはん」とは当時の用語で「海賊」の意味である。また、別の一条には、オランダ人とイギリス人が長崎商人の船に海賊行為を行ったので調査中であることも記されている。

それが私掠であるか海賊であるかを問わず、オランダ東インド会社船がしばしば海上で略奪行為を行い、被害者がそれに対する処罰と補償を求めて幕府に訴えを起こしていたことはすでに述べた。そして、この奉書を見る限り、オランダ人の「私掠」という概念は、結局徳川政権には受け入れられなかった。自らの管轄下にある海上で他の船を襲うことは、ことごとく「ばはん」であり、これを固く禁じるというのが政権の明確な態度だった。

この「海賊禁止令」を聞いた平戸商館長のカンプスは、バタヴィアの上司に対して、引き続きマカオからのポルトガル船に私掠行為を行えば、重大な結果を引き起こすであろうこと、日本の支配者は東南アジアの小さな港町の王とは異なり、自らの意志を貫徹するに足る力を持っていることを力説している。この奉書にどのように対応するかを論じた元オランダ商館長の書簡にも、「日本では海賊という言葉は恥じるべきことで、敵船同士の略奪とはまったく別のことである。そこで我々の行為が彼らに海賊行為として告発され、そうと認められるかもしれないので、よく注意すべきである」という文章がある。(5)

このとき以後、オランダ人は海上での略奪行為をそれまで以上に慎重に行わねばならなくなったはずである。しかし、それから十年以上経った一六三〇年代半ばになっても、日本におけるオランダ人の評判は芳しくなかった。この間に日本の有力者がオランダ人に関して発した言葉を、オランダ人自身が商館日記に書き残している。いくつか紹介しよう。

「オランダ人は、皆が考えているような者ではない。彼等は海賊と気脈を通じ、獲物を分け合っている」

(長崎代官末次平蔵、一六二八年一月二日)(6)

「彼は我々のことを、頭ごなしに、誰知らぬ者はない盗賊や海賊だと罵り、他の人々は「オランダ人は盗んだり、略奪したりすることしか知らない。しかし我々日本人の兵力をもって貴下の所へ行けば、貴下は、我々の武勇を思い知るだろう」と言った」

(長崎代官末次平蔵の執事末次三蔵、一六二八年九月二十八日)(7)

「貴下（オランダ商館長）が海賊を働き、他の人々の品物を奪った時は、商品を日本にもたらし、貴下が海賊を働かなかった年には、殆ど空の船で来るのだ」

（長崎奉行榊原飛騨守職直、一六三五年十一月二十八日）(8)

「貴下は何故イギリス人と共同して、海上で盗みを働くのか」

（同、一六三六年四月六日）(9)

「オランダ人は海賊であり、ただ盗むためだけにその敵を襲っている」「オランダ人はシナ人から海上で強奪し、実際彼らは海賊でしかない」

（幕府閣老、一六三六年四月十一日に記された平戸商館員フランソワ・カロンの手紙から）(10)

「貴下達はなぜシナ人から強奪するのか。彼らの訴えは毎日我々の耳に入っている」

（二人の長崎奉行、一六三六年七月二十五日）(11)

「私が海賊オランダ人に私の国に来ることを許し、彼等に港と貿易を開いているのを、外国では何と言っているか、貴下達は思案し、熟考してほしい」

（一六三四年、徳川家光の閣老と長崎奉行たちへの言葉）(12)

「貴下に対する好意から、私は提案するが、貴下は海賊行為を止める様に。何故なら皇帝は貴下が海賊であり、尚毎日海賊と関係している、と考えているからである」

（一六三七年十月三十日、長崎奉行榊原飛騨守職直と同馬場三郎左衛門利重）(13)

これらを読む限り、幕閣や長崎の有力者の中に、オランダ人は海賊であると考える人たちが相当数いたことは間違いない。長崎におけるポルトガル人や華人との貿易にはすでに数十年の歴史があり、この貿易によって利益を手にしている人々は数多くいた。彼らは自らの利を失わないためにも、ポルトガル人や華人とともにオランダ人の行為を厳しく非難した。その影響もあったからだろうか、将軍その人も、オランダ人を海賊だとみなしていたようである。

非難を受けるたびに、オランダ人は懸命に自らの立場を説明しようとした。彼らは私掠が自らの政府によって許された行為であり、決して海賊と同じではないということを繰り返し主張した。また、彼らの商館が位置する平戸の藩主松浦隆信は、常に彼らの側に立って、彼らの立場が有利になるように各所で運動を行った。しかし、台湾近海でのこととはいえ、日本の船までもがオランダ人による襲撃の対象となっていたので、オランダ人たちの説明に説得力は乏しく、彼らの評判は一向に改善する兆しがなかった。

それにもかかわらず、最終的に彼らが幕府によって日本での存在価値と長崎での「独占」貿易を認められたのは、ポルトガル人とカトリックとの強い結びつきを幕府が嫌ったこと、オランダ人が台湾に商館を設けてここを拠点に中国の絹を日本に安定的に供給できるようになったことの二点が大きかった。幕府はカトリックの宣教師をも運んでくるポルトガル人にかわって、宣教活動と関わらず商品だけをもたらすオランダ人を新たな貿易のパートナーに選んだのである。

おわりに

平戸のオランダ商館長日記には、東シナ海や南シナ海を跋扈する「海賊」についての記述が数多く残されている。そこには、「海賊一官」「海賊トーセイラク」[14]、「海賊即ちシナ沿岸の住民」「海賊ヤングロウ」「シナの海賊」「シナ沿岸の海賊アウゴスティン」「長年の間マカオにいて、海賊として祖国の外にとどまらねばならない多数の日本人」[15]などと、華人系やポルトガル系、それに日本系まで様々な海賊の存在が列挙されている。私掠という政府公認の行為を行っていたオランダ人は、自らを海賊だとは決して認めなかった。彼らにとっては、自らの行動を制約し妨害するこれらの人々こそが真の海賊だった。しかし、私掠は当時の世界のどこででも通用する概念ではなく、大部分の日本の有力者はオランダ人の説明に納得しなかった。彼らは、オランダ人を海賊だとみなしたのである。

説明が通じないという点では、商館長日記に名前の挙がっている「海賊」たちも同様だったろう。彼らもそれぞれの理由で、海上における略奪を正当化していたはずである。問題はこれら各種の正当化の論理を、他の人々がどれだけ受け入れるかにかかっていた。十六世紀以後、西ヨーロッパの人々の世界各地への進出によって、遠方に離れた地域に住む人々同士が直接出会い経済的な交渉を行う場面が頻繁に生じるようになった。その一方で、世界の各地域にはその地域に特徴的な社会的常識があり、出会いの場面でそれらの常識はしばしば食い違った。「海賊」に関しても世界中の誰もが受け入れ納得する共通のルールはなかったのである。異なった常識がぶつかり合った時に、勝つのは強者の論理である。

十九世紀のイギリスやアメリカは、自らの考え方や流儀を日本をはじめ多くの国々におしつけて理解させ、これに従わせるだけの政治・経済的な力と軍事力を持っていた。そのために十九世紀の国際的な秩序と法、規範は、基本的にイギリスやアメリカの常識に沿って形づくられていった。しかし、十七世紀においては、事情は大きく異なっていた。当時のオランダ東インド会社には、十九世紀のイギリスやアメリカのように圧倒的な政治・軍事力はなかった。オランダ人は自らを海賊とみなす日本の有力者たちに自らの行動を納得させることができず、逆に「強者」である日本の慣習や流儀に従うことを余儀なくされた。さもなければ、平戸という拠点を失い、貿易活動そのものもできなくなりかねなかったのである。

本稿ではオランダ東インド会社と日本の関係を取り上げ、オランダ人が海賊と見なされた例を説明した。これに似た事例は、オランダのみならず各国の東インド会社が活動を展開したアジアの海の各地で見出すことができる。東インド会社の商館に駐留する兵士や到着した船乗りが、港町で地元の人たちと喧嘩や酒の上でいざこざを起こすこともしばしばあった。(16) これらを考慮すれば、東インド会社の歴史を、海賊の歴史と切り離して考えることはできないだろう。

本稿の前半では東インド会社の概要を述べたが、そこで説明した整然たる会社組織の末端では、海賊まがいの行為が堂々と行われていた。それらの行為は、東インド会社が常に正義で相手方が不正義であるという単純な図式では決して説明できない。現実の世界はアニメのストーリーほど明快には割り切れないのである。もっとも、冒頭に紹介した『One Piece』でも、作者が常にルフィたちの側に立ってストーリーを描いているために、読者は海軍の論理を理解できないのかもしれない。海軍には海軍の言い分があるはずである。これからどこかで大どんでん返しがあるのかもしれない。今後の物語の展開に期待しよう。

注

(1) Adam Clulow, *The Company and the Shogun. The Dutch Encounter with Tokugawa Japan*, Columbia University Press, 2014. いちいち注記しないが、以下の論述はその多くをこの興味深い書物によっている。

(2) 私掠については、次の二論文を参照。薩摩真介「海、掠奪、法――近世大西洋世界における私掠制度の発展と拡大」(『歴史学研究』九一一、二〇一三年十月)、同「私掠――合法的ビジネス」(金澤周作編『海のイギリス史――闘争と共生の世界史』昭和堂、二〇一三年)二〇一―二二一頁。

(3) 一六〇三年にオランダ東インド会社船がシンガポール海峡でポルトガル船Santa Catalinaに私掠行為を行った。国際法の創始者として有名なグロチウスは、これが法的に正当な行為であると論じ、西ヨーロッパ水域以外でもオランダ東インド会社船が「合法的に」ポルトガル船を襲うことができると主張した。以後、少なくとも、オランダ東インド会社では、東インドで私掠行為を行うことは法に適うことだとの理解が有力となっていった(Clulow, pp.149-151)。

(4) 永積洋子「平戸に伝達された日本人売買・武器輸出禁止令」(『日本歴史』六一一号、一九九九年四月)七六頁。

(5) 注4前掲永積論文、六九頁。

(6) 永積洋子訳『平戸オランダ商館の日記 第一輯』(岩波書店、一九六九年)一三二頁。

(7) 注6前掲永積訳書、二六一頁。

(8) 永積洋子訳『平戸オランダ商館の日記 第三輯』(岩波書店、一九六九年)二七八頁。

(9) 注8前掲永積訳書、三三二頁。

(10) 注8前掲永積訳書、三三八頁。

(11) 注8前掲永積訳書、三七二頁。

(12) 注8前掲永積訳書、三八六頁。

(13) 注8前掲永積訳書、四九六頁。

(14) 注6前掲永積訳書、二六四・三七七頁。

(15) 注8前掲永積訳書、五二・一六三・二五〇・二六六・四二二頁。
(16) この点で、日本の長崎出島商館はきわめて例外的である。兵士の駐留は許されず、到着した船の水夫が陸に上がることは原則として禁じられていたからである。さらに、オランダ船は入港後積んでいる砲を外して長崎奉行に預けることを要求された。徹底的な武装解除が行われたのである。それが平戸時代のオランダ人たちの無法行為を知る幕府の警戒によるものであることは容易に想像できる。また、このような幕府の命令にオランダ人が従順に従ったという点にも注意が必要である。東インドの他地域では、自らの要求を実現するために彼らはしばしば海賊まがいの暴行を働いていたからである。それだけ日本貿易が彼らにとって利益の上がるものであったこと、オランダ側に当時の日本の武力を上回るだけの備えがなかったことがその理由だろう。他の商館群とは異なり、長崎ではむしろ地元の政府が商館を守っていたということもできるだろう。

第1部　西南アジア海域

1. 海賊の正体を求めて

——ガンジ・サワーイー号掠奪事件と多言語史料に見るその実態

嘉藤慎作

はじめに

海賊を歴史研究の対象としようとする時、多くの場合に付きまとう問題が、彼らの活動を明らかにするために用いることのできる史料の少なさである。海賊行為を働いたことが露見すれば処罰の対象となることを考えれば、あえて海賊が自らの行いを語ったり書き残したりすることは少ない。したがって、海賊にまつわる話を語るのは、多くの場合、海賊の被害に遭って何とか逃げ延びた人や、そうした人から海賊にまつわる風聞を耳にした人ということになる。

直接海賊と対峙した前者の場合、海賊の様子を克明に語るに違いない。だが、海賊被害に遭遇した時に、冷静に全ての様子を正しく把握できたかと言えば、それは少々難しい。気が動転して勘違いしたことや感情のままに誇張した話をすることもきっとあるだろう。そして、そうした話を耳にした後者が記す物語にはさらに尾ひれがつくということも容易に想像がつく。かくして海賊に関する情報は錯綜し、その正体は彼を捕らえることのない限り、中々明確にはならないのである。

本章で扱うのは、まさにそうしたケースである。本章は十七世紀末から十八世紀初頭にかけてインド洋西海域に出現したヨーロッパ人海賊を扱う。このヨーロッパ人海賊を事例として、海賊の被害が生じた時に、それを語る人々の立場の違いによってどれほど主張が異なっていたのか、そして、その異なる主張がどの程度妥当性を帯びたものであったのかということを、いくつかの言語で書かれた史料を重ね合わせることで読み解いていこう。

一　スーラトとインド洋西海域の交易

❖「祝福された港」スーラト

本章の舞台となるのは、インド亜大陸西北岸に位置する港市スーラトである。当時、スーラトを統治していたのはインド亜大陸の大部分を支配したムガル朝であった。ムガル朝の下、スーラトは「祝福された港bandar-i mubārak」と呼ばれ、同王朝の外港としての役割を果たした。十七世

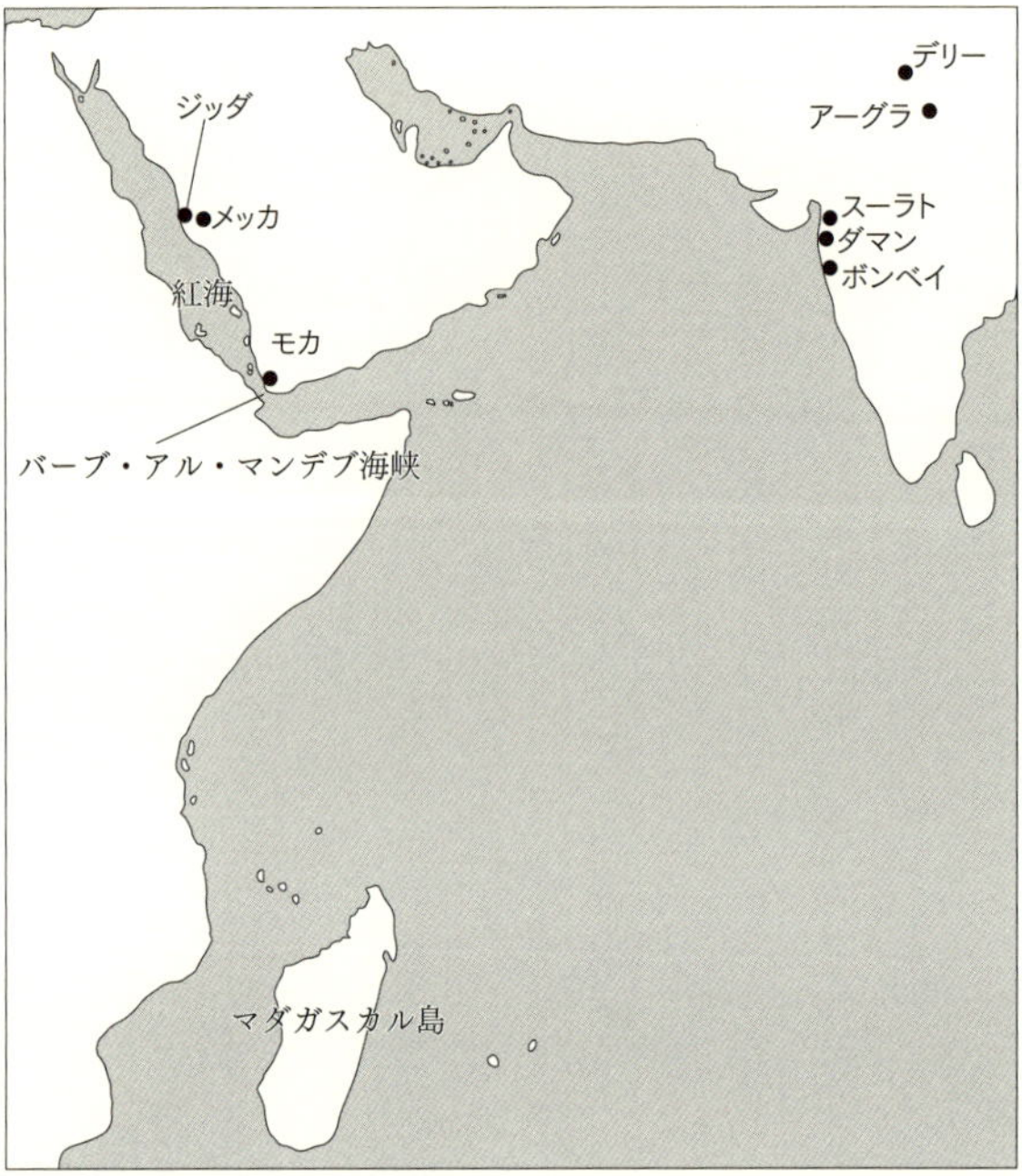

図1　インド洋西海域地図

紀、スーラトはインド洋西海域でも有数の交易港として繁栄を謳歌した。そこで主に取引されていたのは、スーラトを含むグジャラート地方、およびアーグラやデリーを中心とする北インドで生産される綿布や藍などであった。これらの商品を取引するため、在地のヒンドゥー教徒やジャイナ教徒、ムスリムの商人はもちろんのこと、アラビア半島やペルシア湾岸地域に居住する商人もスーラトに到来した。中にはユダヤ人商人やアルメニア人商人もいた。十五世紀末以来、インド亜大陸に進出していたポルトガル人もスーラトにやってきた。十七世紀に入るとイギリス東インド会社、オランダ東インド会社、フランス東インド会社もそれぞれスーラトに商館を置いて交易をおこなった。イギリス東インド会社は一六一二年、オランダ東インド会社は一六一六年にスーラトに商館を置いているが、それぞれの東インド会社がムガル朝領内に置いた最初の商館であった(1)。当時のスーラトは国際色豊かな港市であった。

スーラトは、アフリカ大陸東岸からマラッカ海峡を越えて広州やマニラに至るまでの幅広い地域との間で交易関係を有した。中でも紅海およびペルシア湾岸諸港は、スーラトにとって重要な交易相手先の一角を占めていた。これらの地域との交易では、主としてスーラトからは綿布が輸出され、紅海・ペルシア湾岸諸港からは金銀の貨幣がもたらされた。スーラトへと運ばれた金銀貨は造幣所でムガル朝の貨幣へと鋳直されて、流通することとなった。紅海・ペルシア湾岸諸港との交易は、インド亜大陸においてほとんど産出されない金銀という貨幣の素材の獲得につながる点で重要性を帯びていたのである(2)。

❖巡礼と商業

以上のような交易面に加えて、宗教面でも特に紅海諸港との関係はムガル朝にとって重要であった。インド亜大陸西岸地域を支配下においたムスリム王朝は、ムスリムの領民が宗教的義務である

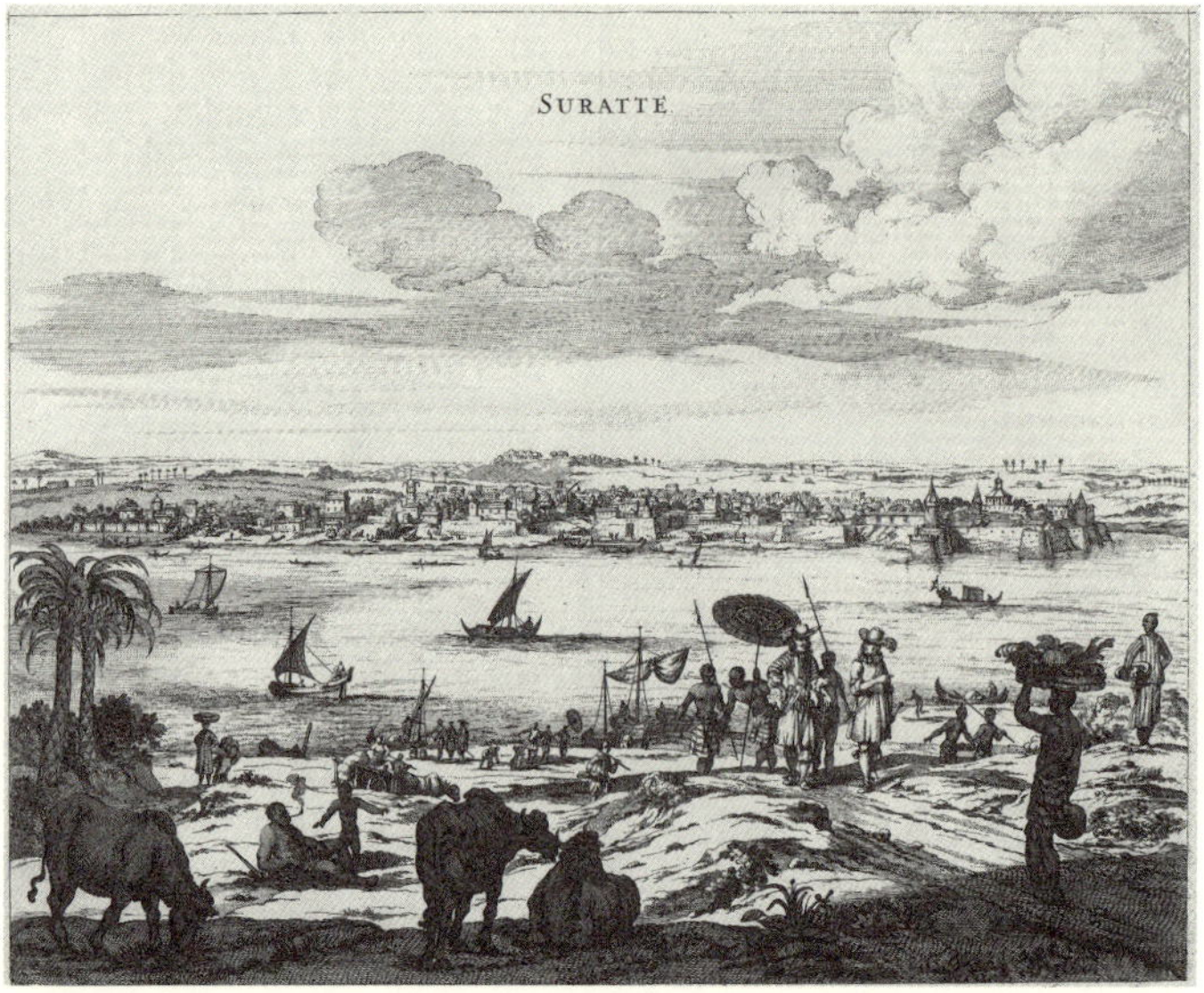

図2　タプティ川対岸から見た17世紀中葉スーラトの様子
出典：Philippus Baldæus, *Naauwkeurige beschryvinge van Malabar en Choromandel, derzelver aangrenzende ryken, en het machtige eyland Ceylon*, Amsterdam, 1672.（東洋文庫蔵）

巡礼を果たすことができるように、巡礼者のための船を聖地メッカの外港である紅海沿岸の港ジッダに向けて派遣していた。ムガル朝の場合も、一五七三年に皇帝アクバルがスーラトを含むグジャラート地方を支配に組み込んで以来、皇帝や皇族が保有する船がメッカ巡礼者のためにモカおよびジッダへと派遣された。こうした巡礼のための船は「祝福された船」とも呼ばれた。スーラトが「祝福された港」と呼ばれていたのも、まさにこの巡礼船が発着していたためであった(3)。

こうした巡礼船は、交易上も重要な役割を果たした。というのも、船は巡礼者だけでなく大量の綿布を中心とする商品も運んだからである。こうした商品の所有者は様々であった。まず、船の保有者であるムガル皇帝が投資した商品が積まれていた。それらは紅海諸港において売却され、売上の一部はメッカ・メディナ両聖地の宗教者に寄付された。巡礼者も路銀を賄うために商品を携行し、ジッダやメッカの市場で取引した。そのほかムスリム商人、さらには巡礼とは関係のないヒンドゥー教徒の商人も荷を積んでいた。ムガル皇帝が保有したこれらの船は、ほかの在地船と比べて大型であり武装も整っていたため安全性が高かった。それゆえ、多くの商人が利用することを望んだのである。かくして巡礼のための船は多くの商品を紅海諸港へと運んだ。そして、数百万ルピーにも上ると言われる額の貴金属をスーラトへと持ち帰ったのである。(4) このような豊富な積荷が、以下で見るように海賊を惹きつけることとなった。

二　ガンジ・サワーイー号掠奪事件

❖ヨーロッパ人海賊集団の闖入

インド洋西海域は決して海賊から自由で安全な海ではなかった。本章で注目する十七世紀末よりもはるかに前から同海域では様々な集団が海賊行為を働き、商船の動きを妨げていた。中には特定の沿岸国家と結びつき、商船がその国家の港に寄港するように仕向ける者もいた(5)。

もっとも、同海域で海賊行為を働いていたのは在地の人々ばかりではなかった。ポルトガル人は十六世紀初頭以来、インド洋の海上交通を自身の管理下に置くことを目的として通航証制度を導入した。同制度の下、ポルトガル人は彼らの発行する通航証を携行しない船を攻撃・掠奪した。ポルトガル人の側から見れば、こうした掠奪は正当なものであった。しかし、在地の人々からすれば、ポルトガル人の通航証制度は彼らが勝手に主張していたにすぎず、それに基づいておこなわれる掠奪は海賊行為と何ら変わりがなかっただろう(6)。

その後、十七世紀に入って到来したイギリス東インド会社、オランダ東インド会社も時に在地船を掠奪した(7)。さらには、敵対国の船を掠奪すること、すなわち私掠を許す拿捕認可状を有する船も現れ、そうした船が在地船を掠奪することがあった。例えば、一六三五年、イングランド国王チャールズ一世から与えられた拿捕認可状を携えて紅海付近までやってきたウィリアム・コッブ率いるルーブック号が、アラビア半島南部の港市アデン付近の沖合で、スーラトの商人ミールザー・マフムードが保有するタウフィーキー号を掠奪するという事態が見られた(8)。このようにインド洋西海域において「海賊」そのものは全く珍しいものではなく、十七世紀前半時点でその中にはヨーロッパ人も含まれていたのである。

　このような海域に本章が注目するヨーロッパ人海賊集団が出現したのは一六八〇年代のことであった。彼らの多くはイギリス人で、元々カリブ海で掠奪をおこなっていた。だが、一六七〇年代以降、同海域で海賊行為の取り締まりが強化されると、喜望峰を越えてインド洋に活動の場を移した者がいたのである。彼らをインド洋へと惹きつけたのが、先に挙げたような大量の金銀財宝を積んだ巡礼船の逸話であった。巡礼船を襲い大量の財貨を獲得するためにインド洋西海域にやってきた彼らは、とりわけ紅海の入り口にあたるバーブ・アル・マンデブ海峡の付近で待ち伏せ、そこを通過する船を襲った(9)。

　こうしたヨーロッパ人海賊集団の出現により、紅海諸港との交易に臨むスーラトの商船は大きな被害を受けた。一六九〇年代に入ると、その被害の状況はますます悪化した。そして、その影響は直接掠奪の被害にあった者にとどまらなかった。同じヨーロッパ人であるということから、各東インド会社に海賊被害の責任を取ることがしばしば求められ、彼らの交易活動にも影響を及ぼすことになったのである。ヨーロッパ人海賊集団の中心をイギリス人が占めていると考えられたため、この海賊問題がとりわけイギリス東インド会社に与えた影響は大きかった。

　一六九一年には、スーラトの大商人アブドゥル・ガフールの船一隻がイングランドの旗を掲げた海賊から襲撃を受け、同船に積まれていた一〇〇万ルピーに上る現金が掠奪された。また、同年、別の商人の船二隻がオランダの旗を掲げた海賊から襲撃を受けている。これを受けて、当時のスーラト県知事イッティマード・ハーンはイギリス人とオランダ人がスーラト市に自由に往来することを禁止した。さらに、フランスも含めヨーロッパ三か国の各東インド会社に対して、海賊を捜索して掠奪された商品を奪還するために船を一隻ずつ供出するように求めた。この要請を各東インド会社が拒否すると、一六九三年初めにはムガル朝領内全域におけるこれら三か国の東インド会社による交易活動を禁ずる命令が発布された。この交易禁止令は同年中に撤回されたものの、交易をおこなうことができる時期が季節風による制約を受けた当時の状況にあって、円滑な交易活動の実施を大いに妨げるものであった。(10) このようにインド洋西海域に跋扈したヨーロッパ人海賊集団はスーラトの商船に被害を与えると共に東インド会社の交易の妨げともなっていた。ムガル皇帝保有船ガンジ・サワーイー号の掠奪事件が発生したのはそのような状況のさなかであった。

❖ガンジ・サワーイー号掠奪事件の発生

一六九五年九月、この年は紅海方面から戻ってくる船の到着が通常よりも遅れていた。そのため、海賊の襲撃を受けたのではないかと人々は噂し、スーラト県知事イッティマード・ハーンも大いにそれを懸念していた。九月十四日から十六日にかけてようやく十隻の商船が相次いでスーラトに帰着したが、そこにはガンジ・サワーイー号の姿はなかった(11)。

その後、十六日の晩遅くになって一艘の小舟がスーラトに到着した。その小舟は件のガンジ・サワーイー号から送られたものであった。小舟でやってきた水夫の報告によると、彼らがガンジ・サワーイー号を離れた時、同船はダマンのあたりを航海中であり、海賊船がちょうど大砲の届かない距離をとって付いてきていたということであった。この知らせにイッティマード・ハーンはますます顔を青くした。彼は慌ててイギリス、オランダ、フランスの各東インド会社の商館に使いを送り、支援を求めた。オランダ東インド会社はこの要請を受け入れ、小型船二隻をガンジ・サワーイー号救援のために派遣することを決定した。

そうこうするうちに、九月二十一日、同じく帰着が遅れていたアブドゥル・ガフールの船がスーラトにようやく辿り着いた。同船の乗組員は、帰路にイギリス船から掠奪を受けたことを報告した。さらにその二日後の九月二十三日、ガンジ・サワーイー号がようやくスーラトに戻ってきた。果たして、イッティマード・ハーンの懸念した通り、ガンジ・サワーイー号はイギリス船四隻によって掠奪を受け、一六〇万ルピーから二〇〇万ルピーにものぼると言われる被害を受けたことが報告された。そのほかに海賊との交戦時に多数の死傷者が出たうえ、乗船していたムスリムの女性も暴行を受けたことも明らかとなった(12)。

❖掠奪をめぐるスーラト市の騒動

アブドゥル・ガフールの船がイギリス船によって掠奪され、乗組員数名が戦闘によって命を落としたという話が伝わると、スーラト市内は騒然となった。民衆はイギリス人に対する怒りをあらわにした。さらに、その二日後の朝、ガンジ・サワーイー号がスーラトに帰着して、船長のムハンマド・イブラーヒームや同乗していた商人らが、同船がイギリス船によって掠奪を受けたことを伝えると市内はより一層騒がしくなった。法官（ムフティー）らは、イギリス人に死をもって償わせるようにイッティマード・ハーンに求めた。特に法官は、イギリス人が海賊であって、多くのムスリムの命を奪うのを多くの人が目撃しているのだから、彼らを死刑に処するのが法に適っているという立場をとった(13)。

イッティマード・ハーンは人々からの再三にわたるこうした要求に対し、皇帝からの命令を待ち、その内容に従って行動するという見解を示した(14)。また、その間、彼はイギリス東インド会社のスーラト商館に向けて兵士を派遣した。これについて、イギリス東インド会社に対しては、暴徒化した民衆が商館を襲撃し、押し入ろうとするのを防ぐためであると説明した。だが、これには同時にイギリス東インド会社の商館員を閉じ込めておくという意味もあった。このほか、ヨーロッパ人の市内への出入りと交易活動も禁止されることになった[15]。以上がガンジ・サワーイー号掠奪事件をめぐるひとまずの経緯である。

三　海賊をめぐる風聞と疑心暗鬼

❖ガンジ・サワーイー号の乗員による証言

では、ガンジ・サワーイー号掠奪事件は、これにかかわる各主体によってどのように受け取られていたのであろうか。まず、ガンジ・サワーイー号の乗員や同じく掠奪の憂き目にあったアブドゥル・ガフールの船ファトフ・ムハンマディー号の乗員の証言を見てみよう。彼らがスーラト県知事イッティマード・ハーンらを前にしておこなった証言は相応に具体的であり、聞き手に対してそれが真実であると印象付けるに足るものであった。

ガンジ・サワーイー号の船長ムハンマド・イブラーヒームは次のように経緯を説明している。モカからスーラトに向けて出航する季節がやってきたころ、五隻の武装した船がバーブ・アル・

マンデブ海峡の内側で待ち伏せしているという情報がもたらされた。偵察を送り確認させたところ、それらは全てイギリス船で商船が同海峡を通過するところを襲撃すべく待ち構えているのだという。そこで、彼はモカからスーラトへと向かうほかの船の船長らと協議し、ガンジ・サワーイー号を含め計二十四隻がスーラトの停泊地まで船団を組んで航海するという協定を結んだ。こうしてこの船団はモカを出航し、無事にバーブ・アル・マンデブ海峡を通過した。

それから数日後、危険はもはや去ったと判断した船が協定を破って次々と船団を離れ、めいめいの目的地へと向かった。その結果、ガンジ・サワーイー号は単独で航海することになった。そして、ボンベイとダマンとの間のあたりまで無事にやってきたところ、四隻の船が姿を見せた。それらの船には敵であることを示す旗が掲げられていなかったので、彼は僚船だと思い、警戒をしなかった。しかし、にわかにイングランド旗を掲げ、ガンジ・サワーイー号に接近、同船を襲撃したのだという(16)。

このようにムハンマド・イブラーヒームは、イッティマード・ハーンに対してイギリス人が掠奪をおこなったのだと明言した。イッティマード・ハーンは、ムハンマド・イブラーヒームのことを「当地［＝スーラト］に居を定めているので帽子被りの三か国人を知っている(17)」と評しているので、彼の証言は一定の信憑性をもって受け入れられただろう。加えて、そのほかのガンジ・サワーイー号の乗員や同じく掠奪されたアブドゥル・ガフールの船の乗員も皆揃ってイギリス人の姿を掠奪の際に認識したと証言した(18)。

ムハンマド・イブラーヒームのものをはじめとするこれらの証言は、のちに判明した海賊の正体や裁判における彼ら海賊自身の証言と照らし合わせて、海賊の中心を占めたのがイギリス人であったことや船の数、待ち伏せの場所など、概ね一致している。したがって、ムハンマド・イブラーヒームらの証言は、実際にある程度信頼のおけるものだったと言え、特にその証言において重要な「彼らを襲った海賊がイギリス人である」という主張にも偽りはなかった。ただし、ここで注意すべきは、犯人がイギリス人であるからと言って、その時点ではそれがイギリス東インド会社に所属する者であると断定できる材料はなかったということである。

❖イギリス東インド会社からの反論

一方、このガンジ・サワーイー号の乗員らの証言に対して、イギリス東インド会社側は真っ向から反論し、件の海賊はイギリス東インド会社とは全く関係がないと主張した。ここでは、イギリス東インド会社のスーラト商館長サミュエル・アネスリー、それから当時のインド亜大陸西岸におけるイギリス東インド会社の中心拠点であったボンベイの長官ジョン・ゲイヤーの執筆した書簡から抜粋して、彼らの主張の要点をまとめてみよう。
まず、スーラト商館長アネスリーが事件発生後、最初にゲイヤーに宛てて送った書簡には次のようにある。(19)

もし、我々が海賊であれば、配下の者にイングランドの旗を掲げて掠奪をおこなうように命じたり、自分たちがイギリス人であると言うように命じるはずがありません。また、ガンジ・サワーイー号であれ、アブドゥル・ガフールの船であれ、掠奪後にここ［スーラト］にやってこさせて話をさせるのではなく、沈めてしまってそれらに何があったのか永遠に知られないようにしたはずです。我々がガンジ・サワーイー号を襲って、それと同時に、四十〜五十万ルピーを積んだ船をこの地に至らせ、交易の停止や会社の財産、我々の自由と生命を危うくする機会にさらすなどと誰が想像できるでしょうか。

［スーラトの住民の］大半は帽子男 **Hat men** について区別がついていませんし、［海賊の船には］あらゆる種類の者が乗船していると知っている人々は残りの人々を恐れて我々の肩を持とうとはしません。

スーラトで交易をしている自分たちが、嫌疑がかかるとわかっていながら、ご丁寧にイングランドの旗を掲げてイギリス人であることを表明して海賊行為を働き、目撃者を解放したあげく、のこのことスーラトまでやってきて自らの身を危険にさらすような馬鹿な真似をするはずがない。そもそも、ガンジ・サワーイー号の乗員が、帽子男、つまりはヨーロッパ人を見て、誰がイギリス人であるかを正確に見分けられたのかは疑わしい。海賊には様々な人々が含まれているということを知っている者もいるが、彼らはイギリス東インド会社を糾弾する人々を恐れて沈黙している。このようにアネスリーは述べるのである。

次にボンベイの長官ジョン・ゲイヤーの主張を見てみよう。彼は、スーラト県知事イッティマード・ハーンに宛てて送った書簡で、ガンジ・サワーイー号掠奪の嫌疑がイギリス東インド会社に対してかけられている状況について、次のように自らの意見を表明した(20)。

海賊についての知らせがあれば、いつでもイギリス人がすぐさま罪人となるのです。……ですが、イギリス人の海賊も他の人々と同じく洋上にいるとして、あなた方と同等に彼ら［イギリス人海賊］とは関係のない東インド会社が彼らの罪の責任を負うべきでしょうか。

ゲイヤーは、まず、ヨーロッパ人海賊による掠奪が発生した際に、真実とは無関係に何でもイギリス人に罪を着せられる状況の理不尽さを訴えた。さらに、仮に海賊がイギリス人であったとして、彼らは会社とは一切関係がないのだから、自分たちが責任をとる必要はないはずだと主張したのである。

要するに、何でも海賊行為はイギリス人のせいにされているので、今回も本当にイギリス人が犯人であったのかは疑わしいし、たとえイギリス人が海賊の中に含まれていたとしても、その行為の責任を同じ国の人間だからと言ってイギリス東インド会社が負わなければならないということはない。だいたい、海賊行為が発生するたびに疑われているのに、のうのうとスーラトにやってきて交易活動をおこなうはずがないではないか、というのが彼らの主張である。このような主張も、イギリス東インド会社側からみると至極真っ当であると言える。また、実際、当時インド洋西海域で活動していたヨーロッパ人海賊にはイギリス人だけでなく、フランス人やオランダ人なども含まれており、その時々で掲げる旗や身につける衣装を変えて自らの身分を偽っていたことを踏まえれば、掠奪のさなかで犯人がイギリス人であることを識別したという証言を疑うのも無理からぬことである。

❖イギリス東インド会社の疑心暗鬼

海賊行為が発生するたびに嫌疑をかけられていたことに対して、イギリス東インド会社の人々はオランダやフランスの東インド会社の作為を疑うようになった。とりわけ、オランダ東インド会社に対する不信は強かった。上述のアネスリーは、ゲイヤーに送った書簡の中で次のように述べている。(21)

我々に伝えられたところでは、オランダ人が［スーラト］市の役人を我々に対してけしかけることに努めているということです。……彼らは通例の方針に則り、この王国［＝ムガル朝］全域における我々の交易と居留地 settlement とをすっかり破滅に追いやるために、我々に対してかけられた、一般に流布している悪評や非難を継続させようとしているのでしょう。

このように、ガンジ・サワーイー号掠奪事件に関してイギリス東インド会社を非難するスーラトの役人の裏で、交易上のライバルである同会社を叩き潰すべくオランダ東インド会社が糸をひいているのではないかと疑っていたのである。それでは実際にオランダ東インド会社はどのようにこの事件を認識していたのだろうか。

❖オランダ東インド会社の視点

イギリス東インド会社からは彼らを貶めようとしていると疑われていたオランダ東インド会社であったが、同会社の記録を見る限りは彼らが積極的にイギリス東インド会社の悪評を吹聴していたようには見えない。たしかに、オランダ東インド会社側では、ガンジ・サワーイー号を襲撃した海賊はイギリス人であると認識されていた。だからといって、彼らはイギリス東インド会社を積極的に貶めようとはしなかった。

ガンジ・サワーイー号掠奪事件の発生の報を受け、ほどなくしてオランダ東インド会社のスーラト商館からバタヴィアにいる東インド総督に送られた書簡の中に、同事件についての記載があり、イッティマード・ハーンとのやりとりが記録されている。それによると、イッティマード・ハーンは、確証を得るために、オランダ東インド会社のスーラト商館長ルイス・デ・ケイゼルにイギリス人が海賊行為の犯人であるのか尋ねたという。イッティマード・ハーンはデ・ケイゼルに対してオランダ東インド会社がそれを知らないはずがないと返答を迫った。さらに、彼が誰にそのことを明かすことはないと述べて、秘密が保たれることを保証した。当時、オランダはイギリスと概ね同君連合と言ってもよい関係にあった。こうしたオランダ・イギリス間関係を踏まえて、密告はしづらいだろうからとイッティマード・ハーンは配慮を示したわけである。(22)

このようにイッティマード・ハーンは何とかしてデ・ケイゼルから掠奪の犯人がイギリス人かどうかを聞き出そうとした。だが、デ・ケイゼルは彼の求める答えを与えなかった。イッティマード・ハーンからの照会に対し、オランダ人は海賊行為の現場に居合わせておらず、犯人を知らせることはできないとだけ返答したのである。[23] もちろん、報告には記されていないやりとりがイッティマード・ハーンとデ・ケイゼルとの間に存在した可能性はある。しかし、少なくとも、オランダ東インド会社内部の報告を見る限りは、彼ら自身も本国間の関係を考えて、イギリス人が犯人であることを明言しないように気を使っていたように見える。

❖スーラト県知事の判断

さて、ガンジ・サワーイー号の乗員による証言やイギリス東インド会社からの反論、オランダ東インド会社からの聴取を踏まえ、スーラト県知事イッティマード・ハーンはどのような裁定を下したのだろうか。結論から言えば、イッティマード・ハーンは、自らの保身も図りつつ、それぞれの主張を踏まえた対応をおこなった。ガンジ・サワーイー号を掠奪した犯人については、多数の目撃者が明確に証言していることから、ひとまずイギリス人だと考えるのが妥当だという見解を示した。

加えて、次のような考えをイッティマード・ハーンは表明した。すなわち、これまでにもたびたびイギリス東インド会社に対して嫌疑がかけられてきたことについては、その都度その汚名を雪ぐように同会社に対して伝えてきた。にもかかわらず、イギリス東インド会社側の対応は不十分であった。だから、ヨーロッパ人海賊による被害は継続して生じているのではないか。この点についてはイギリス東インド会社側の努力不足でもある。そういうわけで、犯人を明らかにしない限りは、イギリス東インド会社に降り懸かった汚名が雪がれることはない。ゆえに、彼らは自ら汚名を雪ぐ努力をすべきである。以上のように述べて、イギリス東インド会社に対して海賊の捜索・掃討とスーラト・紅海諸港間の航海の護送を求めたのである(24)。

イッティマード・ハーンは同様の措置をオランダとフランスの両東インド会社にも求めた。そして、これら三つの東インド会社に海賊の捜索・掃討、商船の護送のための船舶の提供を約束させることで、ひとまず交易の再開が許可されることになったのである(25)。

ただし、イッティマード・ハーンは無批判に目撃者の証言を受け入れたわけではなかった。彼はイギリス東インド会社の人々が犯人でない可能性がある事も認識していた。すでに述べた通り、ガンジ・サワーイー号の乗員らは、犯人はイギリス人であると断言した。しかし、イッティマード・ハーンは、ムガル宮廷への報告の中で海賊のことを、ヨーロッパ人を一般に表す「帽子被り

kulāh pūsh」と表現し、イギリス人であるとは断定しなかった。あくまで、目撃者たちが犯行に及んだのはイギリス人であったと証言している、と伝えたのである。[26] 彼は、ヨーロッパ人海賊が必ずしもイギリス人だけではないことを良く理解していた。[27] 上記の措置は、彼自身がイギリス人に肩入れしているとスーラトの民衆にみなされ、民衆から襲撃を受けることを恐れたこともあり、[28] 自らの保身を図ってスーラトの民衆の主張に応える形でとったものであったといえよう。

図3　ガンジ・サワーイー号を襲撃するヘンリ・エヴリ
出典：Charles Johnson, *A General and True History of the Lives and Actions of the Most Famous Highwaymen, Murderers, Street-Robbers, etc.*, Birmingham, 1742.

おわりに

結局、ガンジ・サワーイー号を掠奪した海賊は何者であったのだろうか。その正体は、ヘンリ・エヴリというイギリス人が率いた海賊集団であり（図3）、そこには少なからぬフランス人、デンマーク人も含まれていた。[29] ガンジ・サワーイー号の乗員とイギリス東インド会社、いずれか一方の立場からすると、相手の主張は不当に見えたかもしれないが、結局、どちらの主張も相応に一面の真実を含んでいたわけである。

エヴリの率いたファンシー号はガンジ・サワーイー号を掠奪した後、カリブ海へと戻っていった。そして、バハマへ到着後、一味は解散した。その後、ファンシー号の乗組員のうち六名のみが逮捕され、ロンドンの高等海事裁判所において裁判にかけられている。驚くべきことにガンジ・サワーイー号の掠奪に関しては、陪審員によって全員が無罪とされた。だが、結局、そのほかの海賊行為の罪で有罪となり、一名を除いて絞首刑に処されている。[30] 一方、五〇〇ポンドもの懸賞金がかけられていたエヴリ本人はとうとう逃げおおせた。その足跡はバハマからアイルランドへと渡ったところまでは確かなようであるが、その後の消息は杳として知れない。[31]

ガンジ・サワーイー号掠奪事件の後、インド洋西海域におけるヨーロッパ人海賊による掠奪が止むには数年の期間を要した。この問題の影響を大きく被ったイギリス東インド会社は、イギリス本国において海賊の取締りを強く訴えた。その結果、海賊の取締りは一層強化されることとなった。また、スペイン継承戦争（一七〇二～一四）の勃発により、海賊行為に従事していた人々の一部は、政府からの免状を受けて合法的に敵対するスペイン船を掠奪する私掠者へと転じた。以上のことが相まって、十八世紀の最初の十年間のうちにインド洋西海域におけるヨーロッパ人海賊問題は基本的には終息した。(32)

一方、ガンジ・サワーイー号掠奪事件をめぐる逸話は、東洋の宝船を掠奪する海賊譚としてヨーロッパ中に広まり、それを題材として様々な物語が編まれた。中には海賊の頭目であったエヴリが、ガンジ・サワーイー号に乗船していたムガル朝の高貴な女性と恋に落ち、マダガスカルのセント・メアリ島で王国を打ち建ててそこで暮らしたなどという甚だしい脚色がなされたものもある。さらには『ロビンソン・クルーソー』の著者として有名なダニエル・デフォーが執筆したと考えられる『海賊王』という作品も存在する。(33) いつの時代もこうした海賊の逸話は、人々が求めるドラマチックな物語を作るための素材としてうってつけなのかもしれない。

本章で取り上げたガンジ・サワーイー号掠奪事件をめぐる各主体の主張から読み取れるのは、海賊への対応の難しさである。それぞれの主張は一見すると食い違っており、互いに相手の不当さを訴えている。しかし、実際のところは、それぞれの主張には相応の真実が含まれていたのである。いずれにせよ、互いに完全には海賊の正体がつかめない中で、誰かが責任をとることが望まれていた。逼迫した状況のなか、真実を追求するために協力することは容易ではなかった。結果として、互いにそれぞれの認識する事実を盾にして、責任を押し付け合うという状況が生まれ、その中で相手に対する疑心暗鬼が募ることになった。だが、実際には今回の件では、アジアの人々のなかにも、イギリス、オランダ、フランスの各東インド会社の中にも海賊はいなかった。その正体はインド洋の外からやってきた東インド会社とは無関係のヨーロッパ人集団だったのである。

注

（1） Hans Walther van Santen, “De Verenigde Oost-Indische Compagnie in Gujarat en Hindustan, 1620-1660”, Unpublished Ph. D. Dissertation, Leiden University, 1982, p. 8.

（2） Ashin Das Gupta, *Indian Merchants and the Decline of Surat, c. 1700-1750*, Wiesbaden: Franz Steiner Verlag, 1979, pp. 45-49, 69-74; Ghulam Ahmad Nadri, “The Trading World of Indian Ocean Merchants in Pre-Colonial Gujarat, 1600-1750”, in: Om Prakash（ed.）, *The Trading World of the Indian Ocean, 1500-1800*, Delhi: Centre for Studies in Civilizations, 2012, pp. 229-234.

（3） Michael Naylor Pearson, *Pilgrimage to Mecca: The Indian Experience, 1500-1800*, Princeton: Markus Wiener Publishers, 1996, pp. 108-110; Tyler Joseph Kynn, "Pirates and Pilgrims: The Plunder of the *Ganj-i Sawai*, the Hajj, and a Mughal Captain's Perspective", *Journal of the Economic and Social History of the Orient*, 64-1, 2021, p. 109.

（4） Ashin Das Gupta, "Indian Merchants and the Western Indian Ocean: The Early Seventeenth Century", *Modern Asian Studies*, 19-3, 1985, pp. 494-495; Pearson, *Pilgrimage to Mecca*, pp. 132-135, 160-161; 真下裕之「インド洋海域史における17世紀前半インド西海岸の港市Suratの一側面」（『海港都市文化交渉学』一、二〇〇九年）五七―六〇頁。

（5） Sebastian R. Prange, "A Trade of No Dishonour: Piracy, Commerce, and Community in the Western Indian Ocean, Twelfth to Sixteenth Century", *American Historical Review*, 116-5, 2011, pp. 1269-1293.

（6） 嘉藤慎作「一七世紀アラビア海の海上交通をめぐるポリティクス」（『比較文明』三九、二〇二三年）二四―二七頁。

（7） Adam Clulow,"European Maritime Violence and Territorial States in Early Modern Asia, 1600-1650", *Itinerario*, 33-3, 2009, pp. 73-80.

（8） E. T. Fox, *King of the Pirates: The Swashbuckling Life of Henry Every*, Stroud: The History Press, 2008, p. 65.

（9） Arne Bialuschewski, "Between Newfaoundland and the Malacca Strait: A Survey of the Golden Age of Piracy, 1695-1725", *The Mariner's Mirror*, 90-2, 2004, pp. 168-169; 薩摩真介『〈海賊〉の大英帝国：掠奪と交易の四百年史』（講談社、二〇一八年）七七―九四、一〇三頁。

（10） 嘉藤慎作「インド洋西海域のヨーロッパ人海賊とムガル朝の対応：オランダ東インド会社との交渉を事例として、一六九〇―一七一〇年」（『東洋学報』一〇〇―四、二〇一九年）四三一―四三二頁。

（11） 暦について、本章の本文中の日付は全てグレゴリオ暦に統一して表記した。一方、註に示してある参照したイギリス東インド会社史料やオランダ東インド会社史料の作成日については、当時それぞれが用いていた暦のままで示した。よって前者はユリウス暦、後者はグレゴリオ暦での表記となる。

（12）　NA (Nationaal Archief): VOC 1571, pp. 338-342, Missive van Surat aan Batavia, 27 Sep. 1695; 嘉藤「インド洋西海域のヨーロッパ人海賊」、四三三—四三六頁。

（13）　BL（British Library）：IOR/E/3/51, f. 214r, OC 6096, Letter from Surat to Bombay, 12 Oct. 1695.

（14）　BL: IOR/E/3/51, f. 214r, OC 6096, Letter from Surat to Bombay, 12 Oct. 1695.

（15）　嘉藤「インド洋西海域のヨーロッパ人海賊」、四三三—四三四頁。

（16）　BL: IO Islamic 150,“Copies of Official Letters, All Written in the Thirty-ninth and Fortieth Years of ‘Ālamgīr’s Reign（A.H. 1107 and 1108（A.D. 1695-1697））, and Received from Surat, A.D. 1698”, ff. 18v-19r, Letter from Muhammad Ibrāhīm to I’timād Khān［n.d］.

（17）　BL: IOR/E/3/51, f. 204r, OC 6089, Persian Letter from I’timād Khān to John Gayer at Bombay, 1 Oct. 1695.

（18）　BL: IOR/E/3/51, f. 204r, OC 6089, Persian Letter from I’timād Khān to John Gayer at Bombay, 1 Oct. 1695; IO Islamic 150, “Copies of Official Letters”, f. 18r, Letter from I’timād Khān to Mirzā Yār Alī Beg［n.d］. ムハンマド・イブラーヒームの証言については以下の文献も参照されたい。Kynn, “Pirates and Pilgrims”, pp. 108-111.

（19）　BL: IOR/E/3/51, f. 193v, OC 6085, Letter from Samuel Annesley at Surat to John Gayer at Bombay, 20 Sep. 1695.

（20）　BL: IOR/E/3/51, f. 226r, OC 6099, Letter from John Gayer at Bombay to I’timād Khān at Surat, 2 Oct. 1695.

（21）　BL: IOR/E/3/51, ff. 214v-215r, OC 6096, Letter from Samuel Annesley at Surat to John Gayer at Bombay, 12 Oct. 1695.

（22）　NA: VOC 1571, p. 346, Missive van Surat aan Batavia, 27 Sep. 1695.

(23) NA: VOC 1571, p. 346, Missive van Surat aan Batavia, 27 Sep. 1695.
(24) BL: IOR/E/3/51, f. 204r, OC 6089, Persian Letter from I'timād Khān to John Gayer at Bombay, 1 Oct. 1695.
(25) 嘉藤「インド洋西海域のヨーロッパ人海賊」、四三五頁。
(26) BL: IO Islamic 150, "Copies of Official Letters", ff. 17v-18r, Letter from I'timād Khān to Mīrzā Yār Alī Beg [n.d.].
(27) 実際、当時のインド洋西海域で活動していたヨーロッパ人海賊集団の中には、オランダ人やドイツ人、フランス人、デンマーク人などが含まれており、さらには航海士や通訳として東アフリカやアラビア半島、インド亜大陸の出身者も参加していた（Bialuschewski, "Between Newfoundland and the Malacca Strait", p. 169; Michael Kempe, "The Pirate Round: The Globalized Sea Robbery and Self-Organizing Trans-Maritime Networks around 1700", in: Cátia Antunes and Amélia Polónia (eds.), *Beyond Empires: Global, Self-Organizing, Cross-Imperial Networks, 1500-1800*, Leiden: Brill, 2016, p.148）。
(28) 実際にイッティマード・ハーンがムガル宮廷からの命令を待つとして即座にイギリス人に対する断固とした措置をとらなかったことに不満を覚えた暴徒が、彼の邸宅に押し入ろうとするという事態が生じていた（BL: IOR/E/3/51, f. 214v, OC 6096, Letter from Samuel Annesley at Surat to John Gayer at Bombay, 12 Oct. 1695）。
(29) Kempe, "The Pirate Round", p. 148.
(30) Fox, *King of the Pirates*, pp. 120-130.
(31) Fox, *King of the Pirates*, pp. 131-141.
(32) 薩摩『〈海賊〉の大英帝国』、一三〇―一三二頁。
(33) Jan Rogozinski, *Honor among the Thieves: Captain Kidd, Henry Every, and the Pirate Democracy in the Indian Ocean*, Mechanicsburg: Stackpole Books, 2000, pp. 80, 87; Fox, *King of the Pirates*, p. 135.

史料

《未刊行史料》

British Library (BL), London

India Office Records (IOR)

E/3/51

Persian Manuscript

IO Islamic 150, "Copies of Official Letters, All Written in the Thirty-ninth and Fortieth Years of, Ālamgīr's Reign (A.H. 1107 and 1108 (A.D. 1695-1697)), and Received from Surat, A.D. 1698".

Nationaal Archief (NA), Den Haag

De archieven van de Verenigde Oostindische Compagnie, 1602-1795 (VOC)

VOC 1571

《刊行史料》

Philippus Baldæus, *Naauwkeurige beschryvinge van Malabar en Choromandel, derzelver aangrenzende ryken, en het machtige eyland Ceylon*, Amsterdam, 1672.

Charles Johnson, *A General and True History of the Lives and Actions of the Most Famous Highwaymen, Murderers, Street-Robbers, etc.*, Birmingham, 1742.

研究書・研究論文

Arne Bialuschewski, "Between Newfoundland and the Malacca Strait: A Survey of the Golden Age of Piracy, 1695-1725". *The Mariner's Mirror*, 90-2, 2004, pp. 167-186.

Adam Clulow, "European Maritime Violence and Territorial States in Early Modern Asia, 1600-1650". *Itinerario*, 33-3, 2009, pp. 72-94.

Ashin Das Gupta, *Indian Merchants and the Decline of Surat, c. 1700-1750*, Wiesbaden: Franz Steiner Verlag, 1979.

Ashin Das Gupta, "Indian Merchants and the Western Indian Ocean: The Early Seventeenth Century". *Modern Asian Studies*, 19-3, 1985, pp. 481-499.

E. T. Fox, *King of the Pirates: The Swashbuckling Life of Henry Every*, Stroud: The History Press, 2008.

Michael Kempe, "The Pirates Round: Globalized Sea Robbery and Self-Organizing Trans-Maritime Networks around 1700", in: Cátia Antunes and Amélia Polónia（eds.）, *Beyond Empires: Global, Self-Organizing, Cross-Imperial Networks, 1500-1800*, Leiden: Brill, 2016, pp. 138-159.

Tyler Joseph Kynn, "Pirates and Pilgrims: The Plunder of the Ganj-i Sawai, the Hajj, and a Mughal Captain's Perspective". *Journal of the Economic and Social History of the Orient*, 64-1, 2021, pp. 93-122.

Ghulam Ahmad Nadri, "The Trading World of Indian Ocean Merchants in Pre-Colonial Gujarat, 1600-1750", in: Om Prakash（ed.）, *The Trading World of the Indian Ocean, 1500-1800*, Delhi: Centre for Studies in Civilizations, 2012, pp. 215-254.

Michael Naylor *Pearson, Pilgrimage to Mecca: The Indian Experience, 1500-1800*, Princeton: Markus Wiener Publishers, 1996.

Sebastian R. Prange, "A Trade of No Dishonour: Piracy, Commerce, and Community in the Western Indian Ocean, Twelfth to Sixteenth Century". *American Historical Review*, 116-5, 2011, pp. 1269-1293.

Jan Rogozinski, *Honor among Thieves: Captain Kidd, Henry Every, and the Pirate Democracy in the Indian Ocean*, Mechanicsburg: Stackpole Books, 2000.

Hans Walther van Santen, "De Verenigde Oost-Indische Compagnie in Gujarat en Hindustan, 1620-1660", Unpublished Ph. D. Dissertation, Leiden University, 1982.

嘉藤慎作「インド洋西海域のヨーロッパ人海賊とムガル朝の対応：オランダ東インド会社との交渉を事例として、一六九〇年―一七一〇年」（『東洋学報』一〇〇―四、二〇一九年）四二五―四五九頁

嘉藤慎作「一七世紀アラビア海の海上交通をめぐるポリティクス」（『比較文明』三九、二〇二三年）二三―三八頁

薩摩真介『「海賊」の大英帝国――掠奪と交易の四百年史』（講談社、二〇一八年）

真下裕之「インド洋海域史における17世紀前半インド西海岸の港市Suratの一側面」（『海港都市文化交渉学』一、二〇〇九年）四三―七四頁

鈴木英明　SUZUKI Hideaki

2. ジョアスミー海賊とは誰か？
――幻想と現実の交錯

はじめに

❖「海賊」とは誰か？

「海賊」を歴史学的な研究対象として据えようとする場合、実に様々なアプローチの仕方が存在する。近年、国内外を問わず開催されているいくつもの「海賊」に関連する会議やワークショップは、この研究対象が歴史学にもたらす広大な地平を開拓しつつあるし、本書の各章はそうした豊かな地平を読者に見せてくれる。しかし、そもそも、「海賊」とは一体、誰のことなのだろうか。「海賊」という言葉を耳にしたときに、私たちは何を思い浮かべるのだろうか。ある人は映画や漫画のキャラクターを思い浮かべ、別のある人はソマリア沖やマラッカ海峡で頻発している一連の事件を思い浮かべるだろう。「海賊」という言葉から連想される対象は様々である。一言で、『海賊』は多様なのだ」と言ってしまえばよいのかもしれない。ただ、この「海賊」イメージの多様性の源にもう少し近づこうとすれば、それは、歴史学だけの問題ではなくなり、また、「海賊」だけの問題でもなくなる。「同時代人が彼を海賊と呼ぶことに同意しない限り、何人も海賊ではない。」(1) これは、十九世紀イギリスの哲学者サミュエル・コレリッジの言葉である。おそらく、「海賊」とは、本質的にある人間が他の人間を理解する際の理解の仕方の一形態なのであり、言い換えれば、「海賊」である誰かは常に別の誰かの目を通して「海賊」になりえるのだろう。こうして考えていくと、「海賊」は異文化交流や他者理解といった人文学全体で広く議論されるべき問題群とも密接にかかわりだす。

❖ジョアスミー海賊とパクス・ブリタニカ

本章では十八世紀末から十九世紀前半にかけて、イギリス東インド会社をはじめとするイギリス側のインド洋西海域、特にペルシア湾に関する同時代記録で「海賊」としてたびたび名指しされ、実際には、一八一九年の遠征によって討伐された「ジョアスミー the Joasmee」という人びとに関する次のような謎の解明に取り組んでみたい。謎というのは、つまり、このイギリス側文献に登場する「ジョアスミー」とは、一般には、アラビア語の「カワーシムal-Qawāsim」の転訛と説明されることが多い。「カワーシム」は、「カーシムal-Qāsim」の複数形であり、「カーシム」を「カーシミーal-Qāsimī」と所有格にすれば、現在のアラブ首長国連邦のアル＝シャーリカとラァス・アル＝ハイマの首長家の家名にたどりつく。ただし、上のように「ジョアスミー」と「カワーシム」とを捉え、双方を同一視してしまうと、史料解釈の上で齟齬が生じる。つまり、確かにイギリス東インド会社が討伐した「ジョアスミー」とはカーシミー家であり、その意味では「ジョアスミー」と「カワーシム」とを同一視することは決して間違いではないのだが、討伐の背景にある「ジョアスミー」によるとされる海賊行為のほとんどがカーシミー家によるものであると同時代記録から確証が得られないのである。そもそも、十九世紀の「カワーシム」が含む対象は、後述するように、単にカーシミー家の構成員に留めることはできない。さらには、「ジョアスミー」による海賊行為としてイギリス側の記録で報告される諸事件の多くは、他の同時代記録を参照しても、「ジョアスミー」による行為であると確定することすら難しい。

ここでは、まず、「ジョアスミー」が現実の何に同定されるのかという点に意識を集中させるのではなく、「ジョアスミー」という「海賊」をイギリス東インド会社の認識上の産物——幻想——と捉えることを出発点にしよう。そのうえで、この幻想がどのような現実とどのように交錯し、作り出されていったのかを考えてみたい。

本論に移る前にもうひとつ指摘しておきたいのは、この海賊討伐と現在との関係である。この討伐を大きな契機として、イギリス東インド会社の主導でアラビア半島ペルシア湾岸の多くの首長たちの間で結ばれたいわゆる一般和平協約は、後代の歴史家たちによって、イギリスのペルシア湾における覇権確立について大きな一歩となった出来事として理解されている。この協約締結を嚆矢とするペルシア湾のいわゆるパクス・ブリタニカは二十世紀半ばごろまで継続し、その終焉とともに、たとえばアラブ首長国連邦の独立があったことを考えれば、この海賊討伐を、私たちを取り巻く現在の情勢と無関係であると過小評価することはできないだろう。このように捉えれば、この「海賊」をめぐるある人間（集団）と別の人間（集団）とのあいだに見える他者理解の問題は、同時代の現実に影響を及ぼすだけでなく、今日とも無関係ではなくなってくる。

一　ジョアスミー海賊とカワーシム

❖ジョアスミー海賊の横行とカワーシムの関係性

イギリス側の同時代記録を辿っていくと、ジョアスミー海賊というのは、十八世紀最末期から頻繁に出没するようになる。ロンドンやムンバイに散在するイギリス側の関係史料を精査したデイビーズによれば、ジョアスミーによる海賊行為の対象となった船舶は、南アラビア沖で二十九隻、ペルシア湾で八十九隻、インド亜大陸の西岸で一〇〇隻ほど存在した。(2) ここで指摘しておきたいのが、①時期による報告数の増減と②イギリス側史料のいうジョアスミーと実在のカワーシムとのずれである。

まず、①について、ボンベイ管区の理事で『ジョアスミー史略』を記したワーデンや、バンダレ・ブーシェフルの副駐在官で、ジョアスミーに関する年表を作成したケンボールは、ともに一八〇五年をジョアスミーによる海賊行為が増加したひとつの画期として捉えている。(3) ケンボールは、ワッハーブ・サウード同盟の影響を指摘しているが、これについては、あとで詳述する。もうひとつの画期は、一八〇八年以降である。一八〇五年がジョアスミーそのものにより密接に関連した画期であると捉えられるのに対して、一八〇八年以降については次のような状況を踏まえる必要がある。すなわち、一八〇八年より前はイギリス側の報告でジョアスミー以外の海賊についても報告がしばしばなされていたのだが、この時期以降、ジョアスミー以外による海賊行為が徐々に報告されなくなっていく。これは、たとえば、イギリス側の海賊鎮圧活動とはかならずしも関係のない局面で勢力が衰退していったラフマフ・ビン・ジャービル――「シャイフ・ラフマ」としてイギリス東インド会社の報告にしばしば登場し、有力な海賊の首領とみなされていた――のように、それぞれに固有の背景も存在する。それらの背景を詳述することはここではしないが、いずれにせよ、ペルシア湾において、イギリス東インド会社が憂慮する海賊とは、次第にジョアスミーへと絞られていくのである。

②の点について、ジョアスミーによる海賊行為のすべてをカーシミー家の成員という意味でのカワーシムに帰せられないことはすでに述べた。逆にいえば、そのうちの幾つかについては双方が重なり合う。たとえば、ジョアスミーによる海賊行為のうち、最初期の事例として、一七七八年、バスラからボンベイへ向けて航海していたイギリス東インド会社の船がジョアスミーによって拿捕され、短期間のうちに解放されたという事件があった(4)。この件については、会社とカーシミー家のスルターンとのあいだに書簡のやり取りが確認でき、そこから、カーシミー家の関与を認めることができる(5)。ただし、このほかのわずかな事例を除いた二〇〇件以上については、史料をいくら探しても、こうした同定をすることができないばかりか、それらにジョアスミーが関与したという決定的な証拠も得られない。そこで、以下、十九世紀における「カワーシム」がいかなる存在かを検討しよう。

❖ジョアスミー、カワーシム、カーシミー家

本章の冒頭で、「ジョアスミー」というイギリス東インド会社の認識の産物に「カワーシム」がかかわっていること、そして、カワーシムとは、今日的な用法に則れば、カーシミー家の複数の構成員を意味するが、カワーシムをそのように理解すると史料解釈上に大きな問題があることを指摘した。では、「カワーシム」をどのように捉えればよいのだろうか。本章で対象とするカワーシムを考えるにあたっては、二十世紀初頭に完成されたロリマーの『ペルシア湾地誌』に見られる次のような言及が参考になる。

どの部族出身であれ、カーシムの家の臣民は一般的にカワーシムと呼ばれる。そして、海外では、カワーシムという名前はオマーン西岸の岬からやって来るほぼすべてのアラブを意味する。(6)

本章ではカワーシムを、このようなカーシム家を中心として、それに政治的な紐帯を持つ多くの人間集団の総体として捉えるべきだろう。現在のアラブ首長国連邦に連なる歴史を描いたハード＝ベイはこれを「多部族カーシミー帝国Multi-tribal Qasimi Empire」と呼んでいる。(7) カーシ

ミー家を中心とする紐帯の広がりは、同時代のイギリス側文書から断片的に理解することができる。図1は、一八一九年までの記録から、ラァス・アル＝ハイマのカーシミー家の保護下にあったとされる港を地図に落としたものである。これらの港の支配者とカーシミー家は貢納や婚姻によって保護・被保護の関係が補てんされる場合も少なくなかった。これらの総体こそが本章においてカワーシムとして理解すべき人間集団である。

このカワーシムという集団の構造は、十九世紀の旅行記などに記載されるカーシミー家やカワーシムの起源にまつわる挿話からも読み取ることができる。たとえば、のちのボンベイ管区知事マルコムが十九世紀初頭、ペルシア使節として旅した際のアラブ人随行者から聞いたとする話は次の通りである。簡単にまとめると、バンダレ・アッバースの近郊に住んでいた漁師の網に偶然、力の大変強い男がかかり、その男と漁師の娘が結婚し、四人の子宝に恵まれたという内容である。これらの子供たちは「ホウルの子供たち」と呼ばれる一方で、それぞれ別の家の始祖となったのだが、そのうちのひとつの家がカーシミー家であった。また、英国図書館に所蔵されているインド省文書のなかには別の起源伝承を書きとめる文書も存在する。それによれば、カワーシムは元来、ペルシア湾随一の国際商業港として栄えたスィーラーフの住民であり、この港が十世紀後半の大地震によって壊滅的な被害を受け、衰退するようになると、彼らは現在のオマーンのスールやマスカ

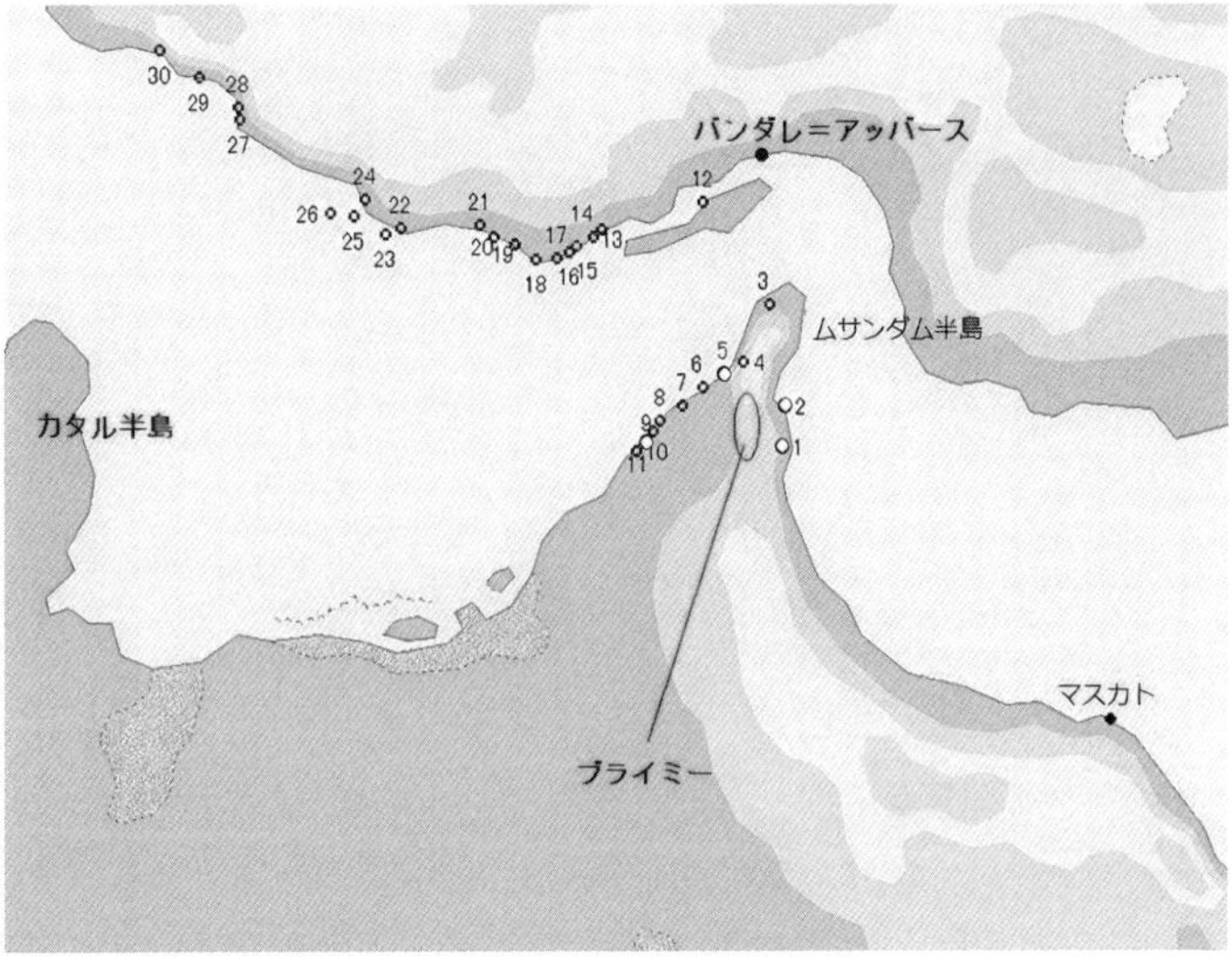

図1　ペルシア湾地図

地図内の番号	地　名	地図内の番号	地　名
1	ハウル・アル＝ファッカン	16	バンダレ・レンゲ
2	ディバー	17	バンダレ・シェナース
3	ハサブ	18	バンダレ・ブスターネ
4	アル＝ラムス	19	バンダレ・モグーィエ
5	ラァス・アル＝ハイマ	20	バンダレ・ハシーネ
6	ハムラーァ	21	バンダレ・チャーラク
7	ウンム・アル＝カイワイン	22	バンダレ・チェルーイエ
8	アジュマーン	23	ヘンドゥーラービー島
9	アル＝フィシュト	24	バンダレ・ナヒールー
10	アル＝シャーリカ (シャルジャ)	25	シードゥヴァル島
11	アル＝ハムリーヤ	26	ラーヴァーン島
12	バンダレ・ラーフト	27	ナーイ・バンド
13	クーヘ・ホメイラーン	28	アサルーィエ
14	バンダレ・バンデ・モアッレム	29	バンダレ・ターヘリー (スィーラーフ)
15	バンダレ・コング	30	バンダレ・カンガーン

1819年までにカワーシムの領域であることが確認された地名一覧

トに移住し、それらのなかには、のちにラァス・アル＝ハイマへと移住した者もいた。ここで重要なのは、もちろん、カーシミー家が実際に力持ちの男と漁師の娘の末裔であるか否かなどという問題ではなく、同時代のペルシア湾に生きる人びとがカーシミー家、そしてカワーシムをどのように捉えていたのかという問題である。マルコムの記した話では、カーシミー家は他の幾つかの家と兄弟関係にあり、それらと深い関係性のあったことが示唆されているし、インド省文書の伝える話では、カワーシムが一種のディアスポラを展開しながら、広域にまたがるネットワークを築いていったというように解釈できる。

❖開放性と脆弱性

カワーシムはクラスター状の集合としてみなすと理解しやすい。つまり、葡萄の房のように、粒が寄り集まってひとつの集合をなしているのである。ひとつひとつの粒が、ペルシア湾では一般的な、血族を中心とする人間集団である。ただし、通常の葡萄と異なるのは、この房には、カーシミー家という房の中心・頂点に位置する粒があり、他の粒はこのカーシミー家という粒との連帯——往々にして、それは保護・被保護の関係になる——において、房の一部になりうるのである。そしてまた、この集合の別の特徴は、開放性と脆弱性という二つの性格を有するところにある。すなわち、カーシミー家による保護は基本的にどの集団に対しても開かれ、ときに婚姻や貢納によってその関係性が保障される一方で、容易に時局の変化で解消されもした。たとえば、現在のアル＝シャーリカの海岸沿いの一角に位置するアル＝ヒーラと同じくドバイ博物館の東に広がるアル＝ハムリーヤ一帯に居住していたバヌー・マァイーンの人びとは、後述する十八世紀中葉以降のカーシミー家とオマーンのブー・サイード家との対立に際して、当初は、カーシミー家に与していた。しかし、ブー・サイード家のスルターンからボンベイ管区知事に宛てられた一八〇七年の書簡によれば、そのころ、ブー・サイード家に恭順の意思を示したと記されている。(8) しかし、遅くとも一八五四年には、イギリス側は彼らをジョアスミーの一部として理解するようになっていた。(9) このように、粒は房からこぼれ落ちることも、再び房に戻ることもあったのだ。

カワーシムにみられる開放性と脆弱性とを理解するためには、ペルシア湾のとくにアラビア半島沿岸に生きる人びとを取り巻く自然・生態環境を考慮しなくてはならない。つまり、この地域では、基本的に小さな入り江を囲むように港町が置かれ、そこはそれぞれ特定の血族を中心とする人口によって占められていた。こうした港町では基本的に水資源は限られ、また食糧生産の可能性も限られていた。砂漠の広がる後背地では、限られたオアシスを除けば、食糧生産の可能性を大きく望むことが多くの場合、難しかった。また、主要産業であった真珠採集についても、どこでも潜れば真珠を採れるわけではなく、漁場は地理的に限られ、真珠貝の数も無限ではなかった。こうした事情から、資源をめぐる港町単位での争いは頻繁に起きており、それぞれの人間集団にとって、資源獲得のためのいわゆる合従連衡は重要な生存戦略として存在していた。

このような開放性と脆弱性とを有するカワーシムの実像は、先にあげたバヌー・マァイーンの人びとのように、ついこのあいだまでカーシミー家と保護・被保護の関係にあったと見ていた集団が、敵対関係に転じ、また、いつの間にかカワーシムの一員になっていたといったように、イギリス東インド会社にとってきわめて把握しにくいものであった。このカワーシムという集団の性質が、イギリス東インド会社の関係者たちに誰が行ったのかよく分からない海賊行為の主体を「ジョアスミー」に求めさせていった背景があるのではないか。ただし、こうした集団の在り方は、同時代のペルシア湾において、カワーシムだけに特徴的なものではなかった(10)。では、ほかにどのような背景が存在したのだろうか。そのためには、ここで一度、カワーシムに絞っていたズームを、彼らとイギリス側とを取り巻く状況へと上げる必要が出てくる。

❖カーシミー家とブー・サイード家、イギリス東インド会社

ペルシア湾における政治的関係が非常に可変的であった一方で、カーシミー家とオマーンを支配

していたブー・サイード家とは、遅くとも十八世紀中葉からほぼ一貫して敵対関係にあった。イギリス側の記録からは、一七四七年にブライミーとハウル・アル＝ファッカンで起きた一連の戦いが双方に関するもっとも早い記録となる。その後、一七七二年に双方は共同してバンダレ・アッバースとバンダレ・レンゲを攻撃しているが、一七七五年には再び、敵対関係が確認されている。

イギリス東インド会社はペルシア湾における現地勢力の政治的関係については、基本的に中立の立場を貫いていた。このことは、たとえば、バンダレ・ブーシェフルの駐在員がペルシア湾のある為政者に送った一八〇八年の書簡によく表れている。

あなた方がイギリスの船舶や財産、あるいは、イギリスに属する誰かに手を出さない限り、私はあなた方の争いに対してすることは何もないし、それに対して不愉快に思うこともないだろう(11)。

ただし、このような中立を基本的な立場としながらも、イギリス側は次のような状況のもとで次第にカーシミー家とブー・サイード家との対立構造のなかに組み込まれていく。イギリス東インド会社がオマーンの沿岸部に関心を向け出した十七世紀前半、その関心は商業的なものであった。ただし、十八世紀末、会社自身が領域支配的な性格を露にしだすのと並行してインド洋西海域における英仏間の覇権争い、また、ワッハーブ・サウード同盟のペルシア湾での著しい勢力拡大、これらを背景にして、次第にこの会社は、ペルシア湾において地政学的に重要なオマーン沿岸部への関心を商業的なものから政治的・軍事的なものへと変化させていき、ブー・サイード朝と友好的な関係を築こうとしていく。とりわけワッハーブ・サウード同盟の伸長は、ブー・サイード家にとっても大きな脅威であり、(12)この点において、ブー・サイード家とイギリス東インド会社の思惑は合致し、その関係はより強固なものへとなっていった。

この関係性の強化によって、カーシミー家は問題含みの「ねじれ」と直面するようになった。つまり、カーシミー家はイギリス東インド会社に対して敵対心を持ってはいないものの、会社は自らと敵対するブー・サイード家の味方となっていったのである。たとえば、一七九七年にカーシミー家の首長がイギリス東インド会社の関係者に送った次の書簡からは、彼のイギリス東インド会社に対する敵対心を読み取ることはできない。

> 私の艦隊があなたや、私と同盟関係にあるアラブ、あるいはオスマン朝バスラの船と出くわしたならば、艦隊は友好的な態度を取るでしょう。ただし、艦隊が私の敵と出くわしたなら

ば、艦隊はそれを攻撃し、破壊するでしょう。(13)

イギリス東インド会社に対する直接的な敵対心が見出せない一方、ここでいう「敵」には、明らかにブー・サイード家が含まれている。ブー・サイード家への敵対心を同時代記録から読み取ることは難しくない。たとえば、カーシム家の首長はバスラのイギリス駐在官に送った書簡のなかで「ブー・サイード朝が我々の唯一の敵なのである」(14)と明確に記している。

上のようなブー・サイード家を介したイギリス東インド会社とカーシミー家との関係性の展開の一方で、会社にとって、カーシミー家は十九世紀の初頭にはもうひとつ別の理由で無視できない存在となっていた。先に挙げた図1の地図を見ると、カワーシムの拠点がホルムズ海峡周辺に集中していることが理解できる。ホルムズ海峡は、ペルシア湾の要衝であり、交通や軍事においてきわめて重要な箇所となる。十八世紀最末期までは、ホルムズ海峡を通航する場合、船舶はマスカトに立ち寄って、通行税を支払っていたが、この慣行は一七九九年に現在のカタル半島を拠点とするウトゥーブ家によって支払いを拒絶されて以来、次第に有名無実化していき、一八一〇年代の末には、カーシミー家がイギリス東インド会社に対して通行税の支払いを要求するようになっていった。

このように、十九世紀に入ると、カーシミー家は、イギリス東インド会社にとって、単に自らの与するブー・サイード家の敵であるばかりでなく、いまや、自らの交易の安全を脅かしかねない存在となりつつあったのである。イギリス東インド会社にとってのカーシミー家の潜在的な脅威は、先に述べたカワーシムという集団そのものの複雑さ、そして、次に言及するワッハーブ・サウード同盟の影響によって、より一層増幅していくのである。

二　ワッハーブ・サウード同盟の影響

❖ワッハーブ・サウード同盟

ワッハーブ派とは、十八世紀半ばにムハンマド・ブン・アブド・アル＝ワッハーブによって創始され、聖典クルアーンと預言者ムハンマドのスンナ（言行録）に忠実にあろうとした一派であり、これがアラビア半島中央部の一首長家であったサウード家とかけ合わさったものが、ここでいうワッハーブ・サウード同盟である。十八世紀後半以降、勢力を拡大していき、ペルシア湾にもその影響が及び始めていくのが、この世紀の末ごろである。ワッハーブ派は、聖者崇拝などを厳しく排撃し、また、他の宗派についても寛容ではなく、イギリス東インド会社はその動きに警戒心を強めていたが、一八〇二年にはカーシミー家もその傘下に入っていく。それは、会社にしてみれば、ペルシア湾における二つの潜在的な脅威が重なり合った瞬間であった。

これに関して無視できないのは、カーシミー家がワッハーブ・サウード同盟の傘下に入って以降、ジョアスミー海賊に関するイギリス側の報告に、しばしば一種の狂信性とも受け止められる海賊たちの行為が記されるようになっていく点である。そのもっとも顕著な事例は、一八〇八年に生じたいわゆるミネルヴァ号事件と呼ばれるものである。ボンベイ管区の公式記録である「ボンベイ・ダイアリー」には、次のような記述がある。すなわち、

(ミネルヴァ号は)カワーシム海賊によって捕えられ、船長と船員一人、そして二人のアルメニア人を除いてすべて殺害された。殺害されなかった彼らも強制的に割礼され、イスラーム教徒に改宗させられた。[15]

また、その翌年に生じたシルフ号事件について、同じく「ボンベイ・ダイアリー」には、現地の情報提供者が「海賊たちはこんなに多くのキリスト教徒を死に追いやることができたといって喜び、宗教儀式までしたとのことだ[16]」と報告したと記録されている。

ここで注意を促したいのは、ミネルヴァ号とシルフ号、それぞれの事件についてはイギリス側

の記録からしか情報を得ることができず、上の引用が現実に起きたことなのか否かは見極められないという点である。重要なのは、現実の世界においてカーシミー家がワッハーブ・サウード同盟の傘下に入っていくのをイギリス側が確認するのと並行して、彼らの認識のなかでジョアスミーの海賊行為に狂信性という新たな要素が加わるようになっていくという事実である。

ジョアスミー海賊に付け加わったこの新たな要素は、時間を経るにつれ、より誇張され、そして、それはより広く人口に膾炙していった。一例を挙げると、イギリス東インド会社の所有する海軍で、後述のボンベイ水軍の後身であるインド海軍の大尉で一八三〇年代にアラビア半島を広く旅したウェルステッドの旅行記には、ジョアスミー海賊に関連して次のような一節がある。

船が捕らえられると、船は水、そして香水によって清められた。そして、船員たちは一人一人、呼び出され、その頭を船の縁に並べるように命じられた。そして、彼らの喉が掻っ切られたのである。戦場で耳にする絶叫「アッラーフ・アクバル」、つまり「神は偉大なり」という声とともに。(17)

❖「万人の敵」としてジョアスミー海賊を討伐する

シルフ号事件について「ボンベイ・ダイアリー」が現地の情報提供者の言を書き留めているように、イギリス東インド会社は、ジョアスミーによる海賊行為を、より確からしい情報源からそこに宗教的な狂信性が加えられることによって、自らのみならず、万人に普遍的な脅威であると確信するようになっていった。これに関連して、『ムハンマド・ビン・アブド・アル＝ワッハーブの人生の歩みに関する流星の輝き』と題されたアラビア語写本が英国図書館に所蔵されている。これは、題名から予想がつくように、ワッハーブ派始祖に関する伝記的書物である。著者については、現在までのところ、明らかになっていないが、近年の研究では、この書物がイギリス東インド会社関係者の要請によって、ペルシア湾の住民によって記されたと考えられている。この書物に、カーシミー家の首長がサウード家の首長を訪ねた一節がある。前者の滞在

図2　当時、首長が居住していたアル＝フスン要塞は現在では国立ラァス・アル＝ハイマ博物館になっている（2005年筆者撮影）

中、サウード家の首長はカワーシムからの贈り物しか口にしなかったとこの書物には記されている。その理由は、「なぜならば、ラアス・アル＝ハイマの人びとの略奪したものならば何であれ、それは母乳よりも甘いから」(18)である。この逸話の真偽は、他の情報が存在しない以上、判断することはできない。しかし、その真偽よりもここで重要なのは、このような逸話がペルシア湾に住まう人の手によって書かれ、それがイギリス東インド会社の関係者の目に触れていたという事実である。このように、イギリス東インド会社の関係者たちにとって、ジョアスミー海賊が自分たちだけではなく、その他の人びとにとっても脅威であると確信するに十分な情報は不足しなかった。かくして、一八〇九年、ボンベイ水軍は、この「万人の敵」たるジョアスミー海賊の討伐のために、ラァス・アル＝ハイマへと出撃するのである。

一八〇九年の遠征でラァス・アル＝ハイマを完全に攻略できなかったボンベイ水軍は、一八一九年に再び攻勢をかけ、これによって、ジョアスミー海賊討伐は一応の完結を迎えた。ただし、これによって、ペルシア湾やインド洋西海域から海賊行為が無くなったかといえば、その頻度こそ低くなったが、その後の時代においても、同時代記録から海賊行為を拾い上げることは決して難しい作業ではない。したがって、海賊掃討という点では、ボンベイ水軍のラァス・アル＝ハイマ攻略はその決定打とはならなかった。このジョアスミー海賊討伐がペルシア湾にもたらした最大の変化とは、イギリス東インド会社の存在感の増大だろう。この海賊討伐によって、会社はペルシア湾の平和と秩序を守る役割を担うに十分な軍事力を見せつけ、討伐に続く一般和平協約では、その締結を主導することで交渉力においてもその役割を担えることをペルシア湾の人びとに知らしめたのであるから。

おわりに――幻想と現実との交錯

本章では、「海賊」を他者理解の一形態として捉えたうえで、十八世紀末からイギリス東インド会社のペルシア湾を中心とするインド洋西海域に関する報告でたびたび言及されるジョアスミー海賊とイギリス東インド会社によるその討伐に焦点を当て、これにかかわる謎を解いていった。

まず、「ジョアスミー」とはイギリス東インド会社の関係者たちが共有した一種の幻想であった。この幻想の源は、実在する「カワーシム」にあるのだが、「カワーシム」とは、カーシミー家の複数の構成員にその規模を限定するのではなく、カーシミー家を中心・頂点とした様々な人間集団のクラスター状の集合体であった。この集合体は、開放性と脆弱性を大きな特徴とする。つまり、資源が少なく、小集団の乱立するペルシア湾では、小集団は合従連衡をその重要な生存戦略として持たざるを得ず、カーシミー家との連帯によってカワーシムの一部となる小集団が、常時、そのような連帯を維持するとは限らなかった。このカワーシムの有する集団としての不安定さによって、イギリス東インド会社はカワーシムという集団の実態を常時、完全に把握することは出来ずにいた。このような背景のもと、主体の不明な海賊行為をその全体像がつかみきれない集団カワーシム——つまり、東インド会社の幻想の中での「ジョアスミー」——に結び付ける下地が生まれていったと考えられるのである。

ただし、このような集団のあり方は、必ずしもカワーシムだけに見られるものではなかった。そこで注目すべきは、カーシミー家とイギリス東インド会社との関係性である。前者とブー・サイード家が対立する一方、会社はブー・サイード家と関係を深めていく。また、地理的にペルシア湾の要衝であるホルムズ海峡を中心にしてカワーシムの勢力が展開するなかで、十九世紀初頭以降、ホルムズ海峡を通航する船舶から通行税を徴収するなど、会社の商業活動においても、カーシミー家はその安定を脅かしかねない潜在的な脅威となりつつあった。これに加えて、十九世紀初頭に、会社がその拡大を懸念していたワッハーブ・サウード同盟にカーシミー家が組み込まれると、報告される「ジョアスミー」の海賊行為に一種の狂信性が付与されるようになっていった。これは、ペルシア湾の人びとの「カワーシム」に対する認識とも通じ、イギリス東インド会社は「ジョアスミー」を万人の敵と定め、これがボンベイ水軍のカーシミー家の拠点たるラァス・アル＝ハイマ遠征へとつながっていくのである。

「海賊」を他者認識の一形態として捉え、ある「海賊」が何をきっかけに、いかにして誰かの心のなかに生まれ、それが現実に何をもたらしたのか、と考えるとき、思考はおのずと、現実と幻想との往還運動になる。往還運動と書いたが、実際には、双方の境は往々にしてきわめて曖昧で、双方が重なり合う広大なグレーゾーンを駆け回ることになるだろう。「海賊」に関する過去の書物を開き、また、それに関連する書物や記録に触れるとき、幻想と現実の交錯を見つめることが出来れば、それは「海賊」という対象をより多面的に、そしてより深く理解するひとつの手立てとなり、それはいずれ他者とは何か、翻って自己とは何かという根源的な問いにまで辿り着くのだろう。

注

（1） Coleridge *et al. Specimens of the Table Talk of the Late Samuel Taylor Coleridge*, vol.1, p. 16.

（2） Davies *The Blood-Red Arab Flag : An Investigation into Qasimi Piracy: 1797-1820*, p. 157 (figure 1), p. 169 (table 1), p. 170 (table 2).

（3） Warden "Historical Sketch of the Joasmee Tribe of Arabs; from the Year 1747 to the Year 1819.", p. 130; Kemball "Chronological Table of Events Connected with the Government of Muskat from the Year 1765 to 1843; with the Hoasmee Tribe of Arabs, from the Year 1765 to 1843...", p. 303.

（4） Sultan ibn Muhammad *The Myth of Arab Piracy in the Gulf*, p. 3; Kelly *Britain and the Persian Gulf: 1795-1880*, p. 10; Lorimer *Gazetteer of the Persian Gulf, Oman, and Central Arabia*, vol.1, p. 634. ただし、ときのカーシミー家の首長ラーシドは、拿捕した会社の船舶に出くわしたとき、それがブー・サイード家の旗を掲げていたと弁明している（Sultan ibn Muhammad *The Myth of Arab Piracy in the Gulf*, p. 32. また、類似の事例として、BDUE SP 421/1815/1060 [Bruce to Warden, Bushire, 15 April 1815].）。カーシミー家とブー・サイード家との関係については後述する。

（5） Sultan ibn Muhammad *The Myth of Arab Piracy in the Gulf*, p. 32.

（6） Lorimer *Gazetteer of the Persian Gulf, Oman, and Central Arabia*, vol.1, p. 631.

（7） Heard-Bey *From Trucial States to United Arab Emirates: A Society in Transition*, p. 68.

（8） BDUE SP 194/1806/1007 [Sayyud Saeed to Duncan, s.l., n.d.].

（9） Kemball "Chronological Table of Events Connected with the Government of Muskat from the Year 1765 to 1843; with the Hoasmee Tribe of Arabs, from the Year 1765 to 1843...", p. 294.

（10） Cf. Lorimer *Gazetteer of the Persian Gulf, Oman, and Central Arabia*, vol.2, pp. 1782-1785.

（11） BDUE SP 232/1808/5838-5839 [Smith to Rahma bin Jauber, 14 April 1808]. また、Reda Bhacker *Trade and Empire in Muscat and Zanzibar : Roots of British Domination*, p. 55も参照せよ。

（12） Reda Bhacker *Trade and Empire in Muscat and Zanzibar : Roots of British Domination*, pp. 39-62.

（13） BDUE SP 59/1798/137-138.

(14) Warden “Historical Sketch of the Joasmee Tribe of Arabs; from the Year 1747 to the Year 1819.”, p. 302.

(15) BDUE SP 336/1809/7344 [Bruce to Edmonstone, Bushire, 30 June 1809].

(16) BDUE SP 251/1808/13005 [Munites dated on 11 November 1808].

(17) Wellsted *Travels to the City of the Caliphs, Along the Shores of the Persian Gulf and the Mediterranean. Including a Voyage to the Coast of Arabia, and a Tour on the Island of Socotra*, vol.1, p. 101.

(18) Lam‘*al-shihāb*, ff. 247-248.

文書館史料

BDUE SP : Bombay Diaries held at the Arab World Documentation Unit, University of Exeter

Lam' al-Shihāb fī sīra Muḥammad b. ‘Abd al-Wahhāb, Oriental and India Office Collection, British Library, UK

参考文献

Coleridge, Samuel Taylor, Henry Nelson Coleridge, Harper, and Brothers, *Specimens of the Table Talk of the Late Samuel Taylor Coleridge*, 2vols, NewYork: Harper & Brothers, 1835

Davies, Charles, *The Blood-Red Arab Flag : An Investigation into Qasimi Piracy: 1797-1820*, University of Exeter Press, 1997

Heard-Bey, Frauke, *From Trucial States to United Arab Emirates: A Society in Transition*, Dubai: Motivate Publishing, 2004, 1st. London, 1982

Kelly, John Barrett, *Britain and the Persian Gulf: 1795-1880*, Oxford: Clarendon Press, 1968

Kemball, Arnold B., “Chronological Table of Events Connected with the Government of Muskat from the Year 1765 to 1843; with the Hoasmee Tribe of Arabs, from the Year 1765 to 1843...", in R. Hughes Thomas, ed, *Arabian Gulf Intelligence: Historical and Other Information Connected with the Province of Oman, Muskat, Bahrein, and Other Places in the Persian Gulf*, Bombay: Printed for the Government at the Education Society Press, 1856, pp. 121-165

Lorimer, John Gordon, *Gazetteer of the Persian Gulf, Oman, and Central Arabia*, 9vols, Buckinghamshire: Archive Editions, 1986, 1st. London : India Office Library & records, 1908-1915

Sultan ibn Muhammad, al-Qasimi., *The Myth of Arab Piracy in the Gulf*, London: Dover, N.H.: Croom Helm, 1986.（邦訳『「アラブ海賊」という神話』町野武訳、リブロポート、一九九二年）

Reda Bhacker, Mohamed, *Trade and Empire in Muscat and Zanzibar : Roots of British Domination*, London: New York: Routledge, 1992

Warden, Francis, "Historical Sketch of the Joasmee Tribe of Arabs; from the Year 1747 to the Year 1819," *Arabian Gulf Intelligence*, Bombay: Printed for the Government at the Education Society Press, 1856, pp. 300-312

Wellsted, James R, *Travels to the City of the Caliphs, Along the Shores of the Persian Gulf and the Mediterranean. Including a Voyage to the Coast of Arabia, and a Tour on the Island of Socotra*, 2 vols, London: H. Colburn, 1840

第2部　東南アジア海域

3. 貿易と暴力
――マレー海域の海賊とオランダ人、一七八〇～一八二〇年

太田　淳　OTA Atsushi

はじめに

❖マレー海域の海賊

マレー海域では古くから海賊の存在が知られていたが、十八世紀末から十九世紀半ばにかけては特に海賊が猖獗《しょうけつ》したことが記録されている。本章はこの時代のうち、一七八〇年頃から一八二〇年頃にかけて、なぜ海賊が活発化したのか、なぜそれが数多く記録されたのか、そしてこの現象がマレー海域および海域東南アジアの歴史の中にどのように位置づけられるかを検討する。一八二〇年頃からは植民地支配の浸透という新たな要素が加わるため、これ以降の時期については別の機会に論じることにしたい。

海賊という語は本章では、海上における暴力または威嚇によって相手から金品や人員を強奪し

ようとする、または相手に何らかの要求を受け入れさせようとすると「認識される」行為と、敢えて厳密でない定義を与えておくことにしたい。というのも、近現代の海賊を定義する上で肝要となる国内外における法的合意は当時この海域では成立しておらず、誰を海賊と捉えるかは人々の認識に大きく依拠していたからである。同じ行為が、あるグループからは海賊と認識され、他方からは正当な武力行使と見なされることはごく自然であった。また、海賊と呼ばれる集団が、暴力の行使以外の活動を行うことも多かった。ここでは海賊に厳密な定義を与えることよりも、そのような異なる認識がどのように生じたのか、また海賊の多様な活動が周辺地域においていかなる政治経済的もしくは社会的意味を持ったかを検討することの方が、この海域の海賊を考察する上で重要に思われる。

マレー海域とは、ここではマレー半島、スマトラ島東岸、およびカリマンタン（ボルネオ）島西岸で囲まれる海とする（図1）。これは、マレー人（マレー語を話す人々）が政治・経済的に重要な役割を果たしたマレー世界の海域部分と言える。南シナ海とインド洋とをつなぐこの海域は古くから貿易の要衝として栄え、多くの商人が渡来し、そして海賊も頻発した。

マレー海域において一七八〇年から一八二〇年という時期は、一般に転換期もしくは混乱・停滞期と捉えられている。十八世紀のマレー世界の中心はシンガポール南方の島々に位置するジョ

図1　18〜19世紀の海域東南アジア

ホール王国で、その都リアウでは十八世紀半ばから国際貿易が発展し、一七八〇年代にかけて栄華を極めた。ところがその繁栄を妬んだオランダ東インド会社は、オランダ海軍の援助を得て一七八四年にリアウを軍事制圧し、同地は貿易港としての機能を失ってしまう。その後一八一九年にシンガポールがイギリスによって設立され東南アジア貿易の中心として急成長するまで、マレー海域には海上秩序を維持できる強固な国家が出現せず、海賊が跋扈し貿易を衰退させたというのが、多くの言説に見られる一般的な理解である。[1] マレー海域の、後にオランダ影響下に入る部分も、一八二〇年頃はまだ植民地支配がようやく開始され始めた段階に過ぎなかった。そのためこの地域は近代的開発が始まる十九世紀後半まで、経済活動は低調であったというのが一般的認識である。本章は、先行研究におけるこのような当該時期のマレー海域の歴史およびその中で海賊の果たした役割に関する理解についても、批判的に検討することとする。

❖先行研究と本章のねらい

この時期におけるマレー海域の海賊に関しては、豊富な先行研究が存在する。[2] 海賊が頻発していた当時から植民地官僚および研究者は多くの分析を行ったが、基本的にそれらは海賊が生じる要因を、現地王権が衰退して海上秩序が崩壊していることと、アジア人（特にムスリム）が本来的に残虐で非文明的な性質を持つことと考えていた。ムスリムが本質的に海賊的であるとの言説は第二次世界大戦後には見られなくなったが、現地王権の衰退が海賊を生じさせると論じる傾向は、今も強い。[3] 一九五〇～六〇年代になると、アジア海賊と植民地当局との抗争を、前者の後者に対する反植民地抵抗運動と捉える議論が現れた。こうした植民地主義や民族主義に基づく対立的・政治的議論から離れ、海賊の経済的側面に着目したのがジェームス・フランシス・ワレンの

『スールー・ゾーン』（一九八一）である。ワレンは、フィリピン南部・スールー諸島を拠点とする海賊は略奪品を販売し流通させる経済活動を促進させ、それは基本的に中国に輸出するための産品を東南アジア各地から収集する構造を持っていたと論じた。(4) それまでの研究が、海賊を貿易衰退や弱い国家など負の側面と結びつけていたのに対して、ワレンは海賊が地域経済に貢献する側面を示し、後の研究に大きな影響を与えた。より最近では、ティモシー・バーナードが、中部スマトラ東岸のシアク王国で海賊が頻発した状況を、対立する王族メンバーによる政治的抗争の一部として議論した。(5) 筆者は西カリマンタンにおいて海賊と記録される活動が、移民社会と現地国家が構築した政治経済的秩序の一部であったことや、十九世紀初めのオランダ人は「海賊」と見なされる有力者を植民地支配体制に取り込もうとしていたことを論じた。(6)

こうした先行研究の傾向を押さえた上で、本章は当該時期の海賊現象を次のように考える。マレー世界には、海賊の存在も含んだ独自の海上政治経済秩序が存在したが、十七世紀からここにオランダ東インド会社という外部要素が加わり、既存の秩序に動揺をもたらした。しかし十八世紀半ばからはそこにさらに新たな貿易構造が発達し、オランダ東インド会社はそれから次第に取り残されるなかで、自らが海賊に被害を受けていることを強調したため、海賊の記録が数多く残ったといえる。

このような議論を進めるために本章では、まずマレー世界における海賊行為の意味づけを検討し、次にマレー海域における貿易の変容に伴う海賊活動の盛衰を議論する。次いで海賊が猖獗したと一般に考えられているリアウ陥落（一七八四年）後の状況を、特にオランダ東インド会社がスマトラ南端部で行った胡椒貿易と、それを妨害したとされる海賊に焦点を当てて再検討する。最後に、西カリマンタンにおける移民と海賊および現地国家との関係を議論し、海賊の地域社会における政治経済的役割を分析するとともに、海賊に対するオランダ人の認識を検討する。

一　マレー世界の海賊

❖マレー世界の発展

マレー（マレー語ではムラユ）という概念が一定の広がりを持つ地理的範囲と考えられるようになるのは、シュリーヴィジャヤ王国（七世紀末〜十四世紀初）の時代である。七世紀末まで、マラユ（ムラユの古形）は一つの港市であった。唐僧の義浄が訪れた末羅瑜がそれで、後のパレンバン（南東スマトラ）と考えられる。当時のマラユは南海唯一の大乗仏教教学の中心であるとともに、中国とインドを結ぶ海上貿易の要衝であった。この地を六八二年に制圧したシュリーヴィジャヤ王国はその後急速に拡大し、マラユとマレー半島のクダを二つの中心とする広域帝国として、マラッカ海峡からマレー半島、ジャワ島の一部を支配した。シュリーヴィジャヤ王国のもとで古代ムラユ語がジャワやフィリピンのルソン島でも碑文などに用いられるようになったことから分かるように、パレンバンを中心に一定の広がりを持つ制度や文化基準などが現れた。(7)

マレー世界がいっそう発展し、明らかになってくるのはムラカ王国（一四〇〇頃〜一五一一）の時代である。パレンバンの王子パラメスワラは、国内の争いに敗れた後マラッカにたどり着き、その地にムラカ王国を設立した。当初ムラカは周辺諸国からの圧力に曝されたが、一四〇五年に明朝・永楽帝の命を受けた鄭和《ていわ》の率いる艦隊が来航すると、パラメスワラは明の保護を受けることを決め、その権威下に入った。その後東南アジアの多くの国が頻繁に明朝に朝貢し、その権威のもとで自らを位置づける、いわゆる朝貢システムが成立した。この体制のもとで東シナ海、南シナ海周辺では朝貢する国々が互いに同盟を結んだり抗争したりすることが禁止され、貿易が促された。海上交通の要衝であるマラッカ海峡で安全な寄港地を提供した同王国には、やがてインドや西アジアの商人も頻繁に訪れるようになった。彼等の影響を受けて王がイスラームを受け入れたことも、さらにムスリム商人を引きつける要因となった。こうしてムラカ王国は、中国、琉球、東南アジア、南アジア、西アジアなどから商人が訪れる、海域東南アジアにおける国際貿易の中心に発達した(8)。

ムラカ王国では、貿易が潤滑に行われるよう、様々な法や制度が整えられた。マレー海洋法(ウンダン・ウンダン・ラウト・ムラカ)と呼ばれる一連の法律は、主に海上での交通や取引のルールを定めたもので、王がそうした秩序と商業の保護者とされた。このような法制度の整備はムラカの商業的地位を高めただけでなく、法の効力や王の権威がより強く認識されるとともに、それらがおよぶ範囲としてのマレー世界がより実体性を持つようになった。

❖マレー法と海賊

ところが興味深いことに、マレー海洋法には王国の王位継承に関する規定がない。つまり、王が死亡ないし退位した時には、長子のみならず次男以下の男子、さらに先王の兄弟や比較的遠い親戚までが、自らに王位継承権があると主張し合った。この結果として、ムラカ王国を始めとするマレー系王朝では、きわめて頻繁に王位継承争いが繰り返された。

マレー世界において、王位継承争いと海賊に深い関係があったことは既に指摘されている(9)。争いに敗れた有力者は、しばしば従者とともにマレー海域の他の場所に移動し、海岸に拠点を作った。先述の、パラメスワラ王子によるムラカ王国の建国も、そうした習慣の典型と言える。マレー海域は地域をつなげる海であり、その周辺には新拠点を築くことの出来る無人の地が豊富に存在した。新たな拠点を支配するようになった有力者は沖合に船を出し、通行する商船を強制的に自らの港に立ち寄らせた。こうして自らの港での貿易を促進するとともに、ライバルである王位継承者の港における貿易にダメージを与えることが試みられたのである。商船の寄港地を強制的に変更させる時には威嚇を行い、応じない時には実際に武力を行使した。従ってこれは、王位継承者からすれば、海賊行為であることは言うまでもない。しかし王位に挑戦する側からすれば、それはライバルに対抗するための政治手段であった。挑戦者が王位簒奪に成功した時には、正史には彼が正当な政治手段によって、「元」王位継承者による妨害を退けたと記されることになる。王位継承者が同様の手段でライバルと抗争する場合は、その行為は彼が王権を維持する限り正史の中で完全に正当化された。このようにマレー世界には、王位継承争いやその他の内部対立に伴って常に海賊行為が行われる可能性があり、海賊はそもそもマレーの社会制度の中に内包されていたと言えよう。そして海賊行為には、それを誰がまなざすかによって異なる叙述が与えられたのである。

二　マレー海域における貿易の変容と海賊

❖商業の時代からオランダ東インド会社の時代へ

東南アジアにおいて一四五〇～一六八〇年の時期は、一般に「商業の時代」と呼ばれる。ムラカは一五一一年にポルトガルに制圧されることによって貿易の中心性を失うが、すぐにアユタヤ、アチェ、バンテン、マカッサルといった港市が代わって台頭して、アフリカ東岸から東アジアにいたる地域から来航する商人を引きつけ、活発な国際貿易が行われた。この時期の海域東南アジアにおける貿易は、現地の貴重な天然産品と外来の貴金属や工芸品が交換されるのが基本パターンであった。マルク諸島（香料諸島）産のナツメグ、メースおよびクローブ、スマトラ等で生産された胡椒、スマトラやカリマンタンで取れる森林産物などは古くから国際的な需要があったが、十五世紀以降はムラカその他東南アジアの港市がこれらの品を取り扱うにつれ、取引が活発化した。グジャラートやさらに西方のムスリム商人は、主にインドの染織品をこれらの港市にもたらし、東南アジアの産品を購入した。中国南岸および琉球の商人も中国・日本の工芸品や中国の生糸をもたらし、東南アジア産の香辛料、香木、および日本向けの蘇芳、鹿皮などを得た。十六世紀にはポルトガル人のもたらす新大陸の銀、および中国南岸や琉球の船がもたらす日本銀の流入が増大し、商業の時代はピークを迎えた(10)。

ところがこの「商業の時代型貿易構造」は、オランダ東インド会社の登場と発展により、十七世紀初めから変容し始めた。ポルトガル人がムラカ以外に強力な拠点を維持出来ず、東南アジアの貿易に大きな構造変化をもたらすことはなかったのと異なり、オランダ東インド会社はバタヴィア（現ジャカルタ）に強固な基盤を築いて有力な政治勢力となり、東南アジアの貿易に大きな影響を与えた。オランダ人はマルク諸島を始めインドネシア諸島およびインドや西アジア海岸部各地に商館を設置し、武力や支配者との契約を通じて出来る限り産品を独占的に集め、バタヴィアに送った。一六二三年にはイギリス人をアンボン島から追放し、マルク諸島から取れる香辛料を独占的に確保した。会社は集荷された産品を、バタヴィアからヨーロッパやアジア各地に輸出した（インドや西アジア産品の一部は直接ヨーロッパに送られた）。さらに中国南岸や東南アジアの他の港市から、華人を半ば強制的に移住させるなどして、バタヴィアに彼らの商業基盤を形成した。こうして会社は、中国南岸と東南アジア各地を結んでいた華人の貿易ネットワークもバタヴィアに引きつけ、会社のネットワークと接合させた。このように強圧的で武力に依存したオランダ東インド会社の政策は各地で支配者との間に抗争をもたらしたが、会社はムラカ（一六四一）、マカッサル（一六六〇～一六六九）、バンテン（一六八二～一六八四）などの対抗勢力を制圧し、支配下に置いた。こうして十七世紀の末頃までにオランダ東インド会社は、東南アジアの主要な貿易港を支配し、各地の産品をバタヴィアに集約させる貿易構造を作り上げた。

❖中国市場志向型貿易構造の形成

十八世紀末にマレー海域で海賊が頻発する背景は、先述したオランダ東インド会社の貿易構造が十八世紀半ばにほころび始め、貿易構造が変容したことにあると筆者は考える。その大きな要因の一つは、東南アジアの貿易が中国市場を志向して再編成されたことにあった(11)。十八世紀を通じて、中国は大幅な人口増を経験した。さらに乾隆帝の安定した統治下で経済が成熟し、揚子江中下流域や北京などの経済先進地域では、大衆消費型の社会が発達した。すると中国はまず十八世紀前半から、メコン川やチャオプラヤ川下流の稲作地域から大量の米を輸入するようになった。十八世紀半ばからは、先述の経済先進地域が東南アジア各地からフカヒレ、ナマコなどの食用海産物、籐などの森林産物、さらに錫《すず》、胡椒、燕の巣などをいっそう多く輸入し、消費するようになった。これらのうちやや奢侈的な食材の消費に関しては、経済先進地域における嗜好の変化が背景に考えられよう。宮廷料理がより広い階層に広がるのも十八世紀のことであり、経済の発展にともなって高級食材の需要が拡大したと言える。籐はあらゆる家具に使われ、錫は茶の容器の他に紙錠、紙銭などと呼ばれる、祭礼で燃やすための模造紙幣に用いられた。いずれも、消費社会の発達と結びついた需要と言える。十七世紀末から次第に海禁政策が緩められたこともあって、数多くの中国船が、こうした品を求めて東南アジア各地に出航した。

しかし、オランダ東インド会社の支配下で東南アジア貿易の中心地となっていたバタヴィアは、このような中国向けの産品を得るのに適した地ではなかった。錫と胡椒は会社が東南アジア各地の産地で独占的に買い上げる契約を支配者との間に結んでいたが、会社が一定の価格と生産量を強制すると、多くの産地の人びとがそれに不満を抱き、生産が減少した。一方華人商人やイギリス私商人が産地を訪れ高値を示すと、生産者や地方有力者は彼等に産品を売った。海産物や森林産物に関してはそもそも会社は興味を示さず、それらをバタヴィアに集めようと試みることはなかった。こうして、一七四〇年を過ぎると、中国向け産品が十分に集まらないバタヴィアには来航する中国船が急速に減少した。

衰えを見せるバタヴィアに代わって、中国市場向け産品を集荷する中心が、海域東南アジアの幾つかの地にうまれた。そのうちマレー海域で急成長したのが、ジョホール王国の都リアウであった(12)。ジョホール王国は、ポルトガルに制圧されたムラカの王族が亡命して建設された、言わばマレー王朝の本流と言える。リアウはかつてのムラカと同様、インド洋と南シナ海を往来する船に好適な補給・風待ち基地を提供した。リアウには一六六〇年代から、オランダ東インド会社との抗争に敗れた南スラウェシのブギス人（図2、後掲）が大量に移民して来ており、先住のマレー人と抗争を繰り返していた。しかし一七六〇年頃に抗争が克服され、マレー人有力者がスルタンを、ブギス人有力者が副王を、それぞれ世襲する体制が構築されて政情が安定すると、リアウはマレー海域における貿易の中心地として急速に発展した。

リアウでは、様々な集団が貿易に関わった。優れた航海技術を持つブギス人は、かつての拠点であるマカッサルをはじめとする東部インドネシア諸島各地とのネットワークを活かし、さらにマレー海域にも活動範囲を広げて、各地で採集される海産物、森林産物、燕の巣などを集めてリアウにもたらした。中国南岸からやって来る華人やインド各地から来航するイギリス私商人も、リアウを重要な拠点の一つとして利用した。華人が中国製陶磁器、鉄製品、染織品などを運んで来た一方、イギリス私商人はインドの染織品とアヘン、ヨーロッパ製の武器弾薬をもたらし、リアウのみならず東南アジア各地の貿易において重要なプレーヤーとなった。こうした需要の高い品を求めて、近隣の錫や胡椒の産地からも、オランダ東インド会社の禁制をかいくぐってそれらの産品がもたらされた。胡椒は主にバンジャルマシン（南カリマンタン）やパレンバンから、華人やイギリス私商人によって密かに運ばれた。このようにしてリアウは、一七六〇年代からマレー海域における貿易の中心として繁栄した。

海域東南アジアでは他にも、リアウと同様に中国市場向け産品を集荷・輸出する貿易港として、スールー、サイゴン、バンコクなどが成長した。こうして十八世紀半ばからオランダ東インド会社の支配力が弱まり、東南アジアの貿易が中国市場を志向して再編成された。

❖貿易、移民、海賊

リアウを中心とする貿易ネットワークの発達は、マレー海域各地に移民を活発化させた。よく知られているのは、錫、胡椒生産地への華人移民である。[13]プーケット、バンカ、ペラなどの錫鉱山はいずれも十八世紀に国王の承認の下で、華人または華人系住民の技術によって開発され、中国南岸から大量の労働者を受け入れて生産が増加した。胡椒に関しては、ブルネイ、トレンガヌ、リアウに華人集団が移住し、やはり現地国王の承認の下に大規模な農園が開かれて生産された。こうした移民の背景はあまり明らかでないが、錫や胡椒の生産増には労働力の確保が欠かせなかったため、人口稀薄なこれらの地では、華人商人と現地支配者が華人労働力を必要とし、移民を促進したことは十分考えられよう。このようにして生産された錫の一部、そして胡椒の全ては中国に輸出された。

この時代のもう一つ重要な移民の形態は、海産物や森林産物を採集するために、東南アジア各地の海岸部に移り住んだ海洋移民である。先述のワレンは、こうした産品を集荷するために、ブギス人やイラヌン人の集団が東・北部カリマンタンに居住地を作り、産品をスールーに集めたことを指摘した。筆者は別稿で、西カリマンタンでもブギス人、マレー人、オラン・ラウト（マレー人の一部で、船上生活を送る人々）などの移民が同様の活動を行い、産品を主にリアウに運んだことを論じた(14)。

海洋移民の活動は、海賊と密接に結びついていた。海産物の中でも素潜りで集められるナマコや真珠などは、採集に多くの人手を必要とした。特にナマコは捕獲した後に何度も茹でて乾燥させる作業が必要であったため、さらに労働力が必要であった。スールー諸島を拠点とするイラヌン人（図3）は、こうした人手として、海上の船舶や沿岸の村落で捕らえた奴隷を利用した。イラヌン人は元来奴隷貿易を行っており、各地で捕らえた奴隷を、様々な種類の労働力としてスールーの市場で販売していた。しかしナマコなどの需要が増えるにつれ、その採集や加工に関わる労働力として奴隷は重要性を増した。これによって奴隷の確保が重要となると、船舶や村落を襲撃する船団の漕ぎ手としても奴隷が多く必要となった。こうしてイラヌン人は、海産物や森林産物に加えて奴隷を確保するために、フィリピン諸島とマレー海域を含むインドネシア諸島全域に

図2　ブギス人の戦士
（ヨハネス・ニューホフ『ヨハネス・ニューホフのブラジルへの旅』[Nieuhof 1682]）

図3　イラヌン人海賊
（フランク・マリヤット『ボルネオとインド諸島』[Marryat 1848]）

わたって、海賊遠征を毎年定期的に行うようになった。これらの地域に定住地を作っていたイラヌン人移民たちもこの遠征に加わり、沿岸だけでなく河川を遡った地域の村々も襲撃した。しかし奴隷の中にはスールーで妻帯して定住する者も多く、奴隷という身分は現代の私たちが想像するほど悲惨なものではなかったことを窺わせる。[15]

西カリマンタンの移民も多くは貿易、海産物収集、農作などに従事していたが、一部は商業軍事勢力として海賊や奴隷貿易に関わった。例えばスカダナ沖のカリマタ諸島には、国内の政争に敗れたシアクの王子であるラジャ・ムサが、一七六五年にマレー人従者と共に移住した。彼等は農作や海産物収集も行う一方で、数十隻の船隊を保有する海上軍事勢力でもあった。彼等は航路上を遊弋《ゆうよく》し、航行する船舶から通行料もしくは海賊からの保護料を名目に金品を要求した。また、地域で戦争が起きた時には、支配者の要請で軍事力を提供した。(16)

三　リアウの陥落と海賊の活発化

❖リアウの陥落とスルタン

リアウの繁栄は、本来バタヴィアに運ばれるべき（とオランダ人が考える）商品がリアウにもたらされることを意味したため、オランダ人にとっては当然許容できないものであった。一七八四年に座礁した商船の積荷に対する権利をめぐって始まったリアウの副王とオランダ東インド会社の間の抗争は、やがて全面戦争に至り、会社はオランダ海軍の支援を受けてリアウを制圧した。同年リアウのスルタン・マフムード二世は、屈辱的な条約——主要なブギス人を追放し、オランダ軍隊のリアウ駐留を認める——に同意することを余儀なくされた。しかしスルタンは近海で活動していたイラヌン海賊と提携し、その軍事支援を得て、一七八七年にオランダ人をリアウから追放することに成功した。ところがイラヌン人とスルタンはその後報酬をめぐって対立し、イラヌン人はリアウ居住を拒否して立ち去った。残されたスルタンとマレー人、ブギス人の有力者達はオランダによる報復を恐れ、マレー海域各地に亡命した。この出来事をブギス・ディアスポラと呼ぶ研究者もいるが、実際リアウを去った者にはマレー人も多かった。これによってブギスの中継港としての役割は完全に失われた。(17)

スルタン・マフムード二世とそのマレー人従者達は、リアウ諸島のさらに南方に位置するリンガ諸島を亡命先に選択した。この地で彼等は、リアウを逃れたブギス人やオラン・ラウトを含む様々な集団を組織して、通行する商船を襲撃し積荷を売りさばくことで生計を得た。襲撃の対象は特にオランダ人や西洋人に限定されず、価値ある品々を積んだ様々な商船を襲った。こうしてスルタン・マフムード二世は襲撃を成功させることで名声を高め、彼の船隊はさらに多くの人々を引きつけて強大化した。(18)このようにエスニシティや出身地が異なる人々が商業軍事集団を形成することは、マレー海域ではごく一般的であった。そうした集団が形成されて発展する過程では、構成員の出自よりも指導者の行動力やカリスマがより重要であった。

ブギス人王族の一人によって十九世紀に記されたジョホール王国の年代記『トゥファット・アル＝ナフィス』は、こうした状況を生き生きと叙述している。興味深いことにこの年代記は、王国の他の王族のメンバーによる襲撃行為には、「掠奪を行う」といったややネガティブな語を用いる。ところが、スルタンによる同様の行為は、「その従者に生計を与えようと試みた」と、非常に肯定的に叙述している。オランダ東インド会社の資料から、スルタン・マフムード二世が行っていたのが海賊行為であったことは否定しようがない。しかし年代記作家にとっては、国王が他国民に暴力を行使して自分の臣民を生かしめることは全く正当な手段であり、むしろ国王の義務でもあった。(19) 従ってスルタン・マフムード二世がマレー海域の人々によって海賊と認識されることはなく、彼はむしろ英雄として尊敬を集めた。

❖オランダ東インド会社の胡椒貿易と海賊

冒頭に述べたように、リアウ陥落後のマレー海域は、海上秩序を維持する強力な国家を失って混乱と衰退に陥ったというのが定説である。しかしこうした議論は、貿易資料に基づいたものではない。この時期のマレー海域には貿易資料は存在しなかったと考えられているが、スマトラ南端に位置するランプン地方においては例外的にその胡椒貿易に関する資料が残っている。(20) ランプンは西ジャワ・バンテン王国の海外領土であり、十八世紀を通じて東南アジア最大の胡椒生産地であった。オランダ東インド会社はバンテン王国の内乱に介入した後一六八四年に国王と条約を結び、ランプンで生産される胡椒の全てを一定価格で買い取ることを認めさせていた。会社は同様の条約を他の胡椒産地でも結んでいたが、一七二〇年代以降バンテン以外の産地が軒並み輸出量を減らしたため、それ以降ランプンの胡椒産地としての重要度が徐々に増していた。

ランプンには一七六〇年頃から、イギリス私商人や華人商人が密かに訪れるようになり、彼らはスルタンが定めた公定価格よりも高い買値を示して胡椒を買い取っていった。しかし多数の海賊や密輸商人によって大量の胡椒がランプンから流出するようになるのは一七八〇年代末以降のことであった。このことは先述のリアウの陥落と密接に結びついていた。この出来事はイギリス私商人や華人がマレー海域における東南アジア産品の重要な購入拠点を失ったことを意味したが、それでも中国市場では、胡椒を含むそうした産品に高い需要が続いたため、新たな拠点が求められていた。一方、かつてリアウへの最大の胡椒供給地であったバンジャルマシンの生産は、一七九〇年代前半までに完全に衰微した。そのため、当時最大の胡椒産地であり、かつバンテンの海外領土であることから国王やオランダ東インド会社による監視が十分行き届いていなかったランプンが、胡椒を必要とする人々に注目されるようになった。

オランダの記録によれば、胡椒はランプンにやって来る海賊の最大の標的となった。リアウから亡命したブギス人やその他のアジア人（マレー、イラヌン、華人など）の中から、スマトラ東岸やブリトゥン島などに拠点を築き、そこから船や村落を襲撃する集団が形成された。その一部は胡椒運搬船を襲ったり、ランプンの河川を遡って生産地を襲撃したりして、胡椒を強奪した。彼らの拠点には華人を中心とする商人が待ち受け、強奪された品々を買い取り、武器や食料などの必需品を販売した。商人にはイギリス人も含まれ、中には海賊に船舶や弾薬を提供して、胡椒その他の掠奪品を得る者もいた。

興味深いことにオランダ人が「密輸商人」と呼ぶ華人やその他のアジア人には、胡椒生産地に赴き胡椒を買い取る者も少なからずいた。海賊が猖獗する地で商人による取引が行われたことも、またそのような危険な地で生産が続いていたことも、一見意外に感じられるかも知れない。しかしそれはいずれも、限られた地域で需要の高い産品が生産されていたことを考えれば、十分合理的な行動であったと言える。つまり、高利益を得る可能性があるために生産する者がおり、危険を冒して買いに行く者もまた存在したのである。オランダの資料には、「海賊」が生産地で胡椒を買い取ったとの記録も残されている。この記述は海賊が例外的に商行為を行ったというよりもむしろ、海賊と商人の境界が曖昧であったことを想起させる。要するに、商人は武力で胡椒を強奪することもあったが、産品の長期的・安定的確保のためには金品による購入を優先することもあったということであろう。

オランダ東インド会社は一七九一年から九二年にかけて、こうした「海賊」と「密輸」の被害について調査を行っており、その報告書から貴重な貿易情報を得ることが出来る。報告によると、ランプン胡椒のうち非オランダ商人にわたった胡椒は一年換算で約一五七トンに上った。同じ期間に会社がランプンから得た量は約四二四トンであるから、オランダ人は約三七パーセントにもおよぶ胡椒を失っていたことになる。「密輸」された量をオランダ人が正確に把握出来たとは考えられないので、実際には損失がさらに大きかったことは間違いない。このように会社の貿易を侵害する勢力は、現地の会社職員にとっては違法な「海賊」と「密輸商人」でなければならなかった。そのように本国に報告することで、彼らはランプン胡椒が流出していることを会社役員に対して弁明し正当化したのである。しかし現地の生産者や有力者にとっては、彼らは高値で胡椒を買い取る冒険商人であった。そうした商人にとっては、危険な地での商売に武装は不可欠であり、武力の行使も商行為の一部であった。

ランプン周辺で胡椒取引に関わった商人の背景と、中国での大きな胡椒需要を考慮すれば、「密輸」された胡椒の大半はイギリス人や華人によって中国市場へと運ばれたであろう。一五七トンという量はかつてリアウで取引されていた胡椒（三〇〇～六〇〇トン）と比べると少ないが、マレー海域においてリアウ陥落後に貿易が断絶した訳ではないことを示す数字と言えよう。それ以外の商品に関する貿易資料は存在しないが、少なくとも胡椒に関しては、オランダ人によって「密輸商人」または「海賊」と呼ばれた集団が、一定レベルでの貿易の維持に貢献していたのである。

四　西カリマンタンにおける移民と海賊(21)

❖海賊とオランダ東インド会社

一七八四年のリアウ陥落は、西カリマンタンの政治経済にも大きな影響をもたらした。ジョホール王国のブギス人副王ラジャ・アリは、オランダがリアウを制圧すると同時に同地を離れ、ブギス人従者を連れて西カリマンタン・マタン王国の外港であるスカダナに移住した（図1）。一八二二年に西カリマンタンで調査を行ったオランダ植民地政府官吏の報告によれば、ラジャ・アリと彼のブギス人従者たちは、スカダナに定住すると積極的に「貿易」を振興した。この結果スカダナは、イギリス人を含む各地の商人が訪れる活発な貿易港に発展した。ところが十八世紀末のオランダ東インド会社職員は、ラジャ・アリとその従者達を「海賊」と呼び、そのように本国の役員に報告していた。会社にとって、宿年のライバルであるリアウの有力者が他の地で貿易を振興し、自らの貿易を脅かすのは好ましい事態ではなかった。従って当時の会社職員にとって、スカダナのブギス人移民は会社の利益の障害となるという意味において、「海賊」であった。一方、一八二二年の報告は現地調査で得られた情報に基づいており、そこで彼等の活動が「貿易」と記されているのは、恐らくインフォーマントである現地住民がそう認識していたためと考えられよう。当時の貿易には一定の暴力も含まれていた可能性もあるが、それ以上に彼等がオランダの商業的ライバルであったことが、オランダ人が彼等を海賊と認識し名指した要因であった。

オランダ人にとってこのブギス人「海賊」の存在は許容できるものではなかった。ところがその征伐を彼らに要請したのは、現地側の勢力であった。一七七二年に西カリマンタンに設立されたポンティアナック王国は、内陸地域との貿易をめぐってマタン王国と激しく対立しており、これと対抗するためにオランダ東インド会社との協力関係を強めようと試みた。ここに両者の利害が一致し、一七八六年にオランダ東インド会社・ポンティアナック連合軍はスカダナを攻撃し、港を制圧した。もっとも連合軍のうち実際の戦闘員は、ほとんど会社の兵で構成されていた。会社側は現地側の要請を戦争の正当性を示す根拠として用い、ポンティアナック側は会社の兵力を地域の抗争に利用したと言える。この攻撃によってスカダナは破壊され、国王を含むマタン王国の有力者は内陸部のガヨンまで逃れ、この地を王国の新たな首都とした。ラジャ・アリとそのブギス人従者達はカリマンタン北西のシアンタン島まで逃れ、この地で再び貿易を行った。このように争いに敗れた有力者がマレー海域内で移住し、貿易を振興して勢力回復を図るのは、まさに先述したマレー世界の伝統であった。マレー海域はこうした移民によっても貿易が振興され、強国による保護がない状況でも経済的な結びつきが維持されたのである。

オランダ東インド会社の職員は、ポンティアナックと連合して「海賊」を征伐したと主張したが、彼らが協力し、後に商館も置いたこのポンティアナック王国こそ海賊国家の名にふさわしい。建国者シャリフ・アブドゥルラフマンは、イエメン出身で西カリマンタンのムンパワ王国に移住したイスラーム学者と、現地のダヤック人女性との間に生まれた。彼は二十二歳の時に生地を離れ放浪の旅に出ると、バンジャルマシンで海賊集団を組織し、東・南カリマンタン沿岸で襲撃を繰り返した。一七七二年に彼は様々な出身地を持つ二〇〇人ほどの従者を連れて西カリマンタンに戻り、ランダック川とカプアス川の合流地点にあり内陸部河川貿易の要衝であるポンティアナックに彼の王国を設立した。ランダック川上流では金が、カプアス川上流では様々な森林産物が得られるため、周辺国家において河川貿易はまさに富の源泉であった。ポンティアナックは既存の国家と河川貿易を巡って激しく抗争したが、戦闘に慣れた海賊の従者と、さらにジョホール王国副王であるラジャ・ハジの支援を得て、それらを一つずつ打ち破っていった。その仕上げが、オランダ東インド会社と協力して行ったスカダナ遠征であった。こうして河川貿易をほぼ掌握した後も、シャリフ・アブドゥルラフマンの従者の一部は河川を往来する商船を襲撃する海賊行為を続けていた。この行為に対して会社は、それが自らの貿易に有害であると認識した場合は抗議したが、それを全て制止するための施策は行っていない。会社にとっては、自らの商業活動を阻害する者が海賊であり、それと無関係な者を特に海賊と名指すことはなかった。

❖西カリマンタンの移民と海賊

先行研究は、一七八六年のオランダ東インド会社・ポンティアナック連合軍によるスカダナ制圧を、西カリマンタンの歴史における分水嶺と考えてきた。P・J・ヴェスが一〇〇年以上前に著した『西部ボルネオ』は、今なお西カリマンタンの歴史研究で参照される基本研究であるが、これによれば、この戦闘の後スカダナ周辺の海岸部はほとんど無人化し、海賊だけが住み着くようになったとされる。(22)しかし同時代の資料を精査すると、ヴェスの議論はいささか単純に過ぎる。同時代の資料は、彼が「海賊」と呼んだ人々が、西カリマンタン海岸部に多くの移民居住地を作ったことを示している。ポンティアナック、クブ、シンパン、クタパン、クンダワンガン、カリマタといった彼らの居住地で、移民の一部は確かに海賊行為を行っているが、多くは貿易に従事したことが確かめられる。また一部の移民は、海上軍事勢力としても周辺国家に対して強い影響力を持った。以下、いくつかのそのような移民居住地について略述する。

まずポンティアナックはスカダナに代わって地域を代表する貿易港に成長し、西カリマンタンの沿岸貿易を支えた。ポンティアナックにはマレー人、ブギス人、華人、アラブ人などが移民として定住した。彼等の多くは内陸地域との貿易に従事し、互いに競争しながら上流の産品をポンティアナックの港に運んだ。森林産物に加え、燕の巣、ナマコなど中国で需要が高いその他の商品も、ポンティアナックの輸出品となった。彼等の一部はまたそうした産品をペナンへ、後にはシンガポールへ運び、これらの港から帰り荷として、東南アジアで需要の高いインドの染織品やアヘンをもたらした。中国南岸の華人もポンティアナックを訪れて中国産品をもたらし、金や森林産物、海産物を持ち帰った。海岸部に定住したブギス人移民は国王と契約を取り交わし、有事には王を軍事的に支援することを約束した。その代わりに彼等は、王国内における居住と商業を自由に行う権利を与えられていた。

クブは、一七七一年にポンティアナックのスルタンの甥によって建設され、当初はポンティアナックに属していたが、次第に独立化した。一八二二年までにクブは、マレー人、アラブ人移民などが居住する港町へと発達した。住民の多くは内陸部との河川貿易に従事していたが、町の支配者は自ら海賊団を組織し、沿岸を航行する商船を襲撃させた。

シンパンは、マタン王国の第十二代スルタンが長子を後継者に指名した時に、その弟に与えて開発された土地である。一七八六年にスカダナがオランダ東インド会社の攻撃を受けた際に、住民の一部はスルタンとともにガヨンに逃れたが、一部はシンパンに移住した。この時から町は人口が増えて成長を始め、一八二二年にはマレー人、ブギス人、華人、外国人奴隷などが住む発達した港町となっていた。主に商業に従事したこれらの住民に加えて、シンパンには一〇〇〜一二〇人の海賊が拠点を置いていた。シンパン周辺の後背地や海岸部は、沈香、籐、鼈甲《べっこう》、ナマコ、蜜蝋といった貴重な海産物や森林産物を産した。シンパンを拠点とする移民商人がこれらの集荷を行ったが、高価な商品を運ぶ際には襲撃に遭うことに備えて海賊のように重装備していたと記録されている。これは海賊が商品を略奪すべく徘徊していた証左であるし、或いは武装した海賊が貿易も行っていたことを示しているのかも知れない。シンパンはまた、一八二〇年代までに沿岸の港とマレー海域の主要港とを結ぶ中継港としても発達した。上述の産品はパレンバンやリアウ、シンガポールに運ばれ、最終的には大半が中国へと輸出された。これらの港からは中国産絹織物などの輸入品がもたらされ、シンパンを経由してクブなど沿岸の港に再輸出された。これらの取引を支配していたのはシンパンに定住した華人移民で、公司と呼ばれる一種の商館を設置していた。公司で取引されたのは先述の商品の他に加え、奴隷も重要であった。奴隷は海賊によって捕らえられ商品とされた人々であり、ここにも商業活動と海賊との密接な関係が見て取れる。

クタパンは、マタン王国の宰相の命令によって築かれた町である。一八二二年の報告によれば、この地および隣接するブンガドンに居住するのは、マレー人、オラン・ブキット（マレー人と原住民ダヤック人のミックス）、ブギス人、アラブ人、華人、および様々な場所から連れられて来た奴隷と、極めて多様であった。ブンガドンは典型的な海賊基地であり、出身地も様々な複数の海賊指導者達が、従者とともに拠点を作った。奴隷もこの町の重要な構成員で、彼らは農作業や薪集め、釣りなどに従事した。もっとも奴隷は一定の自由を享受していたようであり、主人は彼らが結婚し家庭を持つことを奨励していた。一定の時間が経つと、奴隷は海賊集団の中に取り込まれることもあった。またブンガドンは海賊による略奪品が取引される商業拠点でもあり、毎年海賊シーズンの終わりには、ブルネイ、リアウ、リンガ、ブリトゥン、バンカ、スマトラ東岸などから、商人が略奪品を求めてやって来た。

クンダワンガンはシンパンと同様に、もともとはマタン王国のスルタンが息子の一人を後継者に指名した時に、その弟に与え形成された町である。当初はマレー人が河口に居住し、上流にはダヤック人が暮らしていた。やがてクンダワンガンには、シアク出身のリーダーに率いられたオラン・ラウトの海賊集団がリアウ諸島から移住した。彼等は恐らくマレー人が開発した河口の集落を奪って、自らの拠点としたと考えられる。一八二〇年代までにクンダワンガンは海賊の巣窟として知られていたが、この時には住民の全てはイラヌン人と記録されている。先述したようにイラヌン人はインドネシア諸島に多くの拠点を築き、奴隷狩りを主とする海賊行為を行っていた。彼等は先来のオラン・ラウトに代わって（或いは追放して）クンダワンガンを拠点の一つとしたと思われる。

カリマタ諸島にも、同様の商業軍事勢力移民が定住した。スールーのスルタンの甥であるダトゥ・チャメランは一七八六年、陥落直後のスカダナに従者を引き連れて移住した。彼は間もなく近隣の海賊集団を統合して、そのリーダーとして君臨した。彼はカリマタ諸島のパナンバンガン島を軍事拠点とし、ここに二十四の船と九〇〇～一〇〇〇人の成員から構成される直属の海賊集団を置いた。もっともこの「海賊」は、平時には他の移民と同様、漁業と海産物の集荷に従事していたことが知られている。これらの産物はサンバス、ポンティアナック、シンガポール等の華人商人に売られ、そこから主に中国市場に輸出された。

❖オランダ人と海賊

一七九〇年代から一八二〇年頃までは、マレー海域でヨーロッパ人の存在が非常に弱い時期であった。オランダ東インド会社は一七九一年に、業績不振を理由にポンティアナックから撤退した。その後本国がフランスによる支配を受け、会社は一七九九年に解散された。さらにオランダのみならずイギリスもナポレオン戦争に巻き込まれ、ヨーロッパ勢力がマレー海域において本格的に支配を強める試みはしばらく行われなかった。西カリマンタンなどマレー海域各地で華人や東南アジアの様々な集団による貿易が活発化したのは、ヨーロッパ人による干渉がほとんどなかったことも一要因であった。

その後一八一八〜一九年にオランダ植民地政府がサンバス、ムンパワ、ポンティアナックに理事を派遣し西カリマンタンで支配を開始するに伴って、先述の一八二二年の現地調査も行われた。この時の報告は西カリマンタン沿岸の活発な貿易を記録しているにもかかわらず、植民地時代の官僚や研究者はこうした貿易をほとんど評価しなかった。彼らは海賊による被害を詳しく述べ、現地経済が低調であったことを強調した。政府が主導して推進しようとしていた工業原料輸出型の貿易が社会経済の発展をもたらすと考えた当時の植民地官僚や研究者にとって、欧米の近代工業の原料とならない海産物や森林産物の経済的・社会的価値は、恐らく想像も出来なかったであろう。一方で植民地官僚や研究者は、オランダ統治が現地社会に安定と発展をもたらしたことを繰り返し強調した。そうしたオランダ統治の成果と意義を主張し、植民地支配を正当化するために、植民地支配以前の時代の抑圧と停滞が強調されたとも理解できるであろう。海賊はそうした抑圧と停滞の象徴的存在と考えられ、特にその被害が詳しく記録されたのである。

むすびに代えて

マレー海域の海賊に関する初期の研究は、海賊が発生する原因をムスリムの本源的特性に帰していた。これに対し本章は、マレー世界が法制度、社会制度として海賊を内包していたことを指摘した。つまりマレー世界の法に王位継承に関する規定が存在しないことが、多数の候補者が王位継承権を主張することを可能にし、その結果としての抗争はしばしば海上における暴力――海賊――というかたちを取った。しかし、一七八〇年頃から一八二〇年頃になぜ特に海賊が活発化したかという問題に対しては、当該時期特有の政治・経済的要因が指摘されるべきである。

海賊が活発化した要因の第一は、十八世紀半ば以降、海域東南アジアにおけるオランダ東インド会社の貿易構造がほころび、中国市場と強く結びつく新たな貿易構造が出現したことである。

中国市場で需要の高い産品の中でも特に一部の海産物は、その採集や加工のために多くの労働力を必要とした。労働力が慢性的に不足している海域東南アジアでは、その労働力がしばしば奴隷でまかなわれ、奴隷を獲得するために海賊による沿岸集落や船舶の襲撃が行われた。さらに襲撃船の漕ぎ手としても、奴隷が必要とされた。また、海産物の採集を担ったのは多くの場合移民集団であったが、危険の多いフロンティアで活動する彼らは商業軍事集団を形成し、海賊化する傾向があった。

第二の要因は、オランダ東インド会社が一七八四年にジョホール王国の都リアウを制圧し、マレー海域の貿易を混乱させたことである。リアウを去ったジョホール王国の有力者たちはマレー海域各地に新たな拠点を作り、しばしば生計の手段として海賊行為を働いた。特に胡椒の重要な産地であるランプン地方には、リアウで胡椒を得られなくなった商業軍事集団が介入し、しばしば暴力的に胡椒その他の産品を確保した。

さらに、当該時期に海賊に関する記録が増えるのは、実際に海賊が増加したことに加えて、オランダ東インド会社が海賊による被害をそれまで以上に強く認識し言及するようになったことも大きい。会社の職員は、会社の利益を阻害する海賊について詳しく記述した。より正確に言うならば、彼等は会社のライバルになり得る存在を海賊と名指した。中国市場を志向した新たな貿易構造が発展しつつある状況にうまく対処できなかった当時のオランダ東インド会社の職員達は、ライバルの活動を海賊と記述することによって、本国の役員に業績悪化の弁明をし、自己正当化を試みたのである。実際にはオランダ東インド会社も、状況によっては海賊と目される集団との協力も厭わなかった。自らの特定のライバルを海賊と認識し名指しするという行為がオランダ東インド会社にもマレー世界の有力者にも共通して見られるのは、両者がともに海洋商業軍事勢力であることから生じた相似点と言えよう。

オランダ人がある勢力を海賊と記したということは、そのように記された集団が必ずしも反社会的であったことを意味しない。それどころか、資料を注意深く分析すると、そのような集団の活動はしばしば重要な経済的役割を果たしていたことが読み取れる。オランダによって制圧される以前のリアウは、マレー海域で得られる海産物、森林産物、胡椒その他の産品を集荷し、中国市場に輸出する機能を持っていた。リアウの陥落によってこの機能が失われると、「海賊」ないし「密輸商人」と記される諸集団が各地でマレー海域の貿易を維持する役割を果たした。西カリマンタン海岸部の移民は、一部は確かに海賊活動に深く関与していたが、多くは主に海産物の採集や貿易に従事し、地域経済に貢献していた。

それにもかかわらずＰ・Ｊ・ヴェスを始めとする植民地期の研究が、海岸部の移民の活動を極めて否定的に叙述し、彼らを海賊と名指ししたのは、当時のオランダ人官僚や研究者の経済観と歴史観を強く反映している。植民地政府が進めようとする近代的統治と工業原料輸出型経済の推進を正当化するためには、それ以前の社会が抑圧され停滞していたと強調することが必要であった。そうした抑圧と停滞の象徴として、海賊は必要とされたのである。

現代の我々が目にする十八〜十九世紀のアジア海賊に関する言説や研究は、今なおそうしたバイアスを含むヨーロッパ資料に基づいている。我々が海賊を含む地域の歴史を見直し、海賊にも歴史的により整合性のある位置づけを与えるためには、このようなバイアスに対してより意識的である必要があるだろう。

注

（1） このような理解は、Nicholas Tarling, *Piracy and Politics in the Malay World*, Melbourne etc.: Cheshire, 1963; Carl A. Trocki, *Prince of Pirates: The Temenggongs and the Development of Johor and Singapore 1784 - 1885*, Singapore: Singapore University Press, 1979; Reinout Vos, *Gentle Janus, Merchant Prince: the VOC and the Tightrope of Diplomacy in the Malay World, 1740-1800*, Leiden: KITLV Press, 1993 などに見られる。

（2） マレー海域における海賊についての先行研究のより詳細な検討は Ota Atsushi, "Maritime Violence and Colonial State Formation in Nineteenth-Century West Malay Waters: Historiography and New Perspectives," *Asia-Pacific*

Forum 51, 2011, pp. 1-26 を参照されたい。

（3）　このような視点は、この分野で今も参照される基本的研究であるニコラス・ターリングの『マレー世界の海賊と政治』（一九五六）にも見られる。Tarling, *Piracy and Politics*.

（4）　James Francis Warren, *The Sulu Zone, 1768-1898: The Dynamics of External Trade, Slavery, and Ethnicity in the Transformation of a Southeast Asian Maritime State*, Singapore: Singapore University Press, 1981.

（5）　Timothy P. Barnard, *Multiple Centres of Authority: Society and Environment in Siak and Eastern Sumatra, 1674-1827*, Leiden: KITLV Press, 2003.

（6）　Ota Atsushi, “Pirates or Entrepreneurs? Migration and Trade of Sea People in Southwest Kalimantan, c. 1770-1820,” *Indonesia* 90, 2010: pp. 67-96.; Ota Atsushi, “Trade, Piracy, and Sovereignty: Changing Perceptions of Piracy and Dutch Colonial State-Building in Malay Waters, c. 1780-1830,” in *In the Name of the Battle against Piracy: Ideas and Practices in State Monopoly of Maritime Violence in Europe and Asia in the Period of Transition*, edited by Ota Atsushi, Leiden and Boston: Brill, pp. 115-142.

（7）　深見純生「マラッカ海峡交易世界の変遷」（桜井由躬雄編『岩波講座東南アジア史1　原史東南アジア世界』岩波書店、二〇〇一年）二七〇—二七五頁、Leonard Y. Andaya, *Leaves of The Same Tree: Trade and Ethnicity in the Straits of Melaka*, Honolulu: University of Hawai’i Press, 2008.

（8）　深見純生「海峡の覇者」（石澤良昭編『岩波講座東南アジア史2　東南アジア古代国家の成立と展開』岩波書店、二〇〇一年）一三七—一三八頁、小川博「鄭和の遠征」（石井米雄編『岩波講座東南アジア史3　東南アジア近世の成立』岩波書店、二〇〇一年）四八・六八頁、Anthony Reid, *Southeast Asia in the Age of Commerce 1450-1680,* vol. 2: *Expansion and Crisis,* New Heaven and London: Yale University Press, 1993.

（9）　Tarling, *Piracy and Politics*; Barnard, *Multiple Centres of Authority*.

（10） Reid, *Southeast Asia in the Age of Commerce*.

（11） 太田淳「ナマコとイギリス綿布――19世紀半ばにおける外島オランダ港の貿易」（秋田茂編『アジアからみたグローバルヒストリー――「長期の18世紀」から「東アジアの経済的再興」へ』ミネルヴァ書房、二〇一三年）。

（12） リアウの発展についてはTrocki, *Prince of Pirate*; Vos, *Gentle Janus*が詳しい。

（13） こうした華人移民については、Carl A. Trocki, "Chinese Pioneering in Eighteenth-Century Southeast Asia," in *The Last Stand of Asian Autonomies: Responses to Modernity in the Diverse States of Southeast Asia and Korea, 1750-1900*, edited by Anthony Reid, Basingstoke and London: Macmillan Press, 1997, pp. 83-101が論じている。

（14） Warren, *The Sulu Zone*; Ota, "Pirates or Entrepreneurs?"

（15） Warren, *The Sulu Zone*.

（16） Ota, "Pirates or Entrepreneurs?"

（17） Vos, *Gentle Janus*.

（18） Vos, *Gentle Janus*.

（19） 太田淳「近代のネガ、または取り込まれた異者　19世紀マレー海域の海賊」（『現代思想』三九―一〇、二〇一一年）一〇〇頁。

（20） ランプンにおける胡椒貿易と海賊については、太田淳『近世東南アジア世界の変容――グローバル経済とジャワ島地域社会』（名古屋大学出版会、二〇一四年）二六四―二七九頁で詳述している。

（21） 西カリマンタンにおける移民と海賊、オランダとの関係についてはOta, "Pirates or Entrepreneurs?" およびOta, "Trade, Piracy, and Sovereignty"でより詳しく論じている。

（22） P. J. Veth, *Borneo's Wester-afdeeling, geographisch, statistisch, historisch, voorafgegaan door eene algemeene schets des ganschen eilands*, Zaltbommel: Joh. Noman en Zoon, 1854–56, vol. 1, pp. 279, 360.

参考文献

太田　淳「近代のネガ、または取り込まれた異者――19世紀マレー海域の海賊」(『現代思想』三九―一〇、二〇一一年)九一―一〇五頁
太田　淳「ナマコとイギリス綿布――19世紀半ばにおける外島オランダ港の貿易」(秋田茂編『アジアからみたグローバルヒストリー――「長期の18世紀」から「東アジアの経済的再興」へ』ミネルヴァ書房、二〇一三年)八五―一一七頁
太田　淳『近世東南アジア世界の変容――グローバル経済とジャワ島地域社会』(名古屋大学出版会、二〇一四年)
小川　博「鄭和の遠征」、石井米雄編『岩波講座東南アジア史3　東南アジア近世の成立』(岩波書店、二〇〇一年)四五―七一頁
深見純生「マラッカ海峡交易世界の変遷」(桜井由躬雄編『岩波講座東南アジア史1　原史東南アジア世界』岩波書店、二〇〇一年)二五五―二八三頁
深見純生「海峡の覇者」(石澤良昭編『岩波講座東南アジア史2　東南アジア古代国家の成立と展開』岩波書店、二〇〇一年)一一五―一三九頁
Andaya, Leonard Y., *Leaves of The Same Tree: Trade and Ethnicity in the Straits of Melaka*, Honolulu: University of Hawai'i Press, 2008.
Barnard, Timothy P., *Multiple Centres of Authority: Society and Environment in Siak and Eastern Sumatra, 1674-1827*, Leiden: KITLV Press, 2003.

Marryat, F., *Borneo and the Indian Archipelago: with drawings of costume and scenery*, London: Longman, Brown, Green, and Longmans, 1848.

Nieuhof, Johannes, *Johan Nieuhofs Gedenkweerdige Brasiliaense zee-en lant-reize : Behelzende al het geen op dezelve is voorgevallen. Beneffens eenbondige beschrijving van gantsche Neerlants Brasil, zoo van lantschappen, steden, dieren, gewassen, als draghten, zeden en godsdienst der inwoonders: en inzonderheit ein wijtloopig verhael der merkwaardigste voorvallen en geschiedenissen, die zich, geduurende zijn negenjarigh verblijf in Brasil, in d'oorlogen en opstant der Portugesen tegend'onzen, zich sedert het jaer 1640. tot 1649. hebben toegedragen. Door gaens verçiert met verscheide afbeeldingen, na'tleven aldaer getekent*, Amsterdam: De Weduwevan Jacob van Meurs, 1682.

Ota Atsushi, "Pirates or Entrepreneurs? Migration and Trade of Sea People in Southwest Kalimantan, c. 1770-1820," *Indonesia,* 90, 2010, pp. 67-96.

Ota Atsushi, "Maritime Violence and Colonial State Formation in Nineteenth-Century West Malay Waters: Historio graphy and New Perspectives." *Asia-Pacific Forum,* 51, 2011, pp. 1-26.

Ota Atsushi, "Trade, Piracy, and Sovereignty: Changing Perceptions of Piracy and Dutch Colonial State-Building in Malay Waters, c. 1780-1830," in Ota Atsushi, ed., *In the Name of the Battle against Piracy: Ideas and Practices in State Monopoly of Maritime Violence in Europe and Asia in the Period of Transition*. Leiden and Boston: Brill, pp. 115-142.

Reid, Anthony, *Southeast Asia in the Age of Commerce 1450-1680,* vol. 2: *Expansion and Crisis,* New Heaven and London: Yale University Press, 1993.

Tarling, Nicholas, *Piracy and Politics in the Malay World,* Melbourne etc.: Cheshire, 1963.

Trocki, Carl A., *Prince of Pirates: The Temenggongs and the Development of Johor and Singapore 1784 - 1885,* Singapore: Singapore University Press, 1979.

Trocki, Carl A., "Chinese Pioneering in Eighteenth-Century Southeast Asia," in Anthony Reid, ed., *The Last Stand of Asian Autonomies: Responses to Modernity in the Diverse States of Southeast Asia and Korea, 1750-1900*, Basingstoke and London: Macmillan Press, 1997, pp. 83-101.

Veth, P. J., *Borneo's Wester-afdeeling, geographisch, statistisch, historisch, voorafgegaan door eene algemeene schets des ganschen eilands*, Zaltbommel: Joh. Noman en Zoon, 1854-56.

Vos, Reinout, *Gentle Janus, Merchant Prince: the VOC and the Tightrope of Diplomacy in the Malay World, 1740-1800,* Leiden: KITLV Press, 1993.

Warren, James Francis, *The Sulu Zone, 1768-1898: The Dynamics of External Trade, Slavery, and Ethnicity in the Transformation of a Southeast Asian Maritime State*, Singapore: Singapore University Press, 1981.

4．ヨーロッパ人の植民地支配と東南アジアの海賊

弘末雅士　HIROSUE Masashi

はじめに

東西海洋交通路の要衝に位置する東南アジアでは、シュリーヴィジャヤ（七～十一世紀）をはじめマラッカ（十四世紀末～一五一一）、ジョホール（一五三〇頃～一六九九）、ジョホール・リアウ（一七二二～一九一一）などの中継交易を基盤とする王国が前近代に栄えた（図1）。こうした海洋交易を権力基盤とする王国は、マラッカ海峡周辺に複数出現し、しばしば互いに競合した。これらの王国にとって、海運を担いまた海軍力ともなる海上民は、その権力を支える中核的存在であった（Andaya, B. W. / Andaya, L. Y. 1982: 42; 弘末 二〇〇四、一六頁）。海上民たちは、敵対勢力や彼らの指示を聞き入れない外来船に対し、しばしば海賊行為を仕掛けた。

東南アジアにおいて、公海上で強盗を働く人々を指す「海賊」にあたる語は元来なく、海や陸

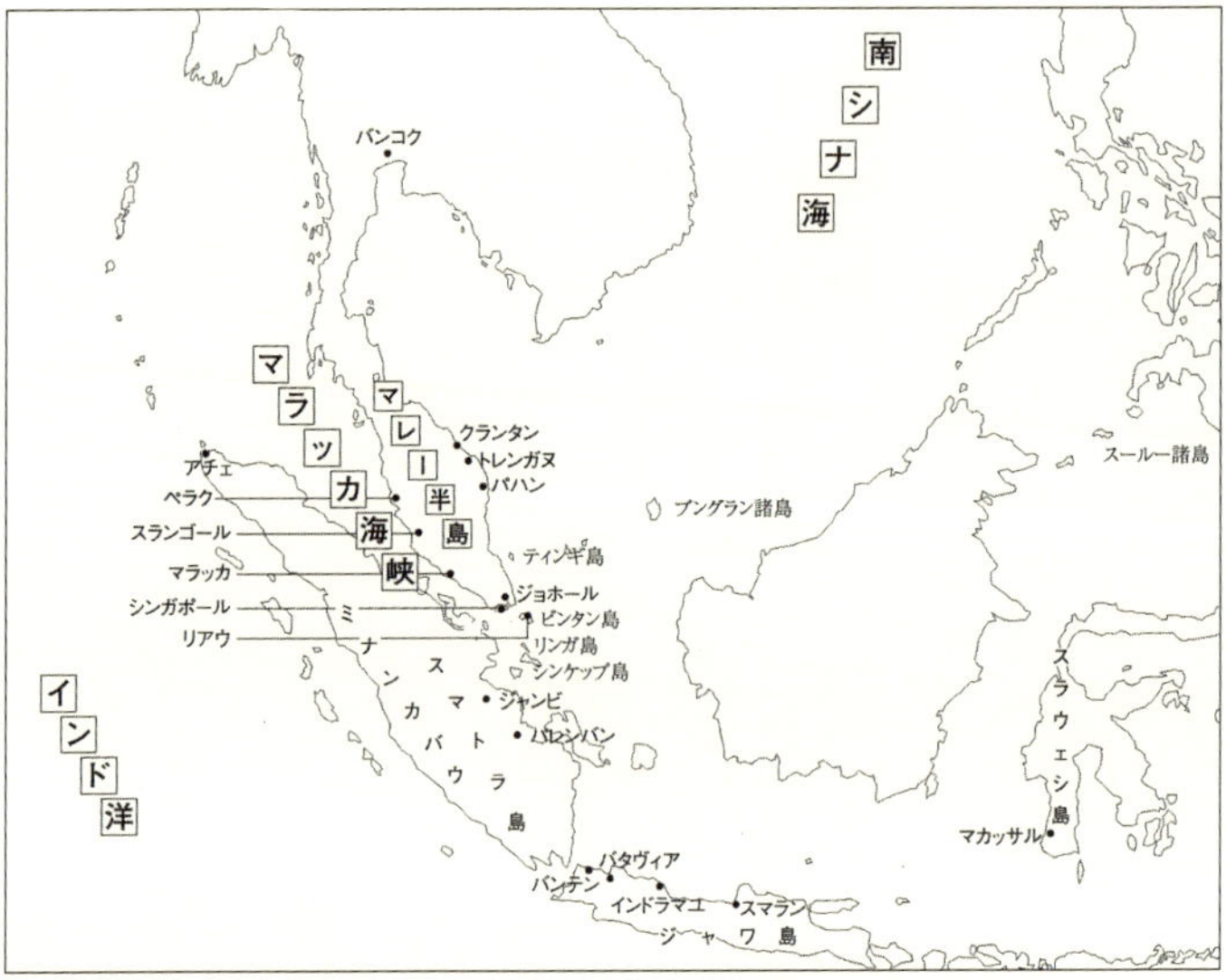

図1　東南アジア

で「略奪（rompak）する人々」を意味した**perompak**が、「海賊」も包括する言葉であった（Crawfurd 1856: 353-355; 生田一九九八、二八五頁）。略奪する対象は、物品だけでなく、人口過少の東南アジアでは人も重要であった。海賊活動と交易活動は、東南アジア海域世界の権力者にとって、権力構築のために欠かせなかった（Tarling 1978: 2-4; Warren 1981:147-211）。

海賊行為を不法としてきたヨーロッパ人には、それが美徳ともなる東南アジアは、理解しにくい世界であった。もっとも、オランダ東インド会社をはじめとするヨーロッパ勢力は、当初海軍力に限りがあったため、マラッカ海峡で影響力を

図2　16世紀終わりのジャワ海を航行する船舶（Rouffaer and Ijzerman ed., 1915：Plaat 38）　上からジャワのプラウ船（高速帆船）、中国のジャンク船、ジャワのジャンク船、地元の漁船

行使するマレー人勢力と協力関係を形成し、活動を進めた。しかし、やがて十八世紀終わり近くになると、オランダやイギリスの勢力が拡大し、在来勢力に変容を迫ることとなった。

一方、十八世紀後半から十九世紀前半期の東南アジアは、中国との交易の活性化により、経済活動が活発となった。十九世紀に入り、マラッカ海峡は、イギリスとオランダの勢力圏に分断され、植民地体制が持ち込まれた。植民地体制下で権限を制限された現地人有力者は、しばしばマラッカ海峡を航行する船舶に海賊行為をしかけた。イギリスとオランダは、頻発する海賊活動を、ともに鎮圧することをもくろんだ。だが、人員と財力に限りのある両勢力は、簡単に取り締まることはできなかった。結局、イギリスもオランダも、在地の有力者に協力を依頼せざるをえなかった（図2）。

この章では、ヨーロッパ勢力の拡大する状況下で、在来勢力が海賊活動を梃にして、その存在感をアピールしたことを検討する。ともすれば、植民地権力の前に現地人支配者が、仕方なく海賊行為を終焉させたと考えがちであるが、海上民ら臣下を抱える彼らの間では、海賊活動とヨーロッパ勢力との協調の試みが併存した。本章は、その双方を活用して一九一一年まで存続したジョホール・リアウ王国の王族の生き残りの過程を考察する。これまでその王族の活動は、植民地体制下で存続した場合にせよ、廃絶された場合にせよ、個別的に検討されてきた（Trocki 1979; Matheson 1972; Andaya 1977）。それに対し本章は、上記の観点から、彼らの相互的関係を重視しつつ、その営みを複合的にとらえ直す。

一　十九世紀初めのマラッカ海峡

マレー人は、元来マラッカ王国の住民を意味したが、ポルトガルによるマラッカ占領以降、周辺海域に拡散し、マレー語を話し、イスラームを信奉する人びとを広く指す呼称となった。十七世紀においてオランダ東インド会社は、ヨーロッパ向け香辛料の交易独占をもくろみ、ポルトガルやイギリスを東南アジア海域から排除しつつ、その交易に関与したマカッサル王国を滅ぼし、またバンテン王国を影響下に置いた（永積二〇〇〇、一四八―一六七頁）。その一方でオランダは、マラッカ王家の血統を引くジョホール王国、さらにはジョホール王国の宰相の一族が創設したジョホール・リアウ王国などの支配者と、共存をはかった（西尾二〇〇一、一六二―一六五頁；Lewis 1995: 61-98）。東西交通路の大動脈のマラッカ海峡を影響下における海軍力は、当時オランダも有していなかった。

十九世紀終わり近くになると、マラッカ海峡におけるヨーロッパ勢力が拡大し始めた。一七八二年、第四次英蘭戦争（一七八〇～一七八四）中のオランダは、リアウに停泊していた英国船を捕らえた。これに怒ったリアウのブギス系副王ラジャ・ハジは、オランダに抗議するとともに、慣習にのっとり支配者の取り分として没収品の半分を要求した。南スラウェシを出身地とするブギス人は、十七世紀の終わりごろからマラッカ海峡域に進出し、ジョホール・リアウ王国で副王の地位を世襲していた。要求を拒否されたハジはリアウ、スランゴール、ルンバウのブギス人を動員して戦争準備を進めた。オランダは一七八三年末にリアウを先制攻撃したが、ブギス人の反撃に敗退した。ハジは全力をあげてマラッカを包囲し、これを危機に陥れた。しかしこの戦闘で、ハジ自身が

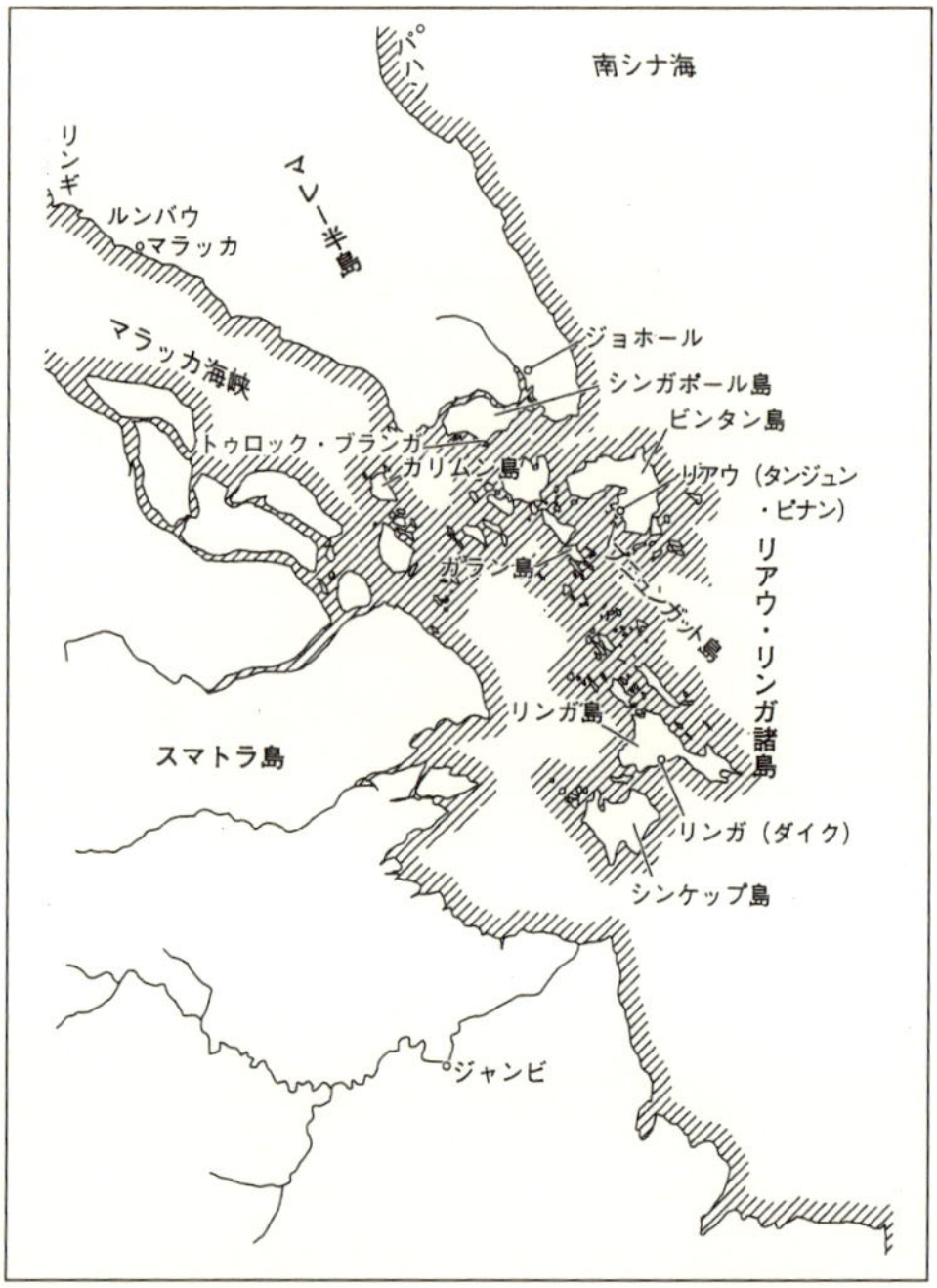

図3　シンガポールおよびリアウ・リンガ諸島。マラッカ海峡と南シナ海をつなぐ交通路の要衝に位置

戦死した。オランダは、英蘭戦争の終結により、六隻の艦隊を送り、ブギス勢を打ち破りこの危機を脱した（鈴木一九九九、一六〇—一六一頁）。

一七八四年八月、オランダは勢いをかってスランゴールを降伏させ、オランダの支配権を承認させた。また同年十月にはリアウも占領した。ジョホール・リアウ王国の実権を握る副王に不満を有したマレー人国王スルタン・マフムードは、オランダに感謝し、オランダ人理事官のリアウ駐在を認めた。しかし、スルタンは、リアウの実質的統治者となったオランダ人理事官を嫌うようになり、当時マラッカ海峡にまで進出し出したスールーの海洋民のイラヌン人に協力を依頼し、オランダ人をリアウから追い出した。だが、今度はその報酬をめぐって、イラヌン人とスルタンが対立し、オランダの反撃も受け、スルタンはパハンへ移った（図3）。

一方、ヨーロッパのナポレオン戦争の影響が、東南アジアにも及んだ。オランダはフランス革命軍に制圧され、一七九五年にバタヴィア共和国が成立した。これに対しイギリスは、同年オランダ領のマラッカを占領した。オランダは、マラッカ海峡の治安を復活させるため、同年スルタンがリアウに戻ることに同意した。また副王も一八〇四年にスルタンと和解した。しかし、スルタンと副王との確執は収まらず、まもなくスルタンはリンガへ移った。両者の緊張関係は続いたものの、マフムードが復帰したことにより、リンガは繁栄する港市となった（Raja Ali Haji 1982: 212）。

イギリスのオランダへの攻勢は、マレー人にオランダ船への海賊行為も起こさせた。一八〇七年ジャワ北岸でオランダ船が、彼らの襲撃を受けた。イギリス人ホレイスは、以下のような記述を残している（Horace 1853: 188-189）。

ジャワのインドラマユの停泊所で、巡洋艦「フレーデ」は、一八〇七年五月に七艘のそれぞれに約百人が乗っている海賊高速帆船に襲われた。しばらく抵抗した後、一行の多くはボートで逃れたが、司令官のベークマンと二等航海士のストックブロは、海に飛び込んだ。ベークマンはおぼれ死に、ストックブロは、海賊たちに捕まった。彼らはストックブロの頭を丸刈りにし、彼を裸にし、ランポンに連行した。そこで彼は、ありとあらゆる非人間的な扱いを受け、死の危険にさえさらされた。ランポン人の支配者への贈り物となった彼は、奴隷のなかでも最も下賤なものとして扱われ、一番くたくたに疲れる仕事に従事した。七か月間の苦しみと屈辱の日々が過ぎた。彼はそれから、リンガ島に送られ、三〇スペイン・ドルでその地の首長に売られた。そこから彼は、オランダ軍の駐屯部隊のいるリアウに移された。彼の新たな務めでは、厳しさが緩和され、より自由が与えられ、彼は多くの中国人系住民と接触することができた。その中国人のなかに、リアウ近郊で生まれたのであるが、アモイ系のTan Lianseengがいた。彼は、そのためBaba［現地生まれの華人の呼称］の姓を有した。……［中略］……Baba Lianseengは、必ずしも商売にのみ凝り固まっていたわけではない。彼は、ストックブロに同情し、彼がいつもの遠征の旅に出かけようとする時に、支配者にこのヨーロッパ人奴隷を手放してくれるよう懇願した。願いは聞き届けられた。この中国人は、彼の新しい友人を五〇ピアストルで買い受け、サマラン［スマラン］に連れて行った。（［　］内は引用者）

当時ジャワ北岸やマレー半島東西岸は、ジョホール・リアウ王国の海上民による海賊活動が多発した場所であった（図4）。リアウにはオランダ軍の駐屯部隊がいたが、彼らも支配者のもとで

図4　ジャワ人に襲撃されるオランダ船団（16世紀末）（Rouffaer and Ijzerman ed., 1915 : Plaat 28）

奴隷となったストックブロに、直接干渉できなかった。ストックブロに目をかけ、彼をその境遇から解放したのは、リアウの中国人系商人であった。オランダとの関係構築をもくろんだ彼は、支配者に掛け合い、この男をジャワに帰した。この華人は、海賊のもたらした奴隷を広域で取引した商人でもあった。

一八一二年にスルタン・マフムードは、長男のフサインと次男のアブドゥル・ラーマンを残して死去した。副王の支持をえた後者がスルタンに就任した。リンガは繁栄を持続した。一八一一年イギリスはジャワを占領した。その後一八一六年にジャワはオランダに返還されたが、ジャワの副総督

図5　シンガポール川河口に立つラッフルズ像

だったイギリス人ラッフルズ（図5）は、シンガポールに着目し、この地に移り、一八一九年に関税のかからない自由港とした。シンガポール獲得を正当化するためにラッフルズは、王位継承できなかったマフムードの遺児フサインとその親族でリアウ王国のトゥムンゴン（高官の称号）を引っ張り出し、フサインをジョホール王国のスルタンとした。

一八二四年の英蘭協定により、マラッカ海峡を挟んで、マレー半島とシンガポールはイギリスの、それ以南のリアウ・リンガ諸島、スマトラやジャワはオランダの勢力下の置かれることとなった。シンガポールのスルタンとトゥムンゴンは、シンガポールの支配権をイギリスに委譲する代わりに、年金（前者五〇〇〇スペイン・ドル、後者三〇〇〇スペイン・ドル）を受け取ることとなった（Trocki 1979: 47）。またリンガのスルタンとリアウの副王は、外交権や交易税の多くをオランダに委譲する代わりに、年金を受け取り、内政の統治権を認められた。

シンガポールには、中国からのジャンク船やインドからイギリス人カントリー・トレーダー

（地方商人）の船舶をはじめ、香辛料や海産物を運んでくるブギス船も頻繁に来航するようになった。リアウやバタヴィアに代わって、シンガポールが東南アジアの中継港として中心的役割を担うようになった。リアウとリンガは、中継港の役割を後退させたが、ガンビールや胡椒栽培を拡大し、それらを海産物や錫とともにシンガポールに持ち寄ることで、経済的利益を上げた（Netscher 1854: La.C., La.F. & La.G.）。

他方、シンガポールの統治権を委譲したスルタン・フサインとトゥムンゴンは、厳しい状況におかれた。スルタン・フサインは、名目的な地位を保つにすぎなくなった。また父親のトゥムンゴン・アブドゥル・ラーマンがなくなり、一八二五年にその跡を継いだイブラヒムも、これまで影響力を行使してきた六〇〇〇〜一万人と推定されるマレー人首長と海上民の臣下を養うには、年金だけでは不十分であった。

二　マレー人首長と海上民

そこで彼らは、配下の海上民たちを活用して、航行する船舶に海賊行為をしかけた。マレー人首長と海上民とは、強い結びつきを有した。マラッカ王国の建国を伝える『ムラユ王

図6　現在のパレンバンに停泊する船舶

統記（スジャラ・ムラユ）』は、王家とマラッカ海峡の海上民が緊密な関係を有したことを語る（Brown ed., 1970: 1-21; 弘末二〇〇三、一六―二二頁）。それによると、王国の建国者は、アレクサンダー大王の血統を有したインドのチョーラ王が、シンガポールまで遠征して海に潜り、海の王の娘と結婚してできた三人の息子の子孫であるという。その三人の息子たちは、パレンバン（図6）のブキット・シグンタンに降臨した。このブキット・シグンタンは、古代海洋帝国シュリーヴィジャヤの聖地であった。三人は、スマトラ島の人々の尊崇を集め、長男は同島中央部のミナンカバウの王に迎えられ、三男スリ・トゥリ・ブアナは、パレンバンの首長に遇され、その娘と結婚した。

スリ・トゥリ・ブアナは、パレンバンの首長の支援のもとに、海岸部に町を作るためにビンタン島に渡った。その地の女王は、スリ・トゥリ・ブアナを歓迎し、彼女の養子とした。スリ・トゥリ・ブアナは、パレンバンやビンタン島の海上民を率いてシンガポールに渡ろうとした。海は嵐のため大荒れであったが、海の王の孫となるスリ・トゥリ・ブアナは、海を鎮め、無事シンガポールにわたることができた。このスリ・トゥリ・ブアナの玄孫がマラッカ（図7）へ移り、以降王国はいっそう繁栄することとなった。

図7　現在のマラッカ（中央部は復元されたマラッカ王国時代の王宮）

以上がマラッカ建国に至る『ムラユ王統記』の内容で、必ずしも史実から構成されているわけではないが、マラッカ建国の正統性の主張をそこに込めている。王家は、東西世界に広く影響力を行使したアレクサンダー大王やチョーラ王の子孫であることを唱えるとともに、マラッカ海峡の海の王の血統を有し、海峡の海上民の支持を得ていることを主張する。マラッカ王家と海上民は、海を統べる原理により結ばれていた。

こうした海上民とマレー人首長の間に、外来者は介入しにくかった。開港された当時のシンガポールでラッフルズの書記をしていたアブドゥッラーは、海上民について以下のように述べている（アブドゥッラー 一九八〇、一四一頁）。

その当時は、シンガポールの海を航行しようなどと思うものはいなかった。魔神《ジン》や悪魔ですらしりごみをした。そこは海賊のねぐらで、船や小型の帆船やボートなどを略奪すると、シンガポールに運んで来て、そこで戦利品を分配したり、乗組員を殺したり、戦利品の分配を争って仲間同士殺し合ったりしたからである。船に乗っているオラン・ラウート［海上民］は、まるで野生の動物のように振る舞う。彼らは沢山の人が来るのを見ると、間に合えば船の中に逃げ込むし、間に合わなければ海に飛び込み、魚のように水にもぐる。およそ三十分くらいもぐって姿を見せない。そして、彼らが飛び込んだ場所から百ドゥーパ［約一八〇メートル］も二百ドゥーパも離れた水面に浮きあがって来る。男も女も同じように振る舞う。とくに子供についても、言う言葉もない。彼らは人を見ると、死にそうになったかのように、また虎でも見たかのように、叫ぶのである。彼らは皆トゥメンゴン［トゥムンゴン］の所に彼が食べる魚を持って来る。……［中略］……トゥメンゴンはオラン・ラウートに、（ファークァル氏の）部下に魚を売りに行くように命令した。彼らは魚を持って来たが、テントや服を着た人を見て当惑し、おどおどしていた。魚に幾ら支払われようと、またわずかのタバコか米と交換されようと、それを受け取るとすぐに行ってしまった。

（［　］内は引用者）

海上民が彼らの首長トゥムンゴンに強い忠誠心を有したことがうかがえる。彼らと直接的に接触できないアブドゥッラーには、海上民がまるで野生動物のように映った。彼らもまた、トゥムンゴンが命じる範囲を超えて、陸上民や外来者と接触することはほとんどなかった。

三　海賊活動の活性化

海上民の海賊活動は、アブドゥッラーが述べるように、シンガポール開港以前から起きていた。しかし、一八三一年ごろより、高度に組織化された襲撃活動が目立ち始めた。シンガポールとマレー半島東岸のパハンの間で、シンガポールからの船舶やそこへ向かった船舶が、数十隻の高速帆船に襲撃され、積荷や乗組員が略奪される出来事が頻発した（"The Piracy" 1850: 146-150）。一八三一年八月の『シンガポール・クロニクル』は、衣服や米や金、錫、宝石、森林生産物などを載せたシンガポールに拠点をもつブギス人の船団が、二十二隻の高速帆船にティンギ島沖で襲われ、うち七隻が海賊に略奪されたことを伝える。翌一八三二年九月には、トレンガヌ王所有の八十トン積の船が、コーヒー、胡椒、錫などの高価な積荷を載せて、シンガポールを目指して航行していたところ、三十〜四十隻のプラウ船に追いかけられ、ついにティンギ島で捕まった。船長ほか数名の乗組員が殺戮され、積荷が略奪された。また十一月初めにはシンガポールからアヘンや生糸、小型砲を積載したパハン行の小型船が、同じくティンギ島付近で、海賊船に襲撃され、積荷が奪われた。一八三三年には、華人商人の二十万ドル相当の積荷を運ぶ船団が、パハン沖で高速帆船の襲撃を受け、船団のほとんどが海賊の手に落ちた。

高価な船荷が狙われたことは、この海域での交易活動を熟知した集団がいたことを物語る。シンガポール政庁は、パハンのみならずリアウ、リンガ、トゥムンゴンの居住するシンガポールのトロック・ブランガの集団が、これらの海賊活動に関与したとみなした。商人たちは、シンガポール政庁に海賊の取締りを強く訴えた。しかし、関税も寄港税も徴収しない自由港のシンガポール（図8）は、財源が限られ、十分な対応ができなかった。

図8　海上より見た現在のシンガポール

海賊活動は、さらにエスカレートした。一八三四年と一八三五年には、シンガポールの近辺でも、海賊が横行した（"The Piracy" 1850: 154-158）。一八三四年四月、シンガポール港停泊中のイギリス船ハリア号の乗組員が、小型ボートに乗り込んでウミガメ取りに出かけたところ、マレー人の集団に襲われた。同じ四月に、シンガポールを出航したばかりの米を載せた船舶が、同地を直前に出帆した高速帆船に襲撃された。さらに同月には、マラッカからシンガポールに帰還中のイギリスの警備艇までが、火器を求めた二隻の高速帆船に襲撃された。略奪は免れたものの、戦闘で警備艇は大破した。小規模な襲撃事件であったが、シンガポール近辺でヨーロッパ人や警備艇も巻き込んだ事件が起きたことに、当局の衝撃は大きかった。

翌一八三五年には、多数の殺傷を伴う襲撃が頻発した。三月に、アヘンなどの高価な商品を積載したトレンガヌ行の船が、イギリス国旗を掲げた高速帆船にシンガポール港を出た直後に襲撃され、二十二名の華人乗員が殺戮された。同じ三月、サゴ椰子を積んだ船が、シンガポール沖で七隻の高速帆船の襲撃を受け、十八名が命を落とし、積荷を奪われた。同じく四月、広東発の中国のジャンク船がシンガポールへ向かう途中にティンギ島で五隻の高速帆船に襲われ、二日間の戦闘ののち、ビンタン島付近で海賊に乗り込まれ、三十名の船員が命を落とし、船荷が奪われた。四月十七日には、錫をシンガポール港の沖合に停泊するアメリカ船に積み込もうとしたはしけが、一隻の高速帆船に襲われ、五名が切りつけられ、錫の一部が奪われた。翌日、同じアメリカ船に乗り込もうとした二名の宣教師が、五名のマレー人の乗ったはしけに襲われた。

イギリスは、海賊による襲撃の報告を受けると、ただちに警備艇を向かわせた。しかし、海賊船は、シンガポール付近で略奪を行うと、多数の島々が点在し、島影の多いオランダ領のリアウ・リンガ諸島に逃げ込んだ。イギリスは、リンガのスルタン配下の高速帆船が海賊行為を働いたとして、オランダに抗議した。それに対しオランダ側は、これらの活動がトゥロック・ブランガのトゥムンゴンの仕業であると反論した（"The Piracy" 1850: 157-158）。いずれにせよ、略奪された商品は、スルタンやトゥムンゴンに献上され、その他の品物は、トゥロック・ブランガやリンガの市場でさばかれた。このため一八三五年シンガポール知事は、シンガポールを拠点とする海峡植民地やその周辺のアジア貿易が、全滅の恐れがあると本国に訴えた（Turnbull 1972: 246）。

四　海賊取締りへの協力

こうした事態に対処するために、イギリスはインドからも警備艇を派遣した。またイギリスとオランダは、シンガポールのトゥムンゴン、リアウの副王とリンガのスルタンに海賊鎮圧のための協力を持ちかけた。海上民に影響力を行使できる彼らの助力なしには、略奪行為を終息させることができないと判断されたからである。ヨーロッパ勢力に協力することで権限の拡大をはかろうとしたトゥムンゴンとリアウの副王は、これに応じた。

一八三六年、イギリスの沿岸警備艇のアンドロマケは、海賊船を発見すると、シンガポールからオランダ領に入り、ガラン島を攻撃した。二七〇隻の海上民たちは、ガラン島を離れ、トゥロック・ブランガのトゥムンゴンの庇護を求めた。トゥムンゴンは彼らを受け入れ、イギリス側も、その処置を容認した。以降、トゥムンゴンは、海賊鎮圧のために、自らの船舶も巡回させた。イギリスは、一八四一年イブラヒムをジョホールのトゥムンゴンとして正式に認めた（Trocki 1979: 72）。

トゥムンゴンはイギリスとの協力関係を活用して、ヨーロッパ人商人をトゥロック・ブランガに招来した。折しも、一八四〇年代はじめに、海底ケーブルの覆いやコルクの原料となるグッタ・プルチャが、ジョホールの内陸部で見つかり、ヨーロッパ諸国に高値で輸出されはじめた。トゥムンゴンがかかえた海上民たちは、採集されたグッタ・プルチャを河川と海上を経由してシンガポールに持ち込む業務を担当した。またイブラヒムは同じころ、シンガポールさらにはジョホールで、ガンビールと胡椒栽培を開始した。栽培のための労働力の手配、さらに農園の経営には、リアウ王国と商業関係を有した華人を活用した。

他方、リンガのスルタンならびにリアウの副王にも、オランダ側から働きかけがなされた。すでに一八三〇年のオランダとの条約により、スルタンと副王に海賊活動取締りのための報奨金が支払われ、交易船は旗を掲げ、航行許可状の携帯が義務づけられた。しかし、上述したように、オランダが期待したような効果はほとんどなかった。一八三六年オランダはさらに、リンガのスルタンとリアウの副王に協力を要請し、報奨金を増額した。シンガポールに多量のガンビールや胡椒を輸出していたリアウの副王は、オランダの申し出に応じた。副王は、増加した収入でカリムン島をはじめ周辺島民をかかえることができた（Netscher 1854: 256-267; Raja Ali Haji 1982: 284-286）。

一方、リンガのスルタンは、資金不足から海賊取締りに消極的であった。また当初順調であったガンビールや胡椒栽培が、病気の流行によるリンガの人口減少が影響して次第に振るわなくなった。一八四一年に父親の逝去後リンガのスルタンを継いだマフムードは、ジョホールのトゥムンゴンの活動に刺激され、しばしばシンガポールに出かけ、ヨーロッパ人と接触を試みた。その一環として、キリスト教徒たちのフリーメーソンの組織にも頻繁に出入りした。またヨーロッパ人の知人をリンガに招待するため、ヨーロッパ式の王宮を建設した（Matheson 1972）。

オランダはマフムードに、オランダ領を離れる際に許可を得ることを求めた。しばしば「不許可」でシンガポールに赴き、海賊鎮圧に積極的でないマフムードとオランダとの関係は、次第に悪化した。オランダはリアウの副王の支持を得て、一八五七年スルタン・マフムードを廃絶した。

その跡には、副王の支持したスライマンをスルタンに据えた。副王は、臣下にイスラームを信奉することの重要性を説き、海賊を厳重に取り締まった。同時代を生きた副王の一族ラジャ・アリ・ハジが記した『トゥファト・アール・ナーフィス（貴重な贈り物）』は、以下のように記している（Raja Ali Haji 1982: 283）。

副王ラジャ・アリの時代、多数の宗教学者がやってきた。彼のいとこと相談した後、ラジャ・アリは費用を捻出し、王国のすべての役人が宗教を学び、宗教書を暗誦し、そして偉大なるクルアーンの吟唱がうまくなるように命令した。……［中略］……副王ラジャ・アリは、金糸あるいは銀糸の衣服の着用を禁じ、すべての極悪人を追放し、禁止された賭博や闘鶏のような娯楽をもはや容認しなかった。もしムスリムが賭博や闘鶏をやっていることがわかると、その者はしかるべく罰せられた。たとえ副王の息子たちの結婚を祝う時でも、彼は賭博や闘鶏を許可しなかった。海賊は、罰せられ、追放刑に処すためにリアウの［オランダ人］理事官に引き渡されるか、あるいは斬首された。こうしたことが何度かなされ、他の人々も海賊行為をしたがらなくなった。

（［　］内は引用者）

図9　リアウ沖のプニュンガット島に残る洋風建築のモスク

海賊行為が、ラジャ・アリの時代に衰退していったとされる。ヨーロッパ側史料も、シンガポール周辺での海賊活動が、一八四〇年ごろには激減したことを伝える（"The Piracy" 1850: 626）。『トゥファト・アール・ナーフィス』は、副王ならびにトゥムンゴン・イブラヒムが、アラブ出身のナクシュバンディヤ教団の著名な指導者シャイフ・イスマイルをリアウ（図9）やシンガポールに招き、熱心にその教えに帰依したことを記す。彼らはイスラームにのっとり、海賊行為を悪事とみなしたのである。

五　植民地支配の強化とマレー人支配者

オランダに廃絶されたマフムードは、シンガポールやマレー半島の諸国さらにはシャムを訪れ、活路を見出そうとした。彼は、シンガポールにしばらく滞在し、トゥムンゴンのもとに逗留した。

その後、ジョホール・リアウ王国のかつてのブンダハラ（宰相）の一族が統治するパハンをはじめ、ジョホール・リアウ王家と血縁関係を有するトレンガヌやクランタンに逗留した。さらにマフムードの妹と結婚したシャム王室をも訪れた。シャム王室から彼は、トレンガヌとクランタンの統治者として認められた。

イギリスは、シャムがマレー半島で宗主権を拡大することを警戒していた。マフムードはまた、パハンのブンダハラ・アリが死去したあとに息子たちの間で起こったブンダハラ継承戦争に介入し、イギリスの支援したムタヒールに対抗して、アフマッドを支援した。イギリスはこれに対して軍艦で、マフムードのいたトレンガヌを攻撃した。マフムードは再びバンコクに移った。

イギリスの介入にもかかわらず、パハンではマフムードの支援したアフマッドが、内陸部の首長の支持も取り付け、継承戦争に勝利した。マフムードは再びパハンに移った。リンガは追われたもののマフムードは、一八六四年にパハンで死去するまで、これらの地域で尊崇されていた(Milner 1982: 53-69)。かつてジョホール・リアウ王国の影響下にあった諸地域では、勢力を安定させるために、マフムードの権威を必要とした。またイギリスも、シャムの介入を防ぐため、ジョホールならびにパハンとの関係の強化を図らざるをえず、ジョホールやパハンの支配者の地位は、以前にも増してイギリスから重視されるにいたった。

一方、リアウとリンガでは、オランダの影響力が強化されつつあった。スルタン・スライマンは、オランダの示唆のもとに、食糧生産の増産に努め、シンケップ島の錫鉱山の開発を鉱山企業にゆだねた。またオランダの海賊取締りにも協力した。スルタンの権限がオランダ政庁のもとで増強することを警戒した副王の一族は、スライマンが一八八三年に死去すると、副王の長男アブドゥル・ラーマンを次のスルタンとした。一八九九年に副王がなくなると、オランダはブギス系副王の一族とマレー系王族との婚姻関係が緊密になっている理由から、アブドゥル・ラーマンに副王も兼任させた。

十九世紀の終わりに近づくと、蒸気船による植民地政庁の海賊の取締りが効果的になり、海賊は一層後退した。海賊取締り役としてのリアウの支配者の重要性も、低下した。他方、オランダは十九世紀終わりから二十世紀にかけて、東インド全域の植民地化を推し進め、服属を拒んだアチェのスルタンやジャンビのスルタンを廃絶した。リアウ王国でもオランダの圧力により、王家の重要な経済基盤の一つであった南シナ海のブングラン諸島のココヤシ農園運営権を、同諸島を国境防衛上の重要地とみなしたオランダに、委譲することを余儀なくされた。スルタンの不満は高まり、干渉を強めたオランダとの衝突が避けられなくなった。

他方リアウは、十九世紀の島嶼部におけるイスラーム研究の中心地の一つであった。リアウに隣接したプニュンガット島には、ムハンマドの子孫を意味するサイイドを名乗るアラブ出身のイスラーム学者が集い、かつシンガポールから出かける東南アジアのメッカ巡礼者やエジプトのアズハル大学への留学生が立ち寄る場所となっていた。

王族たちは、オスマン帝国や日清戦争と日露戦争に勝利した日本からの援助を得るために、シンガポールで双方の関係者と接触を持ちはじめた（Andaya 1977）。東インドでの反植民地主義運動の展開を警戒したオランダは、一九一一年にリアウのスルタンを廃絶した。スルタンは、一族と臣下を率いてシンガポールに渡った。

元スルタンや副王の一族は、シンガポールの周辺の島々に購入したココヤシ農園やマレー半島の錫鉱山を経営しつつ、その後もシンガポールに滞在した。マレー半島ではガンビールや胡椒の農園栽培を進展させたジョホールをはじめ、イギリス支配下でその存続を認められたペラク、スランゴール、パハンでも、錫鉱山の開発が進んでいた。これらの地域では、華人労働者や華人商人が重要な役割をになった。

十九世紀前半期に、シンガポールを拠点にイギリスの海峡植民地が形成され、そこでの交易活動の中核を担ったのは、東南アジア在住の華人であった（白石 二〇〇〇、一八―二八頁）。かつてリアウ王国で活動した華人商人たちも、その重要な構成員であった。イギリス体制下でその地位を

図10　現在のリアウの杭上家屋

認められたジョホールやパハンの支配者たちは、ジョホール・リアウ王国の権威から次第に自立し始めたが、マラッカ海峡を越えて活動し、また周辺地域のマレー人王族や首長と交渉を持つ華人にとって、かつてのジョホール・リアウ王国のスルタンや副王の権威は、重要な意味を持っていた。彼らは、第二次世界大戦後にオランダ支配が終わると、リアウ（図10）のスルタン復活運動を起こしさえしたのである（弘末二〇〇九、九六頁）。

おわりに

マレー人の海賊活動は、植民地秩序の確立とともに十九世紀後半に終焉を迎えた。ただし、ジョホール・リアウ王国の王族たちは、それまで海賊活動を活用した。植民地体制が導入され、従来の権限を制限された彼らは、いずれも一八三五年ごろまで臣下の海賊行為を黙認した。その後ジョホールのトゥムンゴンとリアウの副王は、イギリスとオランダの海賊の取締りに進んで協力した。その報酬で、商品作物栽培を発展させ、配下の海上民を作物の輸送などの業務に転換させた。最終的にジョホール・リアウ王国は、廃絶されたが、それまでに培った経済力で、臣下や華人商人との関係をある程度存続できた。今日でもかつての王都リアウは、マレー人やブギス人の聖地であり続けている。

一方、廃絶されたスルタン・マフムードは、リンガを追われた。しかし、トゥムンゴンもリアウの副王も、彼の存在価値は十分に認識していた。海賊撲滅に消極的で、植民地権力の持ち込んだ国境にとらわれない権力者があってこそ、彼らは植民地体制下で存在感をアピールできたのである。

現在でもマラッカ海峡では、時々海賊事件が起きている。その担い手は、かつてのように海上民が主役ではないが、海賊集団と彼らのパトロンとの関係は、きわめて緊密であることが指摘されている（Young 2005: 16）。東西海洋交通の要衝で多数の船舶が往来するマラッカ海峡域の東南アジア諸国にとって、海賊の出没は、国家の威信を揺るがしかねない。彼らのパトロンや競合関係にある有力者の政治・経済分野における影響力の増減に、海賊事件は大きく関係する。海賊活動は、現在でも権力者の駆け引きに欠かせない事柄なのである。

参考文献

アブドゥッラー『アブドゥッラー物語』（中原道子訳、平凡社、一九八〇年）
生田　滋「十九世紀前半の東南アジア群島部における海賊行為」（秋道智彌編『海人の世界』同文館、一九九八年）
白石　隆『海の帝国——アジアをどう考えるか』（中央公論社、二〇〇〇年）
鈴木恒之「近世国家の展開」（池端雪浦編『新版世界各国史6　東南アジア史⑪　島嶼部』山川出版社、一九九九年）
永積　昭『オランダ東インド会社』（講談社、二〇〇〇年）
西尾寛治「一七世紀のムラユ諸国——その構造と諸変化」（『岩波講座東南アジア史3　東南アジア近世の成立』岩波書店、二〇〇一年）
弘末雅士『世界史リブレット72　東南アジアの建国神話』（山川出版社、二〇〇三年）
弘末雅士『東南アジアの港市世界——地域社会の形成と世界秩序』（岩波書店、二〇〇四年）
弘末雅士「港市ネットワークの形成と植民地化」（春山成子・藤巻正己・野間春雄編『朝倉世界地理講座3　東南アジア』朝倉書店、二〇〇九年）
Andaya, B. W., "From Rūm to Tokyo: The Search for Anticolonial Allies by the Rulers of Riau, 1899-1914", *Indonesia*, no. 24, 1977
Andaya, B. W. / Andaya, L. Y., *A History of Malaysia*, London and Basingstoke: The Macmillan Presss LTD, 1982
Brown, C. C. ed., *Sejarah Melayu or Malay Annals*, Kuala Lumpur, London: New York and Melbourne, Oxford University Press, 1970
Crawfurd, J., *A Descriptive Dictionary of the Indian Islands & Adjacent Countries*, Varanasi: Chaukhambha Orientala, 1856, reprint, 1974
Horace St. J., *The Indian Archipelago; Its History and Present State*, London, 1853

Lewis, D., *Jan Compagnie in the Straits of Malacca 1641-1795*, Athens: Ohio University, 1995

Matheson, V., "Mahumud, Sultan of Riau and Lingga (1823-1864)", *Indonesia*, 13, 1972

Milner, A. C., *Kerajaan: Malay Political Culture on the Eve of Colonial Rule*, Tucson: The University of Arizona Press, 1982

Netscher, E., "Beschrijving van een gedeelte der residentie Riouw", *Tijdschrift voor Indische Taal-, Land- en Volkenkunde*, vol. 2, 1854

Raja Ali Haji ibn Ahmad, *The Precious Gift: Tuhat al-Nafis*, (Matheson, V. and Andaya, B. W., tr.), Kuala Lumpur, Oxford, New York and Melbourne: Oxford University Press, 1982

Rouffaer, G. P. and Ijzerman, J. W. eds, *De eerste schipvaart der Nederlanders naar Oost-Indië onder Cornelis de Houtman 1595-1597*, vol. 1, The Hague, 1915

Tarling, N., *Piracy and Politics in the Malay World: A Study of British Imperialism in Nineteenth-Century South-East Asia*, Nendeln and Liechtenstein: Kraus Reprint, 1978

Trocki, C. A., *Prince of Pirates: The Temenggons and the Development of Johor and Singapore 1784-1885*, Singapore: Singapore University Press, 1979

Turnbull, C. M., *The Straits Settlements 1826-67: Indian Presidency to Crown Colony*, London: The Athlone Press, University of London, 1972

Warren, J. F., *The Sulu Zone, 1768-1898*, Singapore: Singapore University Press, 1981

Young, A. J., "Roots of Contemporary Maritime Piracy in Southeast Asia", in Johnson, D. and Valencia, M. eds., *Piracy in Southeast Asia: Status, Issues, and Responses*, Singapore: Institute of Southeast Asian Studies, 2005

"The Piracy and Slave Trade of the Indian Archipelago", *Journal of the Indian Archipelago and Eastern Asia*, vol. 3, 1849, and vol. 4, 1850

第3部　東アジア海域

5. 海商と海賊のあいだ
――徽州海商と後期倭寇

中島楽章　NAKAJIMA Gakusho

はじめに

二〇〇五年一月三十一日、中国安徽省黄山市のある村で、南京市の大学教員が、王直という人物の墓碑を破壊するという事件が起きた。王直とはこの村の出身で、十六世紀中期に、五島列島や平戸を拠点に、日本と明朝を結ぶ密貿易を取りしきった、いわゆる「倭寇」の大頭目であった。その四年前に、五島市の福江商工会議所の一行が黄山市を訪問し、王直一族の墓が荒れ果てているのをみて、日中貿易の先駆者であった彼に感謝しようと、寄付を募って墓碑を修復したのである。このニュースを知ったくだんの大学教員は、「王直とは、日本人とグルになって中国沿岸を襲撃した、民族の裏切り者（漢奸）だ」として、友人とともにこの墓碑を破壊したのだという。

この事件をめぐって、五島市の商工会議所では、「王直は海賊だという評価もあるが、五島が港を中心に栄えたのは貿易を起こした彼のおかげ」として、感謝の気持ちで墓碑を修復したのだと述べている。一方、中国国内では、民族の裏切り者を顕彰することは許されないとして、大学教員の行為に賛同する声もあった。これに対し、明代社会経済史の大家である、復旦大学の樊樹《はんじゅ》志《し》教授は、「無知で偏狭な民族主義の表れだ」として、墓碑破壊を非難し、「王直の海上貿易は明代の資本主義の芽を育てた。彼を全否定すべきではない」と主張している（以上、朝日新聞・二〇〇五年二月六日）。はたして王直は、日明貿易を推進し、経済発展に貢献した海商なのだろうか。それとも倭寇と結託して中国を荒らしまわった海賊なのだろうか。

一　徽州海商と双嶼《そうしょ》密貿易

教科書でもおなじみのように、倭寇というのは「前期倭寇」と「後期倭寇」にわけられる。まず前期倭寇は、十四世紀なかごろから、おもに朝鮮半島や華北沿岸を襲撃した。ただし十五世紀前半になると、明朝や朝鮮王朝が海防を強化し、室町幕府も倭寇の禁圧につとめたので、前期倭寇は次第に鎮静化していった。一方で明朝は、十四世紀末に「海禁」政策を施行して、民間の海外貿易を禁じ、対外貿易を明朝と周辺諸国との「朝貢貿易」に限定してしまった。朝貢貿易とは、周辺諸国が明朝に臣従して、朝貢使節を派遣する際におこなわれる国家貿易である。日本でも十五世紀はじめに、足利将軍が明朝から「日本国王」の称号をあたえられ、朝貢貿易をおこなうようになった。

ただし十五世紀後半になると、明朝の海禁政策はしだいに弛緩し、特に福建南部では、南シナ海域への密貿易が拡大していった。とはいえ十六世紀はじめまでは、華人海商の日本への密貿易はほとんど記録されていない。当時の日本には中国向けの特産品も少なく、華人海商が海禁を破って、日本に密航するだけのインセンティブも乏しかったようだ。ところが一五三〇年代から、石見銀山の産出量が急増したことによって、状況は一変する。そのころ明朝では、銀が主要通貨になっていたが、国内での銀の産出は乏しく、銀の流通量はつねに不足していた。そこに日本銀がにわかに登場したのである。

一五四〇年代になると、華人海商が日本銀を求めて、九州各地に渡航しはじめる。むろんこれは、海禁を破った密貿易である。しかし日本銀のもたらす膨大な利益に引かれて、九州に渡航する華人海商は急増していった。あたかもそのころ、ポルトガル人も東シナ海貿易に進出しはじめていた。こうして浙江省の舟山列島には、華人・ポルトガル人・日本人などが集結する密貿易基地が生まれていく。それが双嶼《そうしょ》港であった。そして双嶼の密貿易は、後期倭寇が出現し、拡大していく発源地ともなったのである。

中国大陸における海外貿易の中心は、北から浙江の杭州湾、福建の漳州《しょうしゅう》湾、広東の珠江口《しゅこうこう》の三か所であった。このため海外貿易にのりだした商人にも、浙江・福建・広東の出身者が多かった。ところが十六世紀中期に、双嶼密貿易や後期倭寇のリーダーとなったのは、内陸部に位置する、徽州《きしゅう》府（現在の安徽省黄山市）出身の商人たちだった。「徽州商人」といっても、一般にはあまりなじみがないだろう。ただし高校の世界史教科書には、「山西商人」と「新安商人」という言葉が出てきたはずである。新安とは徽州の古称であり、このため徽州商人は新安商人とも通称されたのである。

宋代から現代にいたるまで、中国経済の心臓部は、長江下流の江南デルタであった。このデルタの西南部に、新安江の上流にひろがる山間盆地がある。この盆地を中心とした一帯が、明清時代の徽州府であった。新安江は東方に流れて浙江省にはいり、銭塘江と名前をかえて杭州湾にそそぐ。すでに唐宋時代から、徽州の人々は商業活動に進出していたが、当初はおもに地元特産品をあつかう地域的商人にすぎなかった。徽州商人が全国的商人集団として発展するのは、十五世紀末の、塩の専売制度の改革が契機であった。

明代には、モンゴルの侵入にそなえて、北方辺境に大軍が駐屯しており、明朝政府はそこに軍糧を納入した商人に、塩の販売権をあたえていた。この制度を利用して台頭したのが、山西商人である。彼らは北方辺境に近いという地の利を生かして、北方辺境に軍糧を納入して、塩の販売権を獲得し、それを通じて全国的に商圏を拡大した。ところが十五世紀末に、銀の流通が普及するにともない、明朝はこの制度を改革する。新制度のもとでは、塩の生産地で銀を納入した商人に、塩の販売権をあたえ、その銀を中央政府に送って軍糧を調達することになった。こうなると、塩の生産地に近い商人が有利になる。徽州は長江北岸や杭州湾などの、塩の大産地へのアクセスがよかった。このため徽州商人は、この新制度を利用して、まず塩商人として頭角をあらわし、しだいに北方の山西商人とならぶ、南方を代表する商人集団として台頭していったのである。

十五世紀末は、同時に南シナ海域で密貿易が拡大しはじめた時期でもあった。それを主導したのが、福建南部の海商である。彼らは海禁を破って、漳州湾から東南アジア各地に渡航していった。さらに一五二六年（嘉靖五）には、福建の密貿易者が、舟山列島の双嶼港に密貿易拠点をきずいた。舟山列島は浙江東部の、寧波近海につらなる群島である。双嶼は舟山列島南部の六横島に位置し、福建方面から寧波に北上する船舶が通過する海峡に位置していた。当初の双嶼は、福建海商の浙江方面での前進基地だったようだ。

このころ徽州商人は、全国的な有力商人集団として発展しつつあったが、そのなかには、一攫千金をねらい、海禁を破って海外貿易にのりだす者もあった。そのリーダーが、徽州府歙《しょう》県《けん》出身の許棟であった。彼は兄弟の許松・許楠・許梓とともに、マレー半島のマラッカやパタニに渡って密貿易をおこなっていたが、一五四〇年（嘉靖十九）に、そこからポルトガル人を双嶼に引きこんだ。そして福建の密貿易者のリーダーである李光頭と協力して、大規模な交易をはじめたのである。ポルトガル人は双嶼のことを、「リャンポー」と呼んだ。これは「寧波」の福建南部なまりに由来している。

一五五〇年代に中国を訪れたポルトガルの宣教師ガスパール・ダ・クルスは、華人海商がポルトガル人を双嶼に引きこんだいきさつを、次のように伝えている。

（明朝の海禁にもかかわらず）一部のシナ人は商売をしにシナの国外へ渡航することをやめない。こうした連中はもうシナへは戻らない。彼らのある者はマラッカで、ある者はシャムで、またある者はパタニで暮らしている。……（彼らは）ポルトガル人がリャンポーへ交易しに赴くようこれを手引きすることを始めた。……ポルトガル人と航海を共にしてきたシナ商人たちはこれらの集落に帰れば、互いに親戚同士であったし、よく顔が知られてもいたから、土地の人々は彼らのためにもなおいっそうポルトガル人たちを暖かく迎えてやった。（『中国誌』第二十三章）

ポルトガルのアジア貿易は、もともと王室の独占事業であったが、十六世紀中期になると、商館や要塞に勤務していたポルトガル人や、彼らと現地女性のあいだに生まれた混血児なども、自己資金で私的な貿易活動に従事するようになっていく。双嶼に来航したポルトガル人も、こうした私貿易商人のグループであった。彼らは華人海商の手引きで双嶼の密貿易に参入し、胡椒や香辛料などの南海産品をもたらし、生糸・織物・陶磁器などの中国産品と交易したのである。

こうした私貿易商人の一人に、フェルナン・メンデス・ピントという男がいた。彼はアジアでの体験をもとに、『東洋遍歴記』という自伝的物語を残している。それによれば、当時の双嶼＝リャンポーには、一〇〇〇戸以上の集落があり、ポルトガル人の有力者や役人によって統治されていた。そこには立派な教会があり、オルガンの伴奏でミサがあげられ、多くの噴水をしつらえたはなやかな広場もあったという（第六十六〜七十章）。ピントの記述には誇張や大風呂敷も多いので、これを額面どおり受けとるわけにはいかないが、そのころの双嶼に、少なからぬポルトガル人が居留する交易コミュニティが生まれていたことは確かだろう。

そして日本人も、双嶼の密貿易に参入するようになった。まず一五四四年（嘉靖二十三）には、許棟が日本に渡航している。またこの年には、豊後の大友氏が派遣した遣明船が寧波に来航したが、朝貢貿易を認められず、双嶼で越冬して密貿易にくわわった。翌年には、許棟の部下であっ

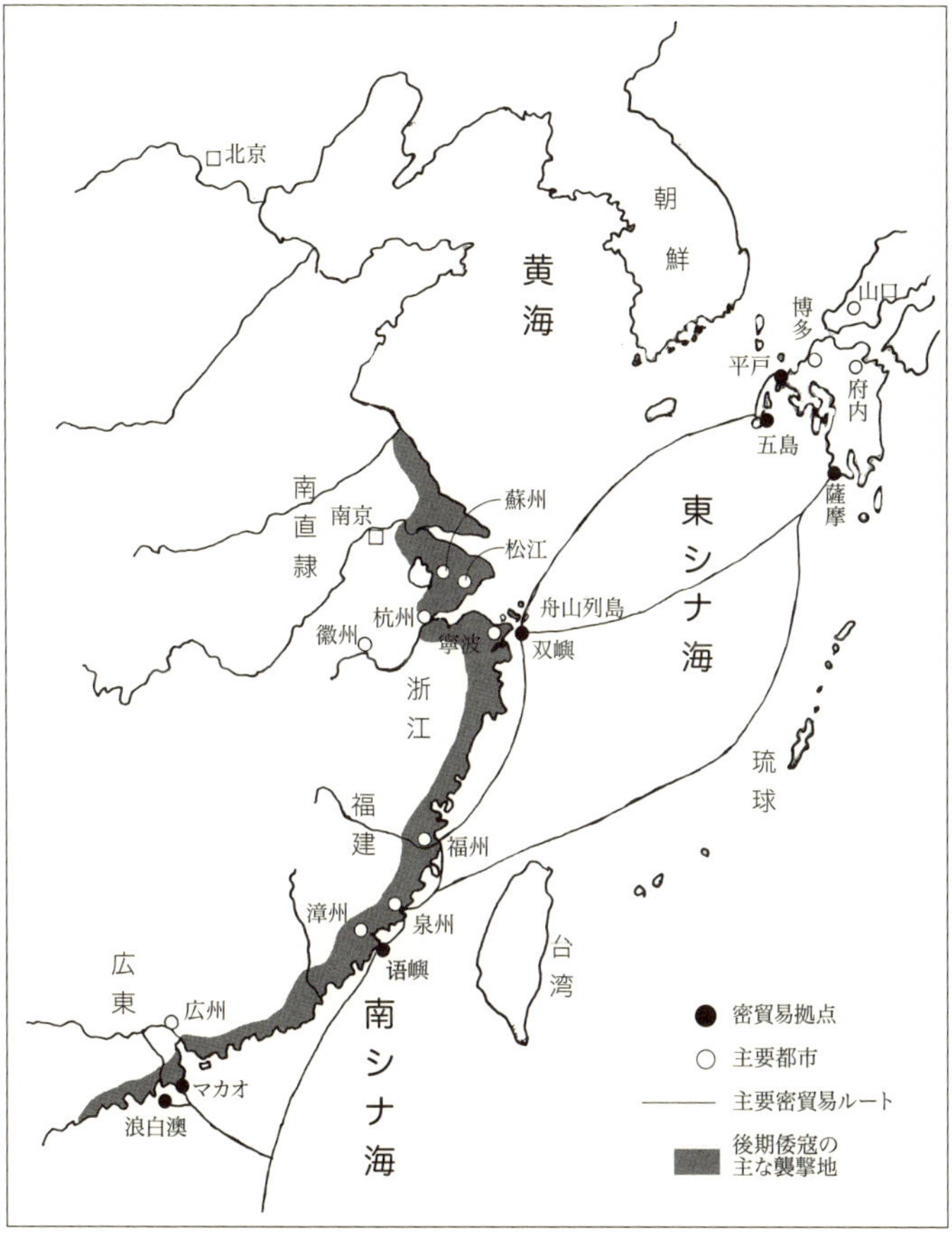
北京
朝鮮
黄海
山口
博多
平戸
府内
五島
薩摩
南直隷
南京
蘇州
松江
東シナ海
舟山列島
杭州
徽州
寧波
双嶼
浙江
琉球
福建
福州
漳州
泉州
台湾
語嶼
広東
広州
南シナ海
マカオ
浪白澳
密貿易拠点
主要都市
主要密貿易ルート
後期倭寇の主な襲撃地

図1　東シナ海全体図

た王直が、この遣明船の帰国に同行して日本にわたり、その帰りには、博多の日本人を双嶼に引きこんだ。こうして双嶼は、華人密貿易者を中心に、ポルトガル人・東南アジア人・アフリカ人・日本人などの諸民族が雑居する、東シナ海域の密貿易センターになっていく。

双嶼の密貿易は、許棟をリーダーとする徽州海商と、李光頭をリーダーとする福建海商が、共同で主導していたと思われる。そのなかでも徽州グループの強みは、海上密貿易だけではなく、国内交易のネットワークにも結びついていることにあった。当時の徽州商人は、江南デルタの都市や市場町にくまなく進出し、生糸・絹・綿布などの手工業品の流通を掌握しはじめていた。これらの産品は、海外への主要輸出品でもある。許棟らの徽州グループは、こうした輸出商品と、南海産品や日本銀との交易を仲介するブローカーとしての役割をはたしたのである。

ガスパール・ダ・クルスもポルトガル人を双嶼に引きこんだ華人海商について、次のように述べている。「やがて彼らを仲介役として土地の商人たちがポルトガル人へ売るための商品を持ち寄るという商談が成立した。ポルトガル人の中で立ち働いていたこれらのシナ人たちは、売買に際してポルトガル人と土地の商人との仲介を行う者であったから、この仕事からはずいぶん大きな利益を得た」。また中国史料にも、福建の李光頭と徽州の許棟が、双嶼の密貿易を主宰し、「その質契を司った」という記事がある（『明史』巻二百五、朱紈伝）。「質契を司る」とは、売買契約を仲介することである。

さらに彼らの密貿易の背後には、沿海部の「郷紳」たちの存在があった。郷紳とは、地元出身の官僚経験者を指し、現任者も退職者も含む。彼らは地域社会において大きな権威と影響力をもち、特に高位高官の郷紳だと、地方長官も頭が上がらないことが多かった。浙江や福建では、こうした郷紳がしばしば密貿易のうしろだてとなり、時にはその一族が密貿易に関与したのである。地元の民衆も、密貿易者に商品や食糧などを売って、利益のおこぼれにあずかった。沿海部の地域社会にとって、密貿易はけっこうなビジネスチャンスであり、民衆にまでその利益はトリクルダウンしていたのである。

二　双嶼密貿易から後期倭寇へ

双嶼のような密貿易拠点では、お上が公正な取引を保障してくれるわけでも、不正取引を罰してくれるわけでもない。それだけに許棟や李光頭のような有力な顔役による、取引の仲介や仲買が必要不可欠だった。ただし許棟たちは、実際にはけっこうあくどい商売もしており、さらに掠奪にも手を出すようになったようだ。当時の代表的な日本情報通であった鄭舜功《ていしゅんこう》は、そのいきさつを次のように記している。

一五四六年（嘉靖二十五）、許棟（許二）と許梓（許四）は、外国人から掛け買いした商品の代価を払えなくなった。このため蘇州や松江の良民をだまして双嶼に引き入れ、裏で外国人をそそのかし、彼らの商品を掠奪させた。被害者は許棟の陰謀を知らず、もっぱら外国人を恨むことになった。とりわけ借金して商品を仕入れた者は帰るに帰れず、許梓や外国人とともに日本に渡って、損失を取り返そうとした。

彼らは薩摩の京泊港にいたり、そこで華人商人は当地の領主に、外国人に商品を奪われたことを話した。この領主は「外国人は日本でも同じことをするにちがいない」と思って、外国人を殺してしまった。許梓は外国人への支払いを踏み倒したうえ、この事件も重なって双嶼にも戻れず、他の海賊とともに、沿海部を掠奪するようになった。許棟も外国人への弁償ができず、李光頭らとともに外国人を誘い、福建・浙江沿岸を掠奪するようになった。

（鄭舜功『日本一鑑』窮河話海、巻六、海市）

蘇州は生糸や絹の、松江は綿布の主産地である。許棟は蘇州や松江の商人を双嶼に引きこんで、外国商人にこれらの商品を掠奪させたわけだ。ところが苦しまぎれの弥縫策《びほう》がすべて裏目に出て、ついには海賊行為に走ることになったのだという。

そして興味深いことに、ピントの『東洋遍歴記』にも、これに対応する記事が残されている。それによれば、ランサロッテ・ペレイラというポルトガル商人が、「怪しげな数人のシナ人に劣悪な商品で数千クルザードを貸した」ところ、「彼らは商品ともども姿を消し、それを返しもしなければ、彼らの消息さえも摑めなかった」。このためペレイラは、たちの良くないポルトガル人たちを集め、損害を取りもどそうと近隣の村を掠奪し、村民を殺害した。この事件が原因となり、明軍が双嶼を攻撃することになったのだという(第二二一章)。ランサロッテ・ペレイラは実在の人物であり、インドで軍功をあげ、その後は私貿易商人として双嶼に渡航していたらしい。

双嶼の密貿易では、この手のトラブルがつきものだったようだ。たとえばポルトガル船の乗員として双嶼に到来し、のちに明軍に捕縛された二名のアフリカ人は、明朝当局の取り調べに対して、次のように証言している。

ポルトガル人十人と、われわれ十三人は、漳州や寧波出身の七十余人とともに、海外の胡椒や銀を、中国の米・綿布・絹布と交易して、日本・漳州・寧波を往来し、時には海上で掠奪も行いました。さきには双嶼で、ある商人が綿布・紬・湖州の生糸などの代価として、銀三百両を騙しとって姿をくらましました。……また別の寧波の商人は、湖州の生糸十担（約五九〇キログラム）を外国人に売るといって、銀七百両を騙しとり、日本人にも六担（約三五〇キログラム）を売るといって、銀三百両を騙しとりました。（朱紈『甓餘雑集《へきよざっしゅう》』巻二、議処夷賊以明典刑以消禍患事）

この密貿易船には、ポルトガル人・華人・マラッカ人・アフリカ人などの乗員が混在していた。彼らは東南アジアと日本・漳州・寧波（双嶼）を往来して、南方の胡椒や日本銀を、中国の生糸や織物と交易していた。特に浙江省湖州の生糸というのは、生糸のなかでも特に上質なブランド品である。内地の華人商人は、こうしたブランド商品を売るともちかけて、多額の銀を持ち逃げしたわけだ。

こうした不正取引を避けるためにも、許棟のような顔役の仲介が必要なのだが、その許棟自身も上述のような事件を起こすのだから厄介である。この種のトラブルにまきこまれた密貿易者たちが、損失をとりもどすために、掠奪や海賊行為に走ることも稀ではなかっただろう。ただし双嶼密貿易の時代には、日本人が掠奪や海賊の中心となった形跡はなく、密貿易者たちが「倭寇」と呼ばれることもない。倭寇の活動がクローズアップされてくるのは、明軍の攻撃によって双嶼が壊滅したあとのことである。

一五四〇年代に双嶼の密貿易が発展してからも、地元の郷紳や海防軍はおおむね密貿易者となれあい、地方官も手をこまねくばかりだった。しかし密貿易者が沿海部の掠奪や海賊行為にも走るとなると、朝廷もさすがにこれを放置しておくことはできなくなった。特に福建や広東とはことなり、双嶼は中国経済の心臓部である江南デルタや、北京に次ぐ副都である南京にも近いのだ。一五四七年（嘉靖二十六）七月、朝廷は朱紈《しゅがん》を浙江巡撫に任じ、浙江省の民政と軍政を統括させるとともに、福建省の海防も兼務させ、密貿易対策の総責任者とした。朱紈は当時の明朝の高官には珍しく、正義感の強い原則主義者であった。彼は福建の水軍を統率する盧鏜《ろどう》や、福建の海防担当官である柯喬《かきょう》などの有能な人材を起用して、双嶼攻撃を準備していった。

翌一五四八年（嘉靖二十七）二月、朱紈は盧鏜や柯喬らに、双嶼攻撃作戦の開始を命じた。盧鏜は福建の兵船を率いて北上し、四月六日には双嶼港を包囲して、密貿易船団に総攻撃を加えた。翌七日には、密貿易船団は包囲を破って脱出をはかった。明軍は密貿易船を追撃するとともに、双嶼港に上陸し、集落や船舶を焼きはらった。五月には朱紈がみずから双嶼に上陸し、木材や石で港湾を埋め立ててしまった。

こうして双嶼の密貿易拠点は壊滅した。しかし双嶼に集結していた密貿易船団の多くは、包囲を破って脱出し、浙江・福建の沿海に散開していった。そのうち許棟の船団は、ポルトガル船とともに南方にのがれ、六月には福建北部を襲撃した。ところがそこで暴風により難破し、近くに上陸した乗員は明軍に捕縛されてしまう。当時の代表的な倭寇研究所である鄭若曽《ていじゃくそう》『籌海図編《ちゅうかいずへん》』では、この際に許棟も捕縛されたと記している。現代の研究書や概説書も、この記事を踏襲していることが多い。しかし朱紈が掃討作戦の経過を朝廷に報告した上奏文によれば、このときに捕縛されたのは、実は許棟ではなく、胡勝という別の徽州海商であった。

浙江当局での訊問に対し、胡勝が供述したところによれば、彼は許棟や王直と同じ徽州府歙《しょう》県の出身であり、広東・浙江・福建の海商とともに、許棟の密貿易集団に加わっていた。彼らは三本マストの大船を建造し、毎年マラッカなどに渡ってポルトガル人と交易し、生糸・綿布・絹布・磁器などの中国商品を輸出し、胡椒・蘇木《すおう》・象牙・香料などの南海産品や、各種の火器を輸入していた。また彼らの船団には、華人やポルトガル人とともに、日本人やシャム人も乗りこんでいたという。

福建北部で明軍の攻撃を逃れた許棟の船団は、浙江・福建沿岸を転々としたのち、九月には漳州湾の東南角の小島である浯嶼《ごしょ》にたどりついた。すでに五月には、双嶼をのがれた別のポルトガル船団が、ここに移って密貿易をつづけていた。さらにマラッカの私貿易商人のリーダーであったディオゴ・ペレイラの船団も、夏季の南西風で中国に来航したが、すでに双嶼が壊滅していたため、やはり浯嶼に入港している。その後、双嶼を逃れた李光頭の船団もここに合流した。こうして一五四八年の夏からは、双嶼にかわって、浯嶼が華人・ポルトガル海商の密貿易拠点となっていく。

十一月には、明軍が浯嶼を包囲して攻撃したが、密貿易船団は強力な火器で応戦し、撃退してしまう。その後、ディオゴ・ペレイラは冬季の季節風でマラッカに帰航し、残ったポルトガル人は二隻のジャンクに分乗し、許棟の船団とともに浯嶼で越冬することになった。翌一五四九年(嘉靖二十八)正月には、彼らは明軍の包囲を破って、福建南端の銅山島へと南下した。しかし二月二十日には、明軍は銅山島の走馬渓に停泊していた船団を総攻撃して壊滅させ、多くの乗員を捕虜としたのである。

この海戦で、明軍は李光頭をはじめとする一一二名の華人のほか、ポルトガル人や黒人を含む、六十五名のさまざまな異民族を捕虜としている。浯嶼の密貿易船団は、典型的な「諸民族雑居」集団だったわけだ。ただし、こと逃亡にかけては天才的であった許棟は、この時も逃げのびている。彼はその後も広東方面で密貿易をつづけ、一五五五年(嘉靖三十四)には、日本にも渡航して、かつての配下であった王直にも会っているが、大隅から中国に帰航する途中に、台湾で現地人に殺されたといわれる（『日本一鑑』窮河話海、巻六、流逋）。

こうして一五四八年四月の双嶼攻撃から、一五四九年二月の走馬渓の海戦にいたる、十か月の掃討作戦によって、許棟や李光頭の密貿易集団はほぼ壊滅することになった。これによって東南沿海の密貿易や掠奪は鎮静化しただろうか。実際はむしろ逆であった。双嶼を逐われた密貿易者たちは、東南沿岸に散開し、彼らの活動範囲は急激に拡大していった。それまでの彼らの活動の中心は、あくまで密貿易だったが、双嶼の壊滅後は、毒食わば皿までと、より大規模な掠奪や海賊行為に走るようになったのである。

一方、双嶼の壊滅に成功した朱紈は、それまで密貿易者のうしろだてとなって利益を得ていた、福建や浙江の郷紳たちを敵に回すことになった。彼らは政界における人脈や影響力を利用して、朱紈が無実の良民を、密貿易者として処刑したと弾劾した。朱紈はついに罷免のうえ裁判にかけられることになり、「たとえ陛下がお赦しになっても、福建・浙江の連中がどうせ俺を殺すだろう」と嘆き、服毒自殺したのである。

朱紈の失脚によって、沿海部の密貿易対策はたちまち弛緩し、双嶼から東南沿海に散開した密貿易者たちは、多くの日本人を引きこんで、密貿易だけではなく、大規模な掠奪や海賊行為をおこなうようになっていった。後期倭寇の出現である。許棟が去ったあと、徽州グループを継承して、後期倭寇のリーダーとなったのが王直であった。

三　王直の台頭と舟山密貿易

王直は許棟や胡勝と同じ、徽州府歙県の出身であり、五峰という通称でも知られる。鄭若曽『籌海図編』では、彼の前半生を次のように伝えている。

王直は歙県の人である。少年時代から任侠気質で、成長すると頭がよく気前もいいので、葉宗満などの不良連中がみな集まってきた。そこで「中国は法律がきびしく、禁令もうるさい。いっそ海外に打って出ようぜ」ということになった。……嘉靖十九年（一五四〇）、まだ海禁も緩かったので、王直は葉宗満らと広東にゆき、大船を建造して、硝石・硫黄・生糸・綿布などの禁輸品を積んで、日本・シャム・西洋（東南アジア西部）などを往来して交易し、五・六年で大金をかせいだ。海外の人々も彼に信服し、「五峰船主」と呼んだ。（巻九・擒獲王直）

一方で別の史料では、王直はもともと塩商人だったが、商売に失敗して密貿易に身を投じたという（嘉靖『寧波府志』巻二十二）。いずれにせよ、彼は一五四〇年代から広東を拠点に南シナ海域での密貿易にのりだし、やがて日本貿易にも進出していったわけである。

この時期の彼の交易活動を具体的に記す史料はない。ただし、一五四三年（天文十二）に種子島に初来航したポルトガル人の船には、「大明の儒生一人、五峯と名のる者」が乗っており、彼が現地の日本人と筆談して意思を疎通したという（文之玄昌『南浦文集』巻一、鉄炮記）上述のように、王直は一五四〇年ごろから、広東と東南アジア・日本を往来して、「五峰船主」と呼ばれていたので、『鉄炮記』の「五峯」が、王直をさしている可能性は高そうだ。

当時は、日本銀をもとめて九州に渡航する華人海商が急増していた時期であった。もともと南シナ海域で密貿易をおこなっていた王直も、日本貿易ブームに目をつけて、東南アジアで知りあったポルトガル人とともに、種子島に来航したのだろう。翌一五五四年には、王直は双嶼の密貿易に加わった。彼は許棟のもとで「管櫃《かんき》」（番頭）に任じられ、「出納を司った」といわれる。徽州グループの新進幹部として、財務責任者となったわけだ。翌年には、王直は大友氏の遣明船を護送して日本に渡り、その帰途には、博多の日本人を双嶼に連れこんでいる。

一五四八年四月には、明軍の攻撃により双嶼が壊滅するが、王直はその後も舟山列島に残ったようだ。翌年には、王直は用心深く、舟山列島北端の馬蹟潭《ばせきたん》に日本人を引きこみ、交易をおこ

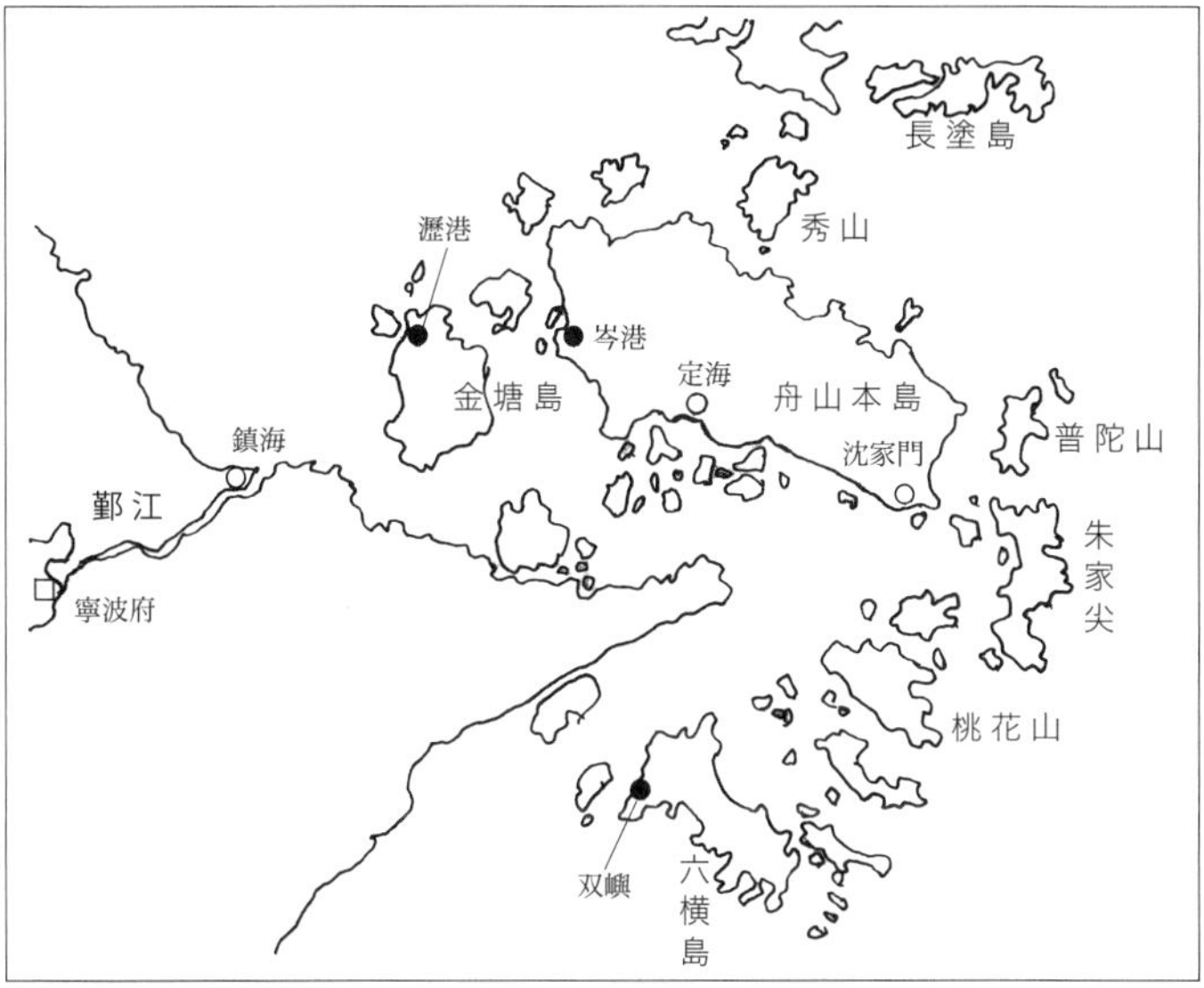

図2　舟山列島地図

なった。この年には朱紈が弾劾されて失脚し、明朝の密貿易禁圧は頓挫してしまう。翌一五五〇年（嘉靖二十九）には、王直はやや南方の長途島に密貿易拠点を移している。朱紈の失脚後は、浙江近海の海防も弛緩していたので、海防責任者である海道副使は、王直に他の海賊を捕縛させ、そのみかえりに彼の密貿易を黙認するようになった。

こうして明朝の海防当局と気脈を通じた王直は、翌一五五一年（嘉靖三十）には、寧波の対岸にある、金塘島の瀝港《れきこう》（烈港）に拠点を移した。さらにこの年に、彼は最大のライバルであった陳思盼《ちんしはん》を打倒している。陳思盼は福建の密貿易者で、舟山列島の横港を拠点に、瀝港に往来する船舶を妨害していた。王直は寧波の土豪や海道副使の助力も得て、陳思盼を攻撃し殺害したのである。

王直と陳思盼との抗争は、双嶼が壊滅した後の、徽州グループと福建グループとの主導権争いでもあった。陳思盼の滅亡後は、王直集団が浙江近海における密貿易利権を掌握することになった。陳思盼に属していた船団にくわえ、かつて朱紈が双嶼攻撃のために、福建で編成した義勇兵の船団までも、半分は王直の配下に入ってしまった。王直は陳思盼の一味を捕縛して、舟山列島の治所である定海におもむき、当局に外国船との貿易（互市）の公認を求めたが、認められなかった。それを不満とした王直は、配下の船団に、浙江沿岸を掠奪させるようになったといわれる。

寧波出身の武官である万表の『海寇議』によれば、王直は瀝港を本拠に、幹部に船団を分掌させ、各地で密貿易や掠奪をおこなわせていた。外国船もおおっぴらに来航し、密貿易者たちは堂々と蘇州や杭州の街中で取引をし、沿海部の住民はきそって酒食や子女を贈った。明朝の海防部隊でさえ、王直と気脈を通じていた。現地の水軍部隊の指揮官であった張四維などは、王直の前では臣下のように拝復して叩頭し、貨物を運べといわれれば、ただちに兵船を提供してごきげんを伺い、さながらパシリ状態だったという。

王直自身は、王侯のような衣冠をまとい、「浄海王」と自称し、その周囲には、盛装した幹部連中や、五十人もの侍衛がしたがっていた。彼の二大幹部が徐惟学（碧渓）と毛烈（海峰）である。徐惟学はやはり歙県出身の塩商人であったが、商売に失敗して密貿易に転じたと伝えられる。毛烈は寧波出身で、父も兄も生員（科挙の予備試験合格者）というインテリ家庭の出身であり、西洋式火砲（仏郎機銃《フランキ》）の名手でもあった。

万表は王直を、海賊集団をあやつる悪の巨頭として描いている。しかし別の側面もあった。十六世紀には、江南デルタの生糸・絹・綿布などの手工業製品は、中国全土の市場を席巻し、さらに海外市場にも流入していった。あたかも日本列島では、石見銀山などの銀産量が急増していた。生糸をはじめとする中国商品を、銀が豊富で安価な日本に輸出すれば、その利潤はきわめて高かったのである。一方で日本との朝貢貿易は、朱紈の双嶼攻撃のさなかに来航した遣明船を最後に途絶してしまった。その後は、日本との貿易ルートは密貿易しか残されていない。浙江から九州へは、順風であれば半月程度で到着し、北京などに行くよりもはるかに近い。近場にまたとない儲け口があるのだから、密貿易を禁じようとしても無理というものだ。浙江や江南デルタの商人や、沿海部の郷紳などにとっては、王直は願ってもないビジネスチャンスを提供してくれる貴重な存在であった。

王直は瀝港の密貿易において、「質契を司った」と記録されている。「質契を司る」とは、ブローカーや仲買人として取引契約をとりしきることだ。万表によれば、王直配下の密貿易者が杭州に買いつけに行けば、取引相手は彼らを海賊と知りながら大歓迎し、商品を積みあげて護送も提供した。生糸や織物類はもとより、銃砲の材料となる銅銭、弾丸用の鉛、火薬用の硝石、刀剣用の鉄、甲冑用の皮革などの軍需品さえ、大船で堂々と輸送し、関所でもノーチェックだったという。

当時の中国東南沿海では、瀝港と同じような島々に、いくつかの交易拠点が生まれていた。双嶼を逐われた許棟や李光頭が集まった、漳州湾の浯嶼もその一つである。また広州湾では、上川《シャンチャン》島や浪白澳《ランパカオ》のような島々が、ポルトガル船の密貿易拠点となっていた。しかし寧波にほど近い瀝港で、王直が堂々と密貿易をつづけているとなると、明朝もさすがにこれを放置できなくなった。また浙江近海では、華人と日本人が混在する「倭寇」集団による、掠奪や海賊行為もしだいにエスカレートしていった。彼らは沿岸部の集落を襲撃するだけではなく、城壁でかこまれた都市を攻略し、地方長官が戦死するような事態にまでなっていた。こうした倭寇集団と王直との関係は明らかではないが、王直の公然たる密貿易が、彼らのアナーキーな活動を誘発していたことは確かだろう。

ついに明朝も、数少ない有能な水軍指揮官の兪大猷《ゆたいゆう》らに、瀝港の掃討を命じた。一五五三年(嘉靖三十二)四月、兪大猷らの水軍は瀝港に総攻撃をくわえた。王直の船団は瀝港を放棄し、東シナ海のかなたへと去っていった。王直が浙江近海から姿を消したことによって、倭寇集団の活動は下火になっただろうか。実際には、双嶼の壊滅によって倭寇の活動が東南沿海に広がったように、瀝港の掃討は、かえって倭寇の拠点を東シナ海全域に拡散させ、彼らの活動を、より激化・大規模化させることになったのである。

四 「徽王」王直とその興亡

一五五三年四月、明軍の総攻撃により瀝港を逐われた王直の船団は、東シナ海を渡って、平戸と五島列島に拠点を移した。平戸領主の松浦隆信は、王直の到来を歓迎し、彼と結んで海外貿易を推進した。王直は松浦氏のほかにも、西日本の戦国大名と密接な関係をもっていた。たとえば一五四八年の遣明船の正使であった策彦周良《さくげんしゅうりょう》は、寧波の郷紳の邸宅で、ある高僧の書幅を目にして、それを購入しようとしたが許されなかった。ところが策彦の帰国後、一五五一年に「大明人五峰先生」が来日して、この書幅を山口の大内義隆に贈り、さらに義隆はこれを策彦にあたえたという。王直は単なる荒くれ者の海賊の親玉ではなく、寧波の郷紳や西日本の大名とコネクションをもち、なにがしかの文人的教養ももっていたようだ。

王直の船団は、浙江近海で中国商品を仕入れ、五島を中継地として平戸に密輸し、日本銀を平戸から五島経由で中国に運んだのだろう。五島列島の福江には、王直が使用したと伝えられる、中国風の「六角井戸」や、王直が航海安全のために建立したといわれる「明人堂」が残り、その近くには「唐人町」という地名もある。それらが実際に王直に由来するかどうかは疑問だが、五島は東シナ海を横断する際のもっとも重要な中継地なので、これらの史蹟が、中国海商と関係している可能性は高い。そのころ日本に居留する華人は一〇〇〇人以上にのぼり、「大唐街」とよばれるコミュニティをつくり、資本があれば日本人と組んで密貿易をおこない、貧しければ倭寇とともに掠奪に走っていたという。

王直自身は五島と平戸を往来して、密貿易を統括していたと思われる。松浦氏の年代記である『大曲記』は、平戸における彼の生活や貿易活動について、次のように伝えている。

平戸には大唐から五峯という人物がやって来て、今の印山寺屋敷に中国風の邸宅を建てて住んでいた。彼を頼って中国の貿易船がたえず来航し、さらに南蛮の黒船（ポルトガル船）もはじめて平戸に入港したので、唐や南蛮の珍品は毎年大量に船来し、それをもとめて京や堺の商人たちが集まり、西のみやこと呼ばれるほどだった。

一方、鄭若曽『籌海図編』では、平戸での王直について次のように記している。

王直は巨艦を造って連結し、甲板の総面積は一二〇歩（二〇〇メートル弱）四方、二〇〇〇人を乗せることができた。船上には木材で城楼を造り、四つの門があり、船上で馬を馳せて往来できるほどだ。薩摩州（肥前の誤り）の松浦津（平戸を指す）に住んで、「京」と僭称し、みずから「徽王」と称した。配下には部署や官職をあたえ、要害を掌握し、諸島の倭人はみな指図にしたがった。しばしば倭人と華人を十方面以上に送り、沿海部を掠奪させ、数千里の地がその被害にあった。……ただし王直は狡猾にも、いつも他の倭寇に責任転嫁してしまう。このため東南沿岸では、王直がお尋ね者だとは知っていても、倭寇の横行が、彼のさしがねだとは知らないのだ。

（巻九・擒獲王直）

さらにもう一つ、貴重な目撃情報がある。一五五六年（明宗十一）四月、朝鮮王朝の外交を担当する礼曹は、対馬からの使者に王直の動静をたずねた。その時の問答は次の通り。

使者「今年の正月に博多に行ったところ、赤間関や薩摩の人々から、中国人の五峯という者が、倭人海賊を率いて、明朝を襲撃していると聞いた。」

礼曹「おまえは五峯を見たことがあるか？」

使者「平戸で見たことがある。三〇〇人以上を引きつれ、大船に乗って、つねに緞子を着ていた。その配下は二〇〇〇人はいただろう。」

礼曹「王直は日本に掠われてきたのか、それとも自分から海賊に投じたのか？」

使者「もともと貿易に来ていたが、倭人海賊と結託して、日明を往来して掠奪をするようになったそうだ。」

（『明宗実録』巻二十）

王直が大船に乗り、二〇〇〇人の配下がいたことなど、『籌海図編』の記述にも通じている。彼は舟山列島で「浄海王」と自称したように、平戸では出身地の徽州から「徽王」と称し、さらには平戸を「京」と呼ぶなど、あたかも独自の海上王国を築いていたかのようだ。

ただし実際に、王直がどのていど倭寇集団による掠奪や海賊行為を主導していたのかは明らかではない。王直は本質的には海賊というよりも密貿易者であり、彼自身が直接に中国沿岸を襲撃したという記録はない。とはいえ対馬の使者も証言するように、彼の勢力下にある船団が、密貿易だけではなく、しばしば掠奪や海賊行為にも走っていたことも確かだろう。もちろん王直に、倭寇集団全体を統率するような力があったわけではない。後期倭寇とはあたかもアルカイダのようなもので、日本人・中国人が混在した多くの集団が、それぞれのリーダーに率いられ、離合集散をくりかえしていた。そのなかでも最大勢力であった王直の集団が、後期倭寇の代名詞のようにみなされたのだろう。

平戸・五島において倭寇集団を遠隔操作した王直とはことなり、みずから先頭に立って浙江・江南を荒らしまわった武闘派が徐海であった。徐海もまた徽州歙県の出身で、王直集団の幹部であった徐惟学の甥である。一五五一年に瀝港の密貿易にくわわり、ついで徐惟学とともに日本に渡り、種子島などの日本人をつれて帰ってきた。ところが徐海は、瀝港に出入する輸送船を襲撃して、王直の怒りを買ってしまい、瀝港を去って日本に戻った。徐海は南九州の薩摩・大隅を本拠として、倭寇勢力のもう一方の雄となっていく。

一五五四年（嘉靖三十三）、徐海の倭寇集団は江南デルタを襲い、杭州湾北岸の柘林《しゃりん》を根拠地として、各地を掠奪してまわった。それまで倭寇集団は、春から秋にかけて中国沿岸を襲撃し、冬季には日本に帰っていた。ところが徐海の集団は、冬になっても帰国せず、そのまま柘林に居ついてしまった。江南デルタの一角に、倭寇の根城ができてしまったわけだ。翌一五五五年には、徐海のひきいる倭寇集団は二万人以上にふくれあがり、分散して江南デルタを劫略した。このため明軍は、勇猛で知られる西南少数民族の部隊を投入し、ようやく五月に、浙江北部の王江涇で徐海のひきいる倭寇を大敗させた。八月には徐海も柘林を引きはらい、いったん南九州に帰っている。

十六世紀中期には、東南沿海で倭寇の活動が激化するのと同時に、明朝の北方辺境では、モンゴルが交易の拡大を要求して明朝に侵攻をくりかえし、一五五〇年には大軍を率いて北京を包囲するにいたった。いわゆる「北虜南倭」である。南北の危機的状況のなかで、時の嘉靖帝は現実から逃避して、道教の不老長寿の秘術やら仙薬やらに耽溺していた。政治の実権を握っていたのは、嘉靖帝の寵臣である宰相の厳嵩《げんすう》であった。一五五四年に、厳嵩は張経を東南沿海部の海防を統括する総督に任命し、倭寇対策の総責任者とした。彼は翌年、王江涇で徐海を破り、ひとまず倭寇の拡大を抑えることに成功する。

ところが厳嵩の子分で、戦況の督察のため派遣されていた趙文華は、因縁をつけて張経を弾劾し、張経は解任のうえ処刑されてしまう。その後は趙文華が倭寇対策を好き勝手に左右し、後任の総督はわずか一か月で罷免され、その後任者も一年ももたなかった。倭寇対策が迷走するなかで、徐海らはふたたび勢力を拡大し、劫略を激化させていく。こうした状況下で、あらたに総督に起用されたのが胡宗憲であった。

五　王直海上王国の崩壊

胡宗憲もまた、王直や徐海と同じく徽州府の出身であり、歙県の北隣の績渓県の生まれだった。ちなみに中国の最高指導者だった胡錦濤も、その一族の子孫だという。胡宗憲は有能な野心家で、張経が王江涇の戦いで徐海を破った際にも功績をあげた。ところがその後、彼は趙文華が張経を追いおとすのに加担し、それによって浙江巡撫の地位を得た。さらに彼は、厳嵩や趙文華のバックアップにより、一五五六年（嘉靖三十五）には総督に昇進し、倭寇対策を統括することになった。胡宗憲は多くの人材をブレーンとして幕下に集め、大規模なプロジェクトチームを立ちあげた。これによって倭寇対策はようやく軌道にのりはじめる。

この年の三月には、徐海は南九州の日本人を糾合し、二万人の軍勢を率いて杭州湾に上陸した。この倭寇の大群は、徐海をはじめ、陳東や葉麻などの首領に統率され、江南デルタ全域を縦横に劫略した。四月には明軍の総指揮官が徐海の軍勢に包囲され、窮地におちいるほどだった。これに対し、胡宗憲は徐海・陳東・葉麻らの首領の利害対立につけこみ、彼らの反目をあおり離間をはかった。胡宗憲の工作により、彼らは疑心暗鬼となって相互に攻撃し、徐海は陳東を捕縛して、胡宗憲につきだすにいたる。こうした内部抗争のあげく、徐海の集団は気がついてみると明軍に包囲され孤立していた。七月には、胡宗憲は浙江北部の沈荘で徐海集団を壊滅させ、徐海は逃亡する途中で溺死したのである。

こうして三年間にわたり江南デルタを横行した徐海の倭寇集団は、ようやく掃討された。残るは王直である。王直に対しては、胡宗憲はすでに浙江巡撫であったころから手を打っていた。彼はまず、投獄されていた王直の母や妻子を釈放して優待をくわえた。そして寧波出身の蔣洲と陳可願の二人を日本に派遣して、王直を招撫させることにしたのである。

一五五五年十一月、蔣洲と陳可願は五島列島に着き、「徽王」こと王直と会見した。彼らは、もし王直が明朝に帰順すれば、これまでの罪状をゆるし、日本との貿易も公認されるだろうと説得した。日本貿易の合法化は、王直としてももっとも望むところだ。このため王直は、まず腹心の毛海峰と葉宗満を、陳可願とともに舟山に派遣して、胡宗憲と接触させることにした。そして王直自身は、蔣洲とともに九州にわたり、各地の大名に倭寇の禁圧を働きかけることになったのである。翌一五五六年四月、毛海峰らは寧波に来航した。彼らは王直が明朝への帰順とひきかえに、通商の公認を望んでいることを伝えた。その後、毛海峰らは明軍に協力して、舟山列島で倭寇の掃討にあたり、明朝への帰順をアピールしている。

一方、王直と蔣洲は、五島から平戸・博多を経て、豊後の大友宗麟のもとを訪れた。そのころ大友宗麟は、九州北部全域に勢力を拡大しつつあった。さらに一五五〇年に、山口の大内義隆が重臣に殺されたあとは、宗麟の実弟が家督を継承し、大内義長と名のっていた。宗麟・義長兄弟は、当時の西日本における最大勢力だったのである。王直と蔣洲は、まず大友宗麟に対し、倭寇を禁圧して、明朝との通商を実現するように勧誘し、大内義長にも使者を送って協力をよびかけた。

この結果、大友宗麟は禅僧の徳陽や善妙を、蔣洲や王直とともに明朝に派遣することになった。一五五七年（嘉靖三十六）八月、蔣洲は徳陽とともに、舟山本島西北の馬墓港に到着した。ついで十月には、王直の船団も善妙とともに、舟山本島西岸の岑港《しんこう》に入った。大内義長も同時に使者を送って、倭寇が拉致した華人を送還している。しかし明朝は、大友氏や大内氏の朝貢を認めず、実際に倭寇禁圧の実績をあげたうえで、あらためて朝貢を求めるように命じたのである。

結果からみれば、王直が胡宗憲の誘いにのって、みずから舟山列島に来航したのは、百戦錬磨の彼としては見通しが甘かったといわざるをえない。ただし王直としては、明朝に帰順すれば、実際に通商が公認される公算が高いと読んだのだろう。それはあながち根拠のないことではない。

すでに述べたように、十六世紀には杭州湾の舟山列島のほかにも、福建の漳州湾や、広東の広州近海の島々でも、密貿易拠点が生まれていた。一五四〇年代末に、舟山列島の双嶼や、漳州湾の浯嶼を逐われたポルトガル船は、一五五〇年代になると、広州近海の浪白澳《ランパカオ》などで密貿易をつづけていた。そして一五五四年には、ポルトガル船団のリーダーと、広東の海道副使の交渉により、彼らが広州で貿易をおこなうことが認められたのである。浪白澳のポルトガル人は、小船に商品をのせて広州市内にゆき、そこで官許をうけた「客綱・客紀」というブローカーを通じて交易をおこなった。この「客綱・客紀」となったのは、広州や徽州などの商人たちであった。さらに一五五七年には、ポルトガル人はマカオに定住を許され、中国貿易の拠点を確立している。

王直はこのような広東における海外貿易の公認を、徽州商人のネットワークを通じて、よく知っていたはずである。王直が同じことを舟山列島や寧波でも実現できるのではないか、と考えたとしても不思議ではない。また胡宗憲が王直と同郷の徽州出身であったことも、徽州海商の宿願であった、通商公認への期待をいだかせただろう。

一方、胡宗憲は実際に通商を許すつもりがあったのだろうか。彼のブレーンであった鄭若曽は、彼は当初から王直を捕縛するつもりだったと記している。しかし実際には、胡宗憲自身は王直が帰順すれば、日本貿易を公認することも視野に入れていたのではないか。ただし彼が王直と同郷であることは、諸刃の剣でもあった。もし彼が通商を公認しようとすれば、同郷の海賊のために、国禁をねじまげたと非難されることは目にみえている。敵対勢力に口実をあたえれば、容赦ない糾弾にさらされるのが、明朝の政治風土だった。

　こうしたなかで、朝貢を却下された大友船は、依然として馬墓港に留まりつづけていた。また王直の船団も岑港に停泊し、交易の準備を進めていた。これに対し、胡宗憲はひそかに岑港の周囲に軍船を配備するとともに、王直のもとに使者を派遣し、投降をうながした。使者は王直に対し、「もし家族の安全を保障し、通商を開き、武官の地位もほしいというなら、なぜ投降しないのか？　武装解除せずに帰順するといっても誰も信じない。すでに岑港は包囲されており、戦ってもむだだ。ここは投降するしかなかろう」と説いた。

　十一月になっても、王直はなお態度を決しかねていたが、胡宗憲は岑港を包囲していた兵船を前進させ、圧力を強めていった。退路を断たれた王直は、「漢の劉邦は鴻門で項羽のもとに乗りこんだが、王者たる者、そこで死すことはなかった。胡宗憲が俺を誘い出しても、手出しはできぬだろう」と述べ、毛海峰に船団の統率をゆだねることにした。そして王直自身は、舟山本島の定海関におもむき、胡宗憲に投降したのである。
投降にあたって、王直が提出した上奏文が伝えられている。大意は次のとおりである。

私王直は、これまで浙江・福建の人々と貿易をしてきただけで、海賊を誘引したことはありません。むしろ海賊退治に貢献してきましたが、上聞に達せず、かえって無実の罪を受けております。倭寇は毎年のように沿海部を襲撃し、中国の大患となっており、昨年四月には私のいる五島にも来襲しました。その一味は、中国から琉球・朝鮮まで荒らしまわり、彼らの多くはなお薩摩に集まっています。

あたかも蔣洲が倭寇禁圧のため来日し、私に帰順をうながしました。私はぜひ帰国して、お役に立ちたいと考えています。現在、日本では国王は名ばかりで、諸国が抗争しています。私はすでに五島・松浦・肥前・博多などをめぐって、倭寇を禁圧するように説諭し、そのため今年は倭船の来襲も減少したはずです。さらに毛海峰を陳可願とともに派遣し、舟山近海で哨戒にあたらせております。

もし私をご赦免いただければ、舟山列島の長塗島などで、広東の事例にならって交易をおこない、関税を納入したいと存じます。そのうえで各地に宣諭して、倭寇を跋扈させないよ

うにいたします。（采九徳『倭変事略』附録）

王直はこの上奏文で、倭寇の元兇は徐海などの薩摩方面の勢力であり、自分はむしろ倭寇の禁圧につとめてきたと主張する。そして明朝に帰順したうえで、「広東の事例」にならって、舟山列島の長塗島などで貿易を許してほしい、と請願したのである。

この「広東の事例」とは、上述のように、一五五四年に広東当局がポルトガル人などに広州湾での貿易を認めたことを指している。長塗島は、舟山列島の北部に位置し、日本から東シナ海をわたって寧波に渡航するルート上にある。王直はこの長塗島を、広州湾における浪白澳のような貿易拠点にしようと考えたのだ。そのうえで、広州湾において徽州商人などの「客綱・客紀」が、外国人との交易を主宰したように、舟山列島では、自分が日本人との交易を取りしきることを構想していたのだろう。

あたかも王直がこの上奏文をさしだして投降した一五五七年には、ポルトガル人がマカオに定住を認められ、安定的な貿易拠点を確立していた。もし明朝が王直の帰順と交易開始を認めていれば、舟山列島にもうひとつのマカオが生まれていたかもしれない。しかし現実には、すでに事態の主導権を失っていた王直の命運は、シビアなものであった。

胡宗憲は王直の投降を受け、その身柄を杭州の浙江按察使に送って収監した。そのうえで、朝廷に上奏文を送って、二通りの処分案を提案した。①王直は処刑するが、大内義長らには朝貢を許し、倭寇の根源を絶つ。②王直の処刑を免除し、沿海の海防軍に配属して、罪過を償わせる。胡宗憲自身は、王直が通商の公認という誘いにのって帰国し、みずから投降してきたこともあり、②のような処分を望んでいたのではないだろうか。彼は王直を収監してからも、官員と同じような衣食や調度品を提供し、優遇していたといわれる。

しかし明朝の政界は、それが通るほど甘くはなかった。朝廷には多くの若手官僚が監察官としてプールされ、政治問題の摘発や弾劾を職掌としていた。彼らの弾劾には高官の専横を防ぐ意味があったが、ややもすれば現場の実情を考慮せず、原則論を振りまわしがちであった。王直の投降をうけた通商の再開に対しても、彼らが強硬に反対した。さらに江南では、胡宗憲が王直や善妙から数十万の銀を収賄して、通商の開始と王直の赦免を求めている、という風聞さえ立っていた。この種の風説がひろがり、監察官が政敵と結んで弾劾すれば、いかに多大の功績をあげた高官といえども未来はない。胡宗憲は自己保身に走り、すでに発送した上奏文を回収して、「王直こそ倭寇の元兇であり、罪状は許しがたい。私は兵を率いてその残党を殲滅し、王直の処分は朝廷にお任せする」と書き変えたといわれる。

王直の投降により、毛海峰に委ねられた船団と、大友氏の遣明船は、明軍に包囲され孤立することになった。翌一五五八年（嘉靖三十七）二月、大友氏の一行は、船を焼きはらって岑港に移り、毛海峰の船団に合流し、明軍の攻撃に抵抗をつづけた。七月には、彼らの船団は舟山列島北岸の柯梅《かばい》に移り、そこで新たに船を造りはじめた。十一月には、彼らは新造船に乗って出帆し、福建方面へと南下していったのである。翌一五五九年（嘉靖三十八）十一月、胡宗憲は王直を、倭寇を誘引して東南沿海を劫略したことにより、死罪とするように上奏し、嘉靖帝はこれを裁可した。翌月、王直は杭州の刑場で斬首に処された。

おわりに――王直から鄭成功へ

一五五七年の王直の投降と、海防の強化によって、浙江・江南方面の倭寇は鎮静化にむかい、倭寇の活動は福建・広東方面に移っていった。王直の投降後も、監察官たちは、胡宗憲が福建方面への倭寇の拡散を招いたなどとして、しばしば弾劾した。しかし嘉靖帝や厳嵩の庇護により、胡宗憲は朱紈の轍をふむことをまぬがれ、東南沿海部で権勢をふるいつづけた。しかし一九六二年（嘉靖四十一）、二十年にわたり宰相の座にあった厳嵩が失脚したことにより、状況は暗転する。

最大のうしろだてを失った胡宗憲は、政敵からいっせいに攻撃され、ついに罷免された。二年後には、彼は厳嵩の息子と共謀して嘉靖帝の聖旨の偽造を図った罪に問われて、逮捕・投獄され、獄中で自刃したのである。

胡宗憲の死後しばらくして、福建方面の倭寇も、ようやく鎮静化にむかった。しかし海禁政策を墨守して、民間の海外貿易を禁じつづけることの非現実性も、もはや明らかであった。一五六〇年代末、明朝はついに漳州湾の海澄港から、民間商船が東南アジアに渡航することを許した。倭寇の巣窟である日本への渡航は、依然として禁止されていたが、日本への密貿易に従事していた海商の多くも、合法的な東南アジア貿易へと転じていった。これによって、大規模な倭寇の活動は終息へむかっていく。

十六世紀の東アジア海域では、海外における中国商品の多大な需要と、中国における南海産品や日本銀の高い需要があいまって、本格的な「交易の時代」を迎えつつあった。明朝の海禁政策は、こうした海上貿易の高潮を押しとどめる堤防のようなものであった。ただし一五四〇年代には、そこには双嶼密貿易をいう排水口があり、それによって水圧を減じて、堤防の崩壊を防いでいた。しかし朱紈がその排水口をふさいでしまったことにより、水圧は急激に高まり、ついには堤防が決壊して、後期倭寇の活動が東南沿海に氾濫する。

一五五七年の王直の投降により、堤防の決壊箇所には応急処置がほどこされるが、それだけでは別の箇所が決壊するだけだ。現実にはこの年に、広州湾においてポルトガル人などとの交易（互市）が認められ、あらたな排水口が設けられた。そして一五六〇年代には、海防の強化により堤防を修築するとともに、漳州湾から東南アジアへの渡航を解禁し、もうひとつの排水口を大きく開いた。それによって東アジア海域では、華人海商の海上貿易が、半世紀にわたっておおむね安定的に繁栄することになったのである。

このような海上貿易の活況のさなかに、東アジア海域に登場したのが、オランダ東インド会社であった。十七世紀初頭から、ジャワ海域の香辛料貿易に参入していたオランダ東インド会社は、一六〇九年（慶長十四）には平戸に商館を設立し、東シナ海域にも進出する。しかし当初は、オランダ人は日本市場に供給する中国商品を調達することができず、もっぱら華人商船やポルトガル船を襲撃して積荷を掠奪し、それを平戸商館に運んでいた。そのころの東シナ海域におけるオランダ人は、いわば「倭寇」ならぬ「蘭寇」だったのである。平戸のオランダ商館は、王直の住んでいた印山寺屋敷の後継者だったともいえる。

一六二四年、オランダ人はようやく台湾に貿易拠点を確保し、福建の華人商人から生糸をはじめとする中国商品を入手し、それを平戸商館に供給するようになった。そのころ、台湾のオランダ長官の通訳をつとめていた、鄭芝龍という男がいた。彼はその後、オランダ商館を離れて、大船団を率いて、日本との密貿易や掠奪をおこなうようになった。彼は明朝の水軍ばかりか、オランダ艦隊も撃破して、福建近海を勢力下に収めていく。

一六二八年（崇禎元）、鄭芝龍は明朝に帰順して、水軍の提督に任じられた。七十年前に明朝に投降した王直の場合とはことなり、落日の迫る明朝には、もはや鄭芝龍をコントロールする力はなかった。鄭芝龍は自分の船団だけではなく、明朝の水軍をも支配下において、福建沿海部を支配するようになる。一六四四年（崇禎十七）、明朝が崩壊し、清朝が中国を支配すると、鄭芝龍の子の鄭成功は、明朝の亡命政権（南明）を奉じて清朝に抵抗する。彼は南明皇帝から「延平郡王」の称号を授与され、「徽王」王直が実現できなかった、現実の独立海上王国を築きあげた。さらに一六六一年（順治十八）には、彼はオランダ人を台湾から放逐し、鄭氏海上王国は、一六八三年（康熙二十二）に彼の孫が清朝に降伏するまで、台湾を本拠に東アジア海上貿易を支配しつづけたのである。

参考文献
岩井茂樹「十六世紀中国における交易秩序の模索」（岩井茂樹編『中国近世社会の秩序形成』京都大学人文科学研究所、二〇〇四年）
上田　信『シナ海域蜃気楼王国の興亡』（講談社、二〇一三年）
岡美穂子『商人と宣教師――南蛮貿易の世界』（東京大学出版会、二〇一〇年）
鹿毛敏夫『アジアン戦国大名大友氏の研究』（吉川弘文館、二〇一一年）
佐久間重男『日明関係史の研究』（吉川弘文館、一九九二年）
田中健夫『倭寇――海の歴史』（教育社歴史新書、教育社、一九五九年）
鄭　樑生『明・日関係史の研究』（雄山閣出版、一九八五年）
中島楽章「ポルトガル人の日本初来航と東アジア海域交易」（『史淵』一四二輯、二〇〇五年）
松浦　章『東アジア海域の海賊と琉球』（榕樹書林、二〇〇八年）
村井章介『世界史のなかの戦国日本』（筑摩書店［ちくま学芸文庫］、二〇一二年）
村井章介『日本中世境界史論』（岩波書店、二〇一三年）
山崎　岳「巡撫朱紈の見た海」（『東洋史研究』六二巻一号、二〇〇三年）
山崎　岳「舶主王直功罪考――『海寇議』とその周辺」（『東方学報』［京都］八五冊、二〇一〇年）
李　献璋「嘉靖年間における浙海の私商及び舶主王直行蹟考（上・下）」（『史学』三四巻一・二号、一九六一年）
李　献璋「嘉靖海寇徐海行蹟考」（『石田博士頌寿記念東洋史論叢』石田博士古稀記念事業会、一九六五年）
ガスパール・ダ・クルス（日埜博司編訳）『クルス「中国誌」』（新人物往来社、一九九六年）
フェルナン・メンデス・ピント（岡村多希子訳）『東洋遍歴記』1～3（平凡社［東洋文庫］、一九七九～一九八〇年）

6. 中国沿岸の商業と海賊行為（一六二〇〜一六四〇）
――リポン大尉の記録におけるオランダ人の参入

パオラ・カランカ Paola CALANCA ――［翻訳］彌永信美

はじめに

一六一〇年代の末になると、一時下火になっていた海賊船団が、あらためて中国沿岸を脅かすようになる。それとほとんど時を同じくして、オランダ東インド会社（Vereenigde Oost-Indische compagnie, 一般にVOCと略される）が中国沿岸に現われ、交易関係を結ぼうとする。しかし、中国の法律によって、中国本土での滞在が許可されないため、彼らは攻撃的な政策を取り、中国の東海岸を恒常的に襲うようになる。彼らは紅夷《こうい》あるいは紅毛と呼ばれ、ほとんどすぐさま恐れと反感の対象となった。すでに一六〇三年には、彼らはマカオの沖合に現われ、その土地を奪おうとしたが、ポルトガル人が彼らを追い払っていた。その翌年、同様の目的で船を出したオランダ人たちは、台風の風に追われて澎湖《ほうこ》諸島（当時のヨーロッパ側史料ではPescadoresなどと表記される）の方面に出現した。その時は、中国海軍の沈有容（一五五七〜一六二七）[1]の船団が、澎湖から立ち退かせるようにしたのが功を奏し、一六〇四年の年末には彼らは立ち去っていた。[2]一六二二年には、オランダ人はポルトガル人支配下のマカオを再度攻撃するが失敗して、澎湖諸島に向かい、風櫃《ふうき》尾《び》（馬公）で小要塞を建設する。彼らはその後、そこから船を送り、福建省当局に対して当地での交易を申請する。六〜七ヶ月後に、地方長官（巡撫）商周祚《しょうしゅうそ》[3]が記した報告書を見ると、当時の中国官僚がオランダ人の真の狙いについて、何の幻想も抱いていなかったことがよく理解できる。「〔一六二三年〕六月に紅夷たちがわれわれの領土・澎湖に至り、使節を送って交易を申請してきた。彼らの言葉は敬意に満ち、われわれに取り入ろうとするものだった。しかし、望みがかなえられないと知ると、彼らはすぐさま五隻の船を送って、（漳州《しょうしゅう》、漳浦《しょうほ》の）六鰲《ろくごう》を攻撃してきた」[4]。

この地域でオランダ人が活動し始めた時期のさまざまな事件については、中国の史料である程度知ることができる。しかし、それらは、ヨーロッパ側の史料よりも内容が乏しい。その理由は、オランダ人たちによって被害（貿易船への攻撃、積み荷の強奪など）を受けた中国人、あるいは沖合での交易などは、密貿易にかかわることだったため、中国当局に被害を届け出る手段も、またその利益もあり得なかったからである。これらの事件について、詳しい記録を残しているのは、オランダ東インド会社の傭兵として活動したスイス出身のリポンが残した日記だった。彼は、中国沿岸で行なったさまざまな作戦における暴力行為をまったく隠そうとしておらず、その記述は事実に忠実なものと思われる。リポン上尉の記録は、『大インドにおけるリポン上尉の旅と冒険』と題されている。(5) これは類似のものがない貴重な史料で、十六世紀から十七世紀にまたがる時代――すなわち世界の交易史の大転換点に当たる時代の雰囲気を非常によく伝えている。それは冒険に彩られ、羨望の的である産物を獲得するために人々が闘い、市場の開発のために競争し、利権を守るために殺し合う時代だった。

『大インドにおけるリポン上尉の旅と冒険』を読むと、商業と海賊行為、またヨーロッパ人とアジア人の活動がいかに密接に結びついていたかがよく理解できる。これはまた、ヨーロッパ各国の商業拡張主義の政策を現地で実際に現実化させた実行者、しかも士卒の言葉を伝える同時代の稀な記録として、とくに貴重である。(6) 大部分の史料は、主要な役割を果たした人々の具体的な行動を記述することが少なく、アジアの国々の発見やその征服といった偉業に重点が置かれている。結果が重要で、そのためにどのような手段が用いられたかについては、ほとんど述べていないのである。しかし、アメリカやアジアに進出したヨーロッパ勢力の現実の当事者はどんな人々だったのか？　彼らはどのような感情に突き動かされていたのか？　本章では、南シナ海における交易の展開にさいして起こったいくつかの事件で、リポン上尉がどのような行動をとったか、ということを通して、それらの事件の意味を検討してみたい。

一　人物と写本

この記録の著者、エリー・リポンはもっとも古い時期に中国に到達したスイス人の一人に数えられる。彼は、バーゼルのフィリップ・ジレ（Philippe Gisler）、チューリッヒのハンス・ウルリッヒ・レラー（Hans Ulrich Reller）、あるいはローザンヌのクレマン・ヴュアニエール（Clément Vuagnière）など、数人の名前が挙げられている旅仲間とともに、その地まで流れてきたのだった。オランダ東インド会社の記録によれば、リポンは一六一八年に「デルフト丸」という船でバタヴィアに到着し、この地でのオランダによるアジアでの最初の商館の設立に関与する。(7)そこを基地として、彼は東南アジアの海域および南シナ海で多くの遠征を行ない、マカオや広東、福建省の沿岸、澎湖諸島、さらには日本にまで足跡を残している。

この記録は、一人称で書かれており、一六一七年にグリーンランドに向けた捕鯨船の募集に応

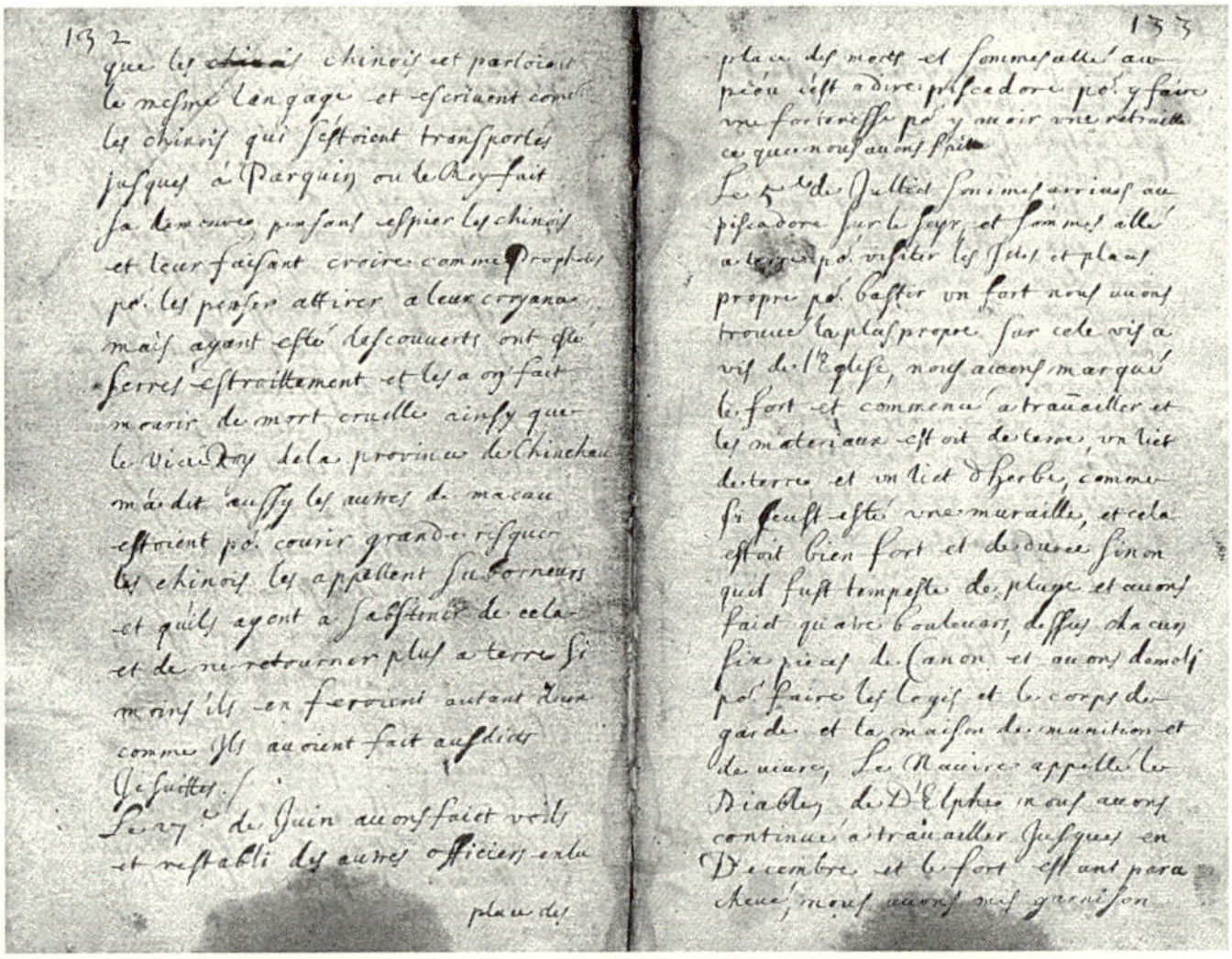
132
que les ~~chinois~~ chinois et parloient
le mesme langage et escrivent comme
les chinois qui s'estoient transportes
jusques à Parquin ou le Roy fait
sa demeure, pensant espier les chinois
et leur faisant croire comme Prophetes
po. les penser attirer à leur croyance
mais ayant esté descouverts ont esté
serres estroittement et les a on fait
mourir de mort cruelle ainsy que
le Vice Roy de la province de Chinchau
m'a dit aussy les autres de macau
estoient po. courir grande risque
les chinois les appellent suborneurs
et qu'ils ayent à s'abstenir de cela
et de ne retourner plus a terre si
moins ils en feroient autant d'eux
comme ils avoient fait ausdicts
Jesuittes.
Le 27e de Juin avons faict voile
et restabli des autres officiers en la
place des

133
place des morts et sommes allés au
[illegible] c'est à dire piscadore po. y faire
une forteresse po. y avoir une retraitte
ce que nous avons [illegible]
Le 5e de Juillet sommes arrivés au
piscadore sur le soir, et sommes allé
à terre po. visiter les Isles et places
propre po. bastir un fort nous avons
trouvé la plas propre sur cele vis à
vis de l'Eglise, nous avons marqué
le fort et commencé à travailler et
les materiaux estoit de terre, un lict
de terre et un lict d'herbe, comme
si ce fust esté une muraille, et cela
estoit bien fort et de durée sinon
qu'il fust tempeste de pluye et avons
faict quatre boulevars, dessus chacun
six pieces de Canon et avons demoli
po. faire les logis et le corps de
garde et la maison de munition et
de vivres, Le Navire appellé le
Diables de D'Elphes nous avons
continué à travailler jusques en
Decembre et le fort estant para
chevé, nous avons mis garnison

図1　“Élie Ripon, Journal”（フリブール州立・大学図書館所蔵　Ms. L 509写本　フリブール州立・大学図書館の御厚意により掲載）

じたことから始まる。その後、オランダがアジアに地歩を固めるまでの主要な過程に参画したことを日々の事件によって記述して、一六二七年に終っている。その写本は、フリブール州のビュル（Bulle）という町の、ある家の屋根裏から一八六五年に発見され、その後州立図書館に収められた（図1）[8]。その記録を通して、オランダ東インド会社がその基盤を確立するためにどのような戦略をとったかが、もっとも具体的な側面に至るまで理解することができる。交易または戦略（海路の確保）のために基地を築くべき場所の選定、確保した地点での要塞の建設、そこの住民の支配、地域交易の活性化などである。この記録は、その特異な記述によって際立っている。起こった事件は、何の飾りもなく、生のまま描かれている。時には皮肉や、さらに一種の楽しみのようなものさえ感じられる。行った先の場所や国についての描写は、著者の関心に基づいており、その地域にかんする全般的な情報はほとんど無視されている。著者の記述は、彼が軍人であることを強く反映しており、彼を取り巻く、アジアに手を伸ばそうとしていたヨーロッパ各国の人々、彼らと現地の人々、そしてオランダ東インド会社内部の人々の間に渦巻く競争や敵意、暴力の情況があらわに記されている。エリー・リポンの物語は兵士の物語であり、その厳しい生活の有様が生のまま伝えられているのである。(9)

二 背景

中国近海における十七世紀初頭は、その数十年前からの歴史の延長線上にあるものとして理解できる。この地域では、海賊行為が徐々に激しくなり、一五四〇年代から六〇年代ころに最高潮に達していた。(10)そうした情況は、一五六七年に部分的な貿易が許可されたことで、終息に向かったが、その海禁の緩和は非常に限られたもので、当初は福建省の商人、それも一部の商人だけがその対象であり、日本との接触や貿易は禁止されたままだった。十六世紀は、中国沿岸地域にとって発展の時代だった。日本やフィリピンからの大量の銀の流入、地域的な（とくに日本の）政治状況などが、その原因に挙げられる。さらにポルトガルやスペインから、後にはオランダやイギリスから、新たな経済関係を結ぼうとする勢力が参入したことにより、国際海洋貿易の新しい時代が始まりつつあった。そこには、多くの人々が積極的に参加しようとしたが、許可を得た交易は限られていたため、密貿易と海賊行為が日常的になり、十七世紀に入るころには、前世紀末から中国当局の武力と貿易船との間で保たれていた危うい平衡が破られようとしていた。

十七世紀初頭における中国のもっとも活動的な商船は、倭寇（一五四〇～一五六〇年）と似たものだった。一部は密貿易者で時には海賊行為にも手を染め、一部は海賊活動で富を築いた後、商人になり、一部は純粋な海賊だった。そのため、多くの歴史家は彼らを商人・密貿易者・海賊と特徴づけている。私としては、彼らは何よりも冒険家であって、商売もすれば海賊活動にも走る人々だった、と考えたい(11)。海上交通が盛んになるにつれて、彼らの関心は大陸から海へと移っていく。十六世紀半ば頃は、彼らは沿岸の都市や内陸を攻撃することが常だったが、徐々に海上での商船への攻撃が頻繁になる。一部の海賊は、沿岸への襲撃も繰り返したが、そのインパクトは減少していく。とは言っても、沿岸地域の人々は、常に商品や漁獲物を脅し取られたり、保護という名目で取り立てられたりする危険から逃れることはできなかった。この時代は、各船団が、あらたな商業上の可能性に対応し、それに伴う危険に備えられるような、大きな組織的な船団に統合されたことを特徴としている。これは、部分的には南シナ海へのヨーロッパ勢力の参入、徳川幕府による権力集中などによって引き起こされたものだった。日本の情勢について言えば、江戸幕府は北九州の大名たちに強い統制を敷いて海外貿易を中国商人に任せたことを特筆しなければならない。

この時代は、アジア勢力もヨーロッパ勢力も地域市場の支配権を得るために激しい競争に巻き込まれていた。ヨーロッパ人（ポルトガル人、イギリス人、そしてとくにオランダ人）は、中国人の仲介を必要としながらも、彼らを締め出そうとしており、中国人も、ヨーロッパ人との取引から利益を得ながら、彼らを警戒していた。この点にかんして、鄭芝龍《ていしりゅう》（一六〇四～一六六一年）[12]とオランダ東インド会社との関係はとくに興味深い。この両者のかかわりについて、現実の事件の中でどちらがどういう役割を演じたか、正確に知ることは非常に困難だが、彼らを結びつけた最初の出会いは、おそらく台湾で鄭芝龍が李旦のもとの通訳としてオランダ東インド会社と接触した一六二三～二四年に遡ると考えられる。その良好な関係は、一六二四年ごろから悪化する。ある説によれば、それはオランダ人が李旦の死に乗じて、彼の協力者だった福建省の許心素と直接取引を始めたためだという。いずれにしても、鄭芝龍とオランダ人たちはその後も長い間、接触を続け、両者にとって重荷になった協力者といつか手を切ることを望みながら、経済的な関係を結んでいた。(13)

一六三〇年代にアジアに滞在していたあるフランス人の記録が、彼らの間の密接ではあるが微妙な関係を記している。(14)その無名記者によれば、ある時期、鄭芝龍は、彼の「父」の死後、(15)職を失っていたが、オランダ人の助けを借りてふたたび海に乗り出すことができた、という。鄭芝龍がたとえ職を失っていたとしても（この記録が書くように）彼が「彼自身とその兄弟を養うために中国産のオレンジやビールを売るようになっていた」という記述はいささか信じ難い。この著者は、おそらく鄭芝龍の役割を過小に表現したかったのだろう。実際は、この時期、すでに彼はオランダ人にとって欠かすことのできない仲介者として活動していた。彼はオランダ人たちの翻訳者―通訳として働いていたからである。そうした彼が、地域の特産品を売り歩いていたとは信じられない。このフランス人によれば、ヨーロッパ人は彼に「小さな船を与えることにした。しかし彼は、その船で大成功を収め、短い間に八〇〇艘のジャンクを従えて、中国沿岸のあらゆるところを襲った」。この成功の上に立って、彼は「（ヨーロッパ人）に感謝するどころか、彼らを敵扱いにした」。このように、敵対と良好な関係が何年も繰り返される。どちらも、相手より上位に立とうとして画策し、また敵の有利になるようなことをしたと責め合い続ける。フランス人の記録者は、おもに鄭芝龍の不利になることを書き立てている。たとえばある日、鄭芝龍が、以前にオランダ人の指揮官に貸した金を返すように迫った時、その将軍の後任者は、彼に次のように言ったという。「お前は、オランダ東インド会社に莫大な恩があるはずだ。オランダ人のおかげでお前がどれほどの富を得ているかを考えれば、お前が前任者に貸した金など物の数に入らない」[16]。

この時代の海運の活動は、楽でなかったことはたしかである。乗組員たちにとって、危険は、海上でも陸上でも、どこでも避けることはできなかった。取引相手との関係は、より有利な相手が見つかるまでの間のことであり、協力関係を結んでいる仲間は、同時に競争相手であって、できるだけ早く舞台から消え去ることが望ましい存在でもあった。オランダ人の登場によって、この地域の海域では、それまでのイベリア半島出身の人々以上に、激しい攻撃性と大胆な戦闘性が加わることになった。彼らは、市場と獲物を求めて、近づいてくる船は見境なく襲った。他のヨーロッパのライヴァルたちも彼らの執拗な攻撃の対象だった。これは、同時代におけるヨーロッパにおける海戦を小規模に再現するものでもあった[17]。スペイン側の記録を見ると、彼らの強い不安感の源は、中国の海賊よりも、ヨーロッパの競争相手によるものだったことが分かる。エリー・リポンのバタヴィアへの航海記録では、その途上で出会った船、彼らと交えた海戦、あるいは剣を交えられなかったことへの悔しさが記されている。「〔カナリア諸島から〕の海路で、我々はいくつかの帆船を見かけた。しかし我々は昼夜平分線（赤道）を通っていたので、彼らを追跡するための風がなかった。彼らは、大砲の到達距離の一・五倍の距離を進んでいたため、彼らに大砲や銃をお見舞いすることができないのが残念だった……」[18]。

オランダ東インド会社の船員たちは、その生活の厳しさや報酬の少なさのために、社会の最下層から来るものが大部分だった。この情況は徐々に悪化し、一六五〇年にはある官僚の記録に、船員として登録するドイツ人の中には、多くの殺人犯や悪党、さまざまな浮浪者が含まれていた、と述べられている。兵士や船員の需要は、年々増加する一方で、オランダ東インド会社は、外国人を雇わざるをえなくなっていた。彼らの多くは、当時三十年戦争（一六一八〜一六四八）で荒廃したドイツ圏の人々だった。もちろん全員が悲惨な情況のせいで参加していたわけではなかった。「大インド」の魅力に惹きつけられ、未知の世界を発見するためにやってきた人々もいた[19]。しかし、誰もが富を求める荒くれ男たちであったことにおいては同じだった。ある人々（商人や医者）は彼らの職業によって、ある人々は戦闘の報酬によって[20]、またある人々は船舶や陸地の町の略奪によって、富を得ようとしていた。軍属か文民かにかかわらず、オランダ勢力の人員の社会的出身によってすべてが説明できるわけではない。多くの証言は、（エリー・リポンを含む）オランダ東インド会社の士官や上層部[21]による酷使や残酷さが重要な要素であったことを示している。

〔一六二四年十月〕八日、船員や兵士の反抗について協議する会議が開かれた。しかし、彼らは酷使されていた。総督は、水で炊いた少しの飯を与えるだけで、彼らが一日中働くことを強要していた。しかし兵士たちは、ずっと警戒を続けることに疲れており、夜になると睡魔に襲われることがある、そんな時に見回りに来る歩哨に咎められることがあるが、そういう時には、大目に見てほしい、ということだった。これは正しい意見だった。私も、彼らをずっと働かせることには反対した。[22]

三　中国沿岸におけるエリー・リポンの行動

一六二二年四月、エリー・リポンはバタヴィアを出港し中国に向けて航海した。彼らは、六月二十二日にマカオの停泊地に到着し、土地を偵察して、攻撃の地点を定めたあと、二日後に町の攻撃を開始した。

……ルファン上尉（Capitaine Refin）は、塹壕を制圧してもう戦闘に勝利したと信じ込んだ。兵士たちはすでに多量の銃弾を浴びせ、一息つきかけていた。上尉は、彼らに休息を与え、弾薬などの補充をする代わりに、逃走する敵を一気に追跡させようとした。しかし敵は、我々をおびき寄せようとしていたのだった。彼らは、我々の追跡を見ると、船に乗り移った。私は、悲劇が起こるのを予感した。……私は岸にたどり着いたが、（彼らの）艦船がすでに沖合に出て、遠くに去っていこうとしているのを見た。私はもう死ぬかと思った。しかし、岸辺に背の高い司祭、あるいはイエズス会士がいて、我々の味方を殺せと鼓舞しているのを見て、後から駆け寄り、私の戟でひと突きに突き殺した。そしてすぐさま海に飛び込み、マスケット銃の銃弾が届く距離程度を泳ぎきって、やっとのことで大型ボートに乗り移った。(23)

この敗走のあと、彼らは残った船員や兵士とともに澎湖に向かった。澎湖には七月五日に到着し、そこですぐに要塞の建設を開始した。要塞は十二月に完成した。その後、

我々は、沿岸に沿って中国の第二の地方である福建（Chinchau）に赴いた。そこの住民が我々と交易する用意があるかどうか調べたが、彼らは我々を子どもか家畜なみに見下して、早

く澎湖諸島（Pescadores）から離れてオランダへ帰った方がいい、という答が返ってきた。しかし私は、言われるままにはならないことを思い知らせてやった。まず要塞で準備をしてコルネイユ・レイエ（Corneille Reyer）指揮官とクリスチャン・シュラン（Christian Chelin）上尉とともに中国沿岸に船団で引き返し、広東（Canton）から福建省、さらに浙江省[24]の舟山群島《しゅうざんぐんとう》（Chesan）と呼ばれる島々に到る地域で見つけた集落を、海に接していようと内陸であろうと、手当たり次第に火と血の海に変えてやった。こうした活動は二年間続き、多くの村や城塞、彼らがジャンクと呼ぶ船舶を破壊した。[25]

このように、当時、中国に進出しようとしていたオランダ人が用いた戦術の一つは、いわゆる消耗戦術に近いものであり、沿岸地域の集落をシステマティックに攻撃し、また、出会ったあらゆる中国船舶を襲うものだったことが理解される。

我々はまた、赴いた先のあらゆるところを攻撃する作戦を再開した。これは一年間続いた。中国沿岸でも周辺の島々でも、見つかるものを手当たり次第に略奪し、火を放った。こうして、彼らか我々か、どちらが先に疲弊するかが戦われた。[26]

あるいは、次の一節、

〔一六二三年〕八月の十五日、サムソン号と快速艇メウー号の二隻の船が澎湖諸島へ戻った。これらの船は、中国沿岸の村々や中国船を多く焼き払った。(27)

この二つの引用は、福建当局が繰り返し中国沿岸のオランダ人を追い払おうとした政策に対抗して、オランダ人たちが執拗に攻撃を繰り返したことを示すものである。中国人たちは、オランダ人が澎湖諸島の要塞を放棄して破壊すれば、中央政府に対して望みがかなえられるよう、働き掛けると提案した。実際には、中央政府がそうした要望を呑むことはあり得ないことを知っていた廈門の地方当局者は、計略を用いてこの招かざる客人を排除しようと罠を仕掛けた。彼らはまず、オランダ東インド会社の責任者に交渉を呼びかけ、一応の妥協案を示した。その後、その協定締結を祝うという口実でオランダ人を招いて宴会を催し、彼らの飲食物に毒を混ぜた。こうして、オランダ人が毒を盛られている間に、廈門の住民が彼らの船舶を松明をもって急襲した。そこで戦闘が勃発したが、その結果は中国人に有利だったようである。彼らはその勝利を記念して、廈門の鴻山寺の岩に碑文を刻んでいる。この戦闘の準備について記した別の二つの碑文が、同じ白鹿洞寺近くの岩に刻まれている（図2～3参照）。これらは、一六二三年に帝国の軍隊がオランダ人を相手に勝利をおさめたことを記念するものである。[28]リポン上尉の作戦を追っていくことで、こうした行動が日常的に行なわれていたこと、また、彼らの船に近づきすぎた船も攻撃の対象とされたことが知られる。

我々は常に、敵船を見つけるとそれを追いかけ、襲撃した。魚の餌にするほど、多くの船が海の藻屑となった。[29]

図2　廈門・白鹿洞寺の碑文。1623年、朱一馮。「天啓癸亥年〔1623〕十一月廿日、廣陵朱一馮以督師剿夷至」と読める（著者撮影）

図3　廈門・白鹿洞寺の碑文。1623年、趙紓。「天啓癸亥〔1623〕冬、晋陽趙紓督征到此」と読める（著者撮影）

〔一六二四年〕四月の十二日には、多くの食料を積んで中国の要塞に向かう船を捕獲した。これらは我々のものとなった。彼らに荷の積み下ろしの手間を省かせてやったのだ。(30)

中国当局と正式な接触をして安定した交易関係を結ぶことができないため、彼らは地域の海賊という、より信頼性の少ない相手に近づき、彼らから商品を得ると同時に、彼らに武器を与えた。

同じ月の八日〔一六二四年二月八日〕、大員（Taiian）〔台湾〕からたくさんの商品を積んだ海賊のジャンクが到着した。我々は、彼らから多くの絹や食料、その他の商品を安く購入した。彼らにとっては、これらの物はただ奪えばいいだけだった。我々に回すことは簡単で、彼らはわれわれに売ることを喜んでいたからである。その後、二十隻以上の同様の船がやってきた。我々は、彼らからも安く積み荷を買い上げ、安い商品を積んだ船がもっと来るようにした。(31)

同じ年、福建省の地方当局は澎湖諸島を占領し、オランダ人はより慎重に行動せざるをえない情況になった。オランダ人と中国の有名な海賊・李旦（彼らから「カピタン（甲必丹）支那」capitaine China と呼び習わされた）との間に、一種の同盟関係が結ばれたのはこの時期だった。彼は、澎湖諸島の問題の解決に動いた。

〔一六二四年〕三月の四日、カピタン支那〔李旦〕が到着した。彼は、彼の政府に背き、中国で非常に裕福になったために、このように呼ばれていた。彼は、〔与えられた〕職務に背き、また中国式の五十隻以上の船を持っていて、いたるところで海賊行為を働いていた。彼は、神々の申し子であり人々の敵だった。そして手当たり次第に船を襲い、積み荷を奪っていた。その彼が、我々のもとに擁護を求め、部分的にはそのお陰でその後、中国人たちと我々の間で和平が成立するようになった(32)。

とは言っても、一六二四年は不安定な時期だった。そして最終的には、オランダ人は協議の場につくことを余儀なくされた。しかし、エリー・リポンの記述には、恐れの様子はない。「その月〔五月〕の十日、カピタン支那は中国から二人の使節を伴って澎湖諸島に到着した。彼らは、中国沿岸にこれほどの被害を加えたのがどんな人間かを見極め、彼らとの和平を協議するためにやってきた。彼らは、私を見、私と話して、笑いはじめた。通訳は、私が実際よい兵士で悪い男らしい面構えをしていることがよく分かった、と言った。彼らは、自分たちの女を安全なところに隠しておいてよかった、私には女がいそうもないこともよく分かった、と言った。……私は、私が以前彼らのところに送った使節は一体どうなったのか、尋ね、責めた」。[33] リポンの言によれば、協定の締結を目指した和平の協議は一ヶ月続いたという。この時、福建省当局の官僚とオランダ人との間で交わされたという協定の内容は、リポンの記述によるなら、驚くべきものだった。これは、オランダ人に有利であるばかりでなく、中国の密輸業者にも非常に有利なものだったからである。このような文書が北京の政府によって認められることはもちろんあり得なかっただろうし、福建省の高官が署名することも考えられないだろう。

この月〔八月〕の二十四日、我々は澎湖諸島の要塞を取払うべきか否かについて会議を開いた。彼らと我々の間に交わされた協定を考慮して、大部分は、取払いに賛成だった。それによるなら、中国人は我々がそこにとどまることを望んでいないからである。協定は次のようなものだった。第一に、我々は澎湖諸島から出て行き、台湾の大員地方へ移る。我々は中国沿岸から去り、天候による事故などによるのでない限り、戻ることはない。中国側は、年に三隻か四隻、バタヴィアに向けた商品を満載した船を大員へ航海させる。台湾にはオランダの要塞が建設され〔熱蘭遮城（ゼーランディア城）と呼ばれる。現在の安平古堡に当たる〕、我々が東南アジアで集めた商品を載せたオランダ船と、中国からの商品を乗せた船が集まる。……我々オランダ側は、中国のジャンクが〔スペインの勢力下にあった〕マニラに向かうことを禁止する。もしそのような船が発見されたら、オランダは中国の皇帝、または当局からの咎めなしにそれらを捕獲することができる。中国側は良質な商品を送ることを約束する。もし偽物が含まれていたら、それを持ってきた中国人の目の前で、粉々にして火をつけ焼却し、彼らを生かすも殺すも我々の自由にする。……我々はいかなる海賊行為も容認しない。もし海賊を捕獲したら、彼らをカピタン支那に引き渡す。……カピタン支那は、それだけの働きをした見返りに、以前のように自由に自分の国に戻ることができる。この協定に従い、どちらの側もこれまでに起こった損害は、補償される。[34]

オランダ人が台湾に移ったその年にエリー・リポンはバタヴィアに向かった。彼はその後も一年間アジアにとどまり、それからヨーロッパに旅立った。彼の記録の中の中国に関する数章は、一六二〇年代における海上の情況の一端を伝えるものである。それは、中国海賊の新しい波が興隆する時期に当たっていた。彼らによる略奪と破壊は、その前の十年間から始まり、その後もさらに激しくなって一六三五年頃まで続く。海賊・劉香[35]の死と鄭芝龍による中国の東沿岸の支配は、こうした行為の急速な減少をもたらすことになった。ここに登場する人々は、全体として日本との密貿易の回路に直結していた。日本との交易は、非常に有利で大きな富の源泉だった。オランダ東インド会社が澎湖諸島に基地を設置していた時期、台湾はすでに非合法の人々のたまり場となっていた。十六世紀末以来、この島は、その戦略的な位置のために、密貿易者の隠れ家となり、また誰にも支配されない非合法交易の中心地となっていた。中国帝国の官僚がこの無法地帯を訪れる危険を冒すことはほとんどなかった。一六二二年から三五年の間、中国の南東沿岸で勢力を争った集団が、そこで商売をし、危険を避けるために身を隠し、また気候の条件によってそこから大陸への襲撃に出発するための基地として使った、台湾はそうした場所だった。一六二二年、林辛老が一〇〇〇人ほどの郎党を連れて大陸を急襲した出発地も台湾だったのである(36)。

おわりに

結論として、エリー・リポンの記録は、十七世紀前半の中国沿岸における海上の激しい活動の最盛期に関して、多くの細部の情報をもたらすものと言うことができる。この記録は、アジアにおけるオランダ東インド会社の主だった人々の行動や、作戦の形態、その行動原理となった感情のあり方などを伝えるだけでなく、同時代に活躍していた中国の海賊や密貿易者の行動を垣間見せ、その頃の海上がいかに激しい闘争の場になっていたかを再確認するものでもある。この史料は、他のヨーロッパの史料と同様、中国側の史料に見られない重要な情報を伝えるものと言える。中国の史料では、対象となる事象が非合法のものだったので記録されなかった、あるいは当然すぎて記述の対象とならなかった、などの理由で欠けている細部の具体的な情報が、これらの史料によって補完されるのである。さらに、中国の歴史的な文献は、船上や海上の生活などを記述することは少なかった

最後に、もう一つ付け加えたいのは、エリー・リポンの記録では（他のヨーロッパの記録も同様だが）、彼は自分が犯す暴力行為や、それがもたらす一種の喜びさえ隠すことがないにもかかわらず、彼にとって、「海賊」とは常に「他者」として認識されている、ということである。彼は、他の国の人による海賊行為は繰り返し断罪するが、自分や自分の仲間については、海賊ということばは一切使わない。唯一、たまに用いられるのは、course（「私掠」と訳される）という語で、これは自国の政府または雇い主の会社の認可を得て、その利益を守るために敵に暴力を振るうことを正当化する用語である。この問題に関連して記しておくべきなのは、ヨーロッパでは、海賊行為が刑法の対象となるのはやっと十八から十九世紀にかけてで、そこでは死刑に値する、と規定

されるようになった、ということである。(37) アジアの市場を獲得するために旅に出た冒険家たちは、彼らが訪れた、または征服した国の法律に縛られるとはまったく考えていなかった。アジアの征服に乗り出したポルトガル人にとって、商取引と海賊行為の間には、ほとんど区別がなかった、ということは、すでに二〇世紀前半に張天澤氏が指摘しているが、(38) これらのヨーロッパ人は、多くの盗賊行為や暴力を働きながら、それが罪となりうるという意識を持っていなかった。ある国が彼らの思うままにならないというだけで、その国を攻撃する十分な理由となったのである。オランダ人は、この傾向をやわらげるどころか、その暴力的な側面をさらに激化した。

十七世紀前半がそうであったように、より均衡がとれた国際関係が築かれる以前の、狂熱的な交易行為が盛行していた時期、その中心で活動した人々は、ヨーロッパ人であってもアジアの人であっても、獲得する富みに関心が集中して、その手段の善悪には無頓着だった。誰もが、自分の利益のことだけを考え、行動する人も、それを記録した人も、ある行為が戦争行為なのか、ある状況の下の略奪行為なのか、あるいは注文主の名のもとに行なわれた攻撃なのかを気にかけるような者はいなかった。それゆえ、強者の論理のもとで、多少とも正当化され、偏った記録によって証言される広い範囲の行為を指す「海賊行為」は、今日の歴史家にとってまだまだ解明され尽くされない問題を含んでいるのである。

注

（1）沈有容は、安徽省寧国の宣城の出身で、文人の家柄だったが、軍に入ることを志して、一五七九年に武挙人の試験に合格し、いくつかの戦闘で徐々に頭角を表わすようになる。一五九七年、福建省の地方長官（巡撫）だった金学曽（一五六八年の進士）の要請で、福建省に赴く。当時、彼の兄・沈有巖（一五七九年の進士）は、福州の沿岸防衛の副長官（海防同知）の副官として働いていた。沈有容は浯嶼《ごしょ》および石湖の前線の司令官（把総）に任命され、一六〇六年まで福建省で活動した。その後、浙江省に移り、やはり沿岸警備に当たった。一時引退するが、再度要請されて福建省に戻り、海賊の取り締まりに当たった。張廷玉・他編『明史』（一七三九年成立）第二三巻（巻二百七十）（北京、中華書局、一九八四年）六九三八―六九三九頁、Goodrich, Luther Carrington and Fang, Chaoying, *Dictionary of Ming Biography, 1368-1644*, New York: Columbia University Press, 1976, pp. 1192-1195 参照。沈有容の事蹟については、他にも福建省の多くの地方誌に見ることができる。

（2）この時、オランダ人たちは李錦という福建省出身でパタニ（大泥）にいた中国人を伴ってやってきていた。李錦は、はじめ、福州に赴いて当時の税関の官吏・高宷《こうさい》という宦官を相手に交渉した。高宷は法の遵守よりも私欲を優先させることが知られており、そのことを伝え聞いた巡撫・商周祚が沈有容の船団を出動させて、この交渉を中断させ、オランダ人を立ち去らせるようにしたのである。

（3）商周祚は会稽（紹興）の出身で、一六〇一年の進士。

（4）『明実録』一二七巻（台北、中央研究院歴史研究所、一九六六年）一五三五―一五三七頁（天啓三年正月二十七日＝一六二三年二月二六日）。「福建、巡撫・商周祚言。紅夷自六月入我彭湖、専人求市。辭尚恭順。及見所請不允、突駕五舟犯我六敖」。

（5）この本の写本は、一八六五年に発見され、スイスのフリブール州立図書館に保存されている。以下で

は Élie Ripon, édité par Yves Giraud et Gérard A Jaeger, *Voyages et aventures aux Grandes Indes : journal inédit d'un mercenaire, 1617-1627*, Thonon-les-Bains（Haute-Savoie）, L'Albaron, 1990 の頁数を参照する。また、本書の中国語訳が出版されている。『利邦上尉東印度航海歴險記——一位傭兵的日誌（一六一七～一六二七）』（台北、遠流出版、二〇一二年）。

（6）　フランス語では、それ以外にやはりオランダ東インド会社の傭兵だった無名記者が残した『三年前から滞在する一フランス人紳士の東インドへの旅行の記録』（*Relation d'un voyage aux Indes orientales, par un gentilhomme français arrivé depuis trois ans*）と題された史料がある（Paris: Pierre Villeruy & Jean Guignart, 1645）。Dirk van der Cruysse, présentation, édition et annotation, *Mercenaires français de la VOC. La route des Indes hollandaises au* xviie *siècle*, Paris: Chandeigne, 2003, pp. 207-240 参照。

（7）　*Voyages et aventures du capitaine Ripon aux Grandes Indes*, pp. 53-62.

（8）　フリブール州立・大学付属図書館蔵、写本L五〇九番。紙、二五五×一六三センチメートル、三七〇頁（一二シートのノート）、頁番号なし、ハードカバー装丁。

（9）　この点については、フランス語では、たとえばジャン＝バティスト・タヴェルニエ（Jean-Baptiste Tavernier）による *Recueil de plusieurs relations et traitez singuliers & curieux qui n'ont point esté mis dans les six premiers Voyages*（はじめの六つの旅行記に収められなかった奇妙で特記すべき事柄についてのいくつかの記録および論の集成）, Paris: Gervais Clouzier / Amsterdam: Wolfgang, 1679 の中の「Histoire de la conduite des Hollandais en Asie（アジアにおけるオランダ人の振舞の歴史）」が参照できる。また、オランダの文献については、前引（注6）*Mercenaires français de la VOC. La route des Indes hollandaises au* xviie *siècle*, p. 34 参照。

（10）　この問題にかんしては、たとえば Paola Calanca, *Piraterie et contrebande au Fujian. L'administration chinoise face aux problèmes d'illégalité maritime*（*17e-début 19e siècle*）（福建における海賊行為と密輸——海上

の違法行為に対抗する中国行政（十七〜十九世紀初頭））, Paris, Éditions des Indes savantes, 2011 の第三章を参照。

（11）彼らの活動については、たとえば林仁川『明末清初私人海上貿易』（上海、華東師范大学出版社、一九八七年）、張增信『明季東南中国的海上活動』（台北、私立東呉大学中国学術著作奬助委員会、一九八八年）などが参照できる。

（12）鄭芝龍は、南安の出身で、十八歳の時に郷里を出てマカオに赴いたという。そこには母方の叔父がいて、海外との貿易に従事していた。彼は、そこで商売の術とポルトガル語を学んだという。ヨーロッパ人と最初に接触したのもそこだった。一六二一年頃、彼は日本を目指して、平戸に到着、そこで同じ中国の李旦の下で活動を始めた。李旦は、当時、台湾を経由して行われる日本と福建の間の密貿易の主要な首謀者だった。鄭芝龍は、鄭成功（一六二四〜一六六二年、ヨーロッパでは「国姓爺」として知られる）の父だった（母は日本人の女性だった）。彼らについては、Leonard Blussé, "Minnan-jen or cosmopolitan? The rise of Cheng Chih-lung alias Nicolas Iquan", *in* Eduard B. Vermeer, ed., *Development and Decline of Fukien Province in the 17th and 18th Centuries*, Leiden, Brill, 1990, pp. 245-264; Patrizia Carioti, *Zheng Chenggong*, Napoli, 1995, Istituto Universitario Orientale, Dipartimento di studi asiatici, Series Minor XLV; Tonio Andrade E, *The Lost Colony. The Untold Story of China's First Great Victory over the West*, Princeton University Press, 2011; Id., *The Gunpowder Age: China, Military Innovation, and the Rise of the West in World History*, Princeton, Princeton University Press; Hang Xing［杭行］, *Conflict and Commerce in Maritime East Asia: The Zheng Family and the Shaping of the Modern World, c. 1620-1720*, Cambridge, UK: Cambridge University Press, 2016; Id., "Contradictory Contingencies: The Seventeenth-century Zheng Family and Contested Cross-Strait Legacies,"*American Journal of Chinese Studies* 23 (2016), pp. 173-182; Id., "The Shogun's Chinese Partners: The Alliance between Tokugawa Japan and the Zheng

Family in Seventeenth-century Maritime East Asia," *Journal of Asian Studies* 75. 1 (2016), pp. 111-136 参照。

(13) オランダ人とアジアの当事者たちとの関係については、Cheng Wei-chung [鄭維中], *War, Trade and Piracy in the China Seas (1622-1683)*, Leiden, Brill, 2013 を見よ。

(14) ただし、その記録（前引、注6の *Relation d'un voyage aux Indes orientales*, 2003, pp. 216-219）には、幾人かの人物について、身分や行動について明らかな誤謬がある。

(15) これは、実際には鄭芝龍の父ではなく、李旦（生年未詳〜一六二五没）のことだろう（前注12参照）。李旦は、当時の日本と福建省との間の（台湾を介した）密貿易で主要な役割を果たした人物だった。鄭芝龍は、一六二一年ごろ、平戸で彼のもとで働くようになっていた。李旦については、たとえば Iwao Seiichi (岩生成一), "Li Tan. Chief of the Chinese Residents at Hirado, Japan in the Last Days of the Ming Dynasty," *Memoirs of the Research Department of the Toyo Bunko* 17, 1958, pp. 27-83 参照。

(16) *Relation d'un voyage aux Indes orientales*, pp. 216-217 参照。オランダ人と鄭芝龍、および他の中国出身の海賊との関係については、たとえば蘇同炳『台湾史研究集』（台北、国立編訳館中華叢書、一九八〇年）一七—六四頁、および七三—九九頁参照。

(17) ヨーロッパにおける海戦は、一七二〇〜一八一五年の間に最高潮に達するが、十七世紀もすでに多くの海上の戦闘が行なわれた。一六五二〜七四年のイギリスとオランダの海戦、一六二一〜四八年のスペインとオランダの海戦、一五六一〜一六六〇年のバルト海におけるスウェーデンの進出、さらに各国における独立した海軍の創設などを挙げることができる。

(18) *Voyages et aventures du capitaine Ripon aux Grandes Indes*, p. 46.

(19) エリー・リポンもその一人に数えられるだろう。もっとも彼の場合は、戦闘への情熱もあったに違いない。そのことを彼は隠そうとしていない。「レイエ指揮官は、そこに残るつもりはなかった。私もまた、和平が達成されたからには、闘いを目的としているので、そのままにするつもりはなかった。私は平和より戦争が好きだからである」(同上書、一一六頁)。

(20) エリー・リポンによれば、ジャカルタ〔バタヴィア〕の制圧に際して、オランダ軍の将軍は、ジャワ人一人の頭を取ってきた者に対して一〇レアルの報酬を約束した。「そのため、多くの人がそこに行き、多くの頭を取ってきた」(*Voyages et aventures du capitaine Ripon aux Grandes Indes*, p. 59)。一〇レアルは、一般的な月収の三倍弱に当たる相当な額だった。オランダ東インド会社の兵士は、月に九フローリン稼いでいた。それは、同時代のフランスの一般的な労働者の月収より少なかったが、彼らは住居と食料を支給されていた(*Relation d'un voyage aux Indes orientales*, pp. 29-30)。

(21) *Relation d'un voyage aux Indes orientales*, p. 34.

(22) *Voyages et aventures du capitaine Ripon aux Grandes Indes*, p. 120.

(23) *Voyages et aventures du Capitaine Ripon aux grandes Indes*, pp. 89-90.

(24) リポンはここで「Ochau」という表記をしている。これは福建省の省都である福州を指す音写で、リポンはおそらく間違ってこの語を用いていると思われる。舟山群島は浙江省にあり、この時期の中国沿岸への攻撃に際して、オランダの船が、古くからヨーロッパ人に知られていたこの地域まで遠征したことは、充分に考えられる。一方、福建省の巡撫(長官)は福州にいて、オランダ人たちはこの時期からすでにその長官と直接交渉することを望んでいた。それが実現するのは、一六二三年になってからのことである。リポンの情報は全般的に正確だが、ここでは福州と浙江省を混同していると推測される。

(25) *Voyages et aventures du Capitaine Ripon aux grandes Indes*, pp. 95-96.

(26) *Voyages et aventures du Capitaine Ripon aux grandes Indes*, p. 97. これらの攻撃について、中国側の史料として次のものが挙げられる。周凱・他修『廈門志』(一八三八年成立)第十六巻、中国方志叢書、華南地

方・八十（台北、成文出版社、一九六七年）三三二頁。『漳州府志選録』（一八七八年成立）台湾歴史文献叢刊（台北、台湾省文献委員会、一九九三年）一〇頁。

(27) *Voyages et aventures du Capitaine Ripon aux grandes Indes*, p. 102.

(28) この事件は、*Voyages et aventures du Capitaine Ripon aux Grandes Indes*, pp. 96-97 に記述されている。

(29) *Voyages et aventures du Capitaine Ripon aux Grandes Indes*, p. 98(これは一六二三年、オランダ人たちが澎湖に帰ってきた時のことである)。

(30) *Voyages et aventures du capitaine Ripon aux Grandes Indes*, p. 114.

(31) *Voyages et aventures du Capitaine Ripon aux Grandes Indes*, p. 112.

(32) *Voyages et aventures du capitaine Ripon aux Grandes Indes*, p. 113.

(33) *Voyages et aventures du Capitaine Ripon aux Grandes Indes*, p. 115.

(34) *Voyages et aventures du Capitaine Ripon aux Grandes Indes*, pp. 117-118.

(35) 劉香は、ヨーロッパ側の史料では Jan Glaew という名で知られている。漳州の海澄市出身で、一六三一年から人々に知られるようになった。彼は、李旦、顔思齊（一五八六～一六二五）および鄭芝龍の周辺で活動を始めたと考えられる。鄭芝龍とは、独立性を保つために距離を置いた関係を取っていた。彼の中心的な活動地域は福建省と浙江省の沿岸だった。彼は、一七〇ほどの船に分かれた数千人の人々を動かしていた。劉香とその配下の者の活動は、とくに広東省を中心として一六三五年まで続いた。その年の五月二十三日に彼は田尾（恵州）の近くで鄭芝龍によって殺されている。その活動期間中、彼はオランダ人勢力ととくに近い関係にあり、彼らの側で中国海軍と戦闘を交えたこともあったという。劉香については、談遷著・張宗祥校点『國榷』第六巻（北京、中華書局、初版、一九五八年、第二版、一九八八年）巻九十二、五五九二頁、五六〇五頁、巻九十四、五七〇一頁、および『明清史料』已冊（北京、中華書局、一九八七年）六八八―七〇〇頁、などを参照。

(36) この点については『明実録』一二六巻（台北、中央研究院歴史語言研究所、一九六六年）一〇〇七―一〇〇八頁（天啓二年三月二日＝一六二二年四月二十日）参照。

(37) 同様に、中国では、十八世紀になってから、法律で海賊についての規定が作られるようになった。一七二七年に「強盗」の条項の付帯条項として採り上げられている。それによれば、「揚子江および海上で海賊行為を行なう者は、本項に基づいて即刻、斬首され、晒し首にされる」という（『大清律例彙輯便覧』第二十三巻、武昌、湖北讞局、一八七二年、五丁表～裏）。ただし、すでに明の弘治帝治世の時代（一四八八～一五〇六年）に作られた「許可されない出国および海禁に関する法律」（私出外境及違禁下海）の付帯条項「例」として、海賊に関する法律が定められ、それが萬暦（神宗）帝の時代（一五七三～一六二〇年）にも改めて発令されたことがある。これは腐敗した官僚が海賊の味方をし、あるいは海賊行為をそそのかす、という問題に対処するための法律だった（黄彰健『明代律例彙編』第十五巻、台北、中央研究院歴史語言研究所、専刊七十五、一九七九年、六八九頁および六九四頁）。清の法律でも、同じ法文が採用されている（『大清律例彙輯便覧』第二十三巻、一八九八年、一丁表～裏）。法律にこのような条項が定められる以前は、海賊行為は「強盗」の部類に入るものとされており、強盗についての法文にしたがって処罰されていた。

(38) T'ien-tse Chang, *Sino-Portuguese trade from 1514 to 1644. A synthesis of Portuguese and Chinese Sources*, Leyden: E. J. Brill, 1934 (1964).

7. 屏風に描かれたオランダ東インド会社の活動

深瀬公一郎　FUKASE Koichiro

はじめに

長崎オランダ商館はオランダ東インド会社にとって東シナ海域の重要な拠点であるが、出島へ移設された十七世紀中頃から後半にかけて、東シナ海域は流動的な情勢が続いた時期であった。中国大陸で明朝が崩壊し清朝の勢力範囲が南へ拡大していくなか、唐船の出港地である沿岸地域も戦乱に巻き込まれていった。さらに鄭氏政権の抗清活動に対して、清朝は遷界令を発令し民間貿易を厳しく禁止して鄭氏政権に対抗した。一方、オランダ東インド会社の重要な拠点であった台湾のゼーランディア城を鄭成功が攻略すると、両者の抗争は東シナ海域へと広がっていった。またヨーロッパ勢力では、イギリスが日本へリターン号を派遣し通商交渉をおこなうなど東アジアへの進出を図り、オランダ東インド会社との対立を深めていた。このような東シナ海域の情勢は、国際貿易港である長崎への来港船にも影響を与えていた。例えば唐船は、清朝支配下の港から出港し弁髪姿の商人が乗船した貿易船、鄭氏政権下の貿易船、どちらにも帰属しない貿易船があり、唐船として一様に扱うことはできない。このように長崎へ来港する諸勢力の関係は複雑であり、幕府とオランダ東インド会社、幕府の唐船対策といった個別関係で掌握することはできず、大陸の情勢を含めた複合的な分析が必要となる(1)。

さて、本章では十七世紀後半の長崎を描いたとされる『寛文長崎図屏風』(長崎歴史文化博物館)の景観を読み解き(2)、十七世紀後半の東シナ海域情勢と長崎、そしてオランダ東インド会社の活動について考えていきたい。中近世移行期の日本では、城下町などの都市を建設・再編していった権力者が、自らの都市を誇示するために、風俗・歴史的事象を加えて都市全体を描く都市図が成立していた。江戸や京都などを描いた屏風図(3)と比較した場合、『寛文長崎図屏風』の特徴は、長崎市中だけでなく港湾施設や来港船まで描かれている点にある。近世都市長崎は、都市構造と貿易・港湾機能とが一体化した港市という特質があった。そのため長崎の景観を描くとき、必然的に長崎市中だけでなく港湾施設や東シナ海域諸港からの来港船も詳細に描かれた。このような特徴から、『寛文長崎図屏風』には、東シナ海域情勢が反映されることになる(4)。

『寛文長崎図屏風』を読み解くことで、文献資料では捉えがたい情報も得ることができる。十七世紀後半の流動的な情勢のなか、東シナ海域で活動する諸勢力の競合・協力関係は絶えず変わり、さらに競合関係にある勢力に対しては「海賊」行為（＝攻撃）がおこなわれていた。そのため、海上を往来する船舶や、船舶が入港する港では、敵か味方かを識別しなければならなかった。本章では、識別する手段としての海事慣習を『寛文長崎図屏風』から読み解くうえで、オランダ旗を掲揚している唐船の場面に注目する。オランダ旗掲揚という海事慣習に注目しながら、明清交替という流動的情勢における長崎オランダ商館の対応を『商館長日記』から考察していく。

一　『寛文長崎図屏風』に描かれた東シナ海域情勢

❖リターン号と唐船

『寛文長崎図屏風』は六曲一双からなる。右隻には長崎湾、左隻には長崎市中が描かれている。この屏風図は、寛文三年（一六六三）の寛文大火からの復興を描いたとされ、景観年代も寛文十三年（一六七三）頃とされている。(5)

屏風図に描かれている景観をみていきたい。右隻は、右（第一扇）から左（第六扇）へ、長崎湾口から港へと画面が展開していく（図1）。まず長崎湾口の高鉾島付近から入港するオランダ船と、出迎える長崎奉行所の番船が描かれている（図2［第一扇・第二扇］）。これは「旗合」と呼ばれるオランダ船入港の手続きの場面である。オランダ船の長崎入港前、長崎奉行所は、来航を禁止されているポルトガル船とオランダ船を識別するために、番船を派遣してオランダ船の掲揚するオランダ旗を確認した。この「旗合」を終えるとオランダ船は曳船で入港する（［第三扇・第四扇］）。(6)

沿岸部に目をむけると、遠見番所、石火矢の台場、そして港口には戸町・西泊の番所が描かれている。長崎港の警備はポルトガル船の来航に備えて整備され、寛永二十年（一六四三）には西泊へ、正保二年（一六四五）には戸町へ沖番所が設置され、福岡藩と佐賀藩が隔年で担当した。(7)また明暦元年（一六五五）までに長崎港内外に設置された石火矢台場も、戸町・西泊番所や高鉾島などに描かれている。

右隻の第五扇・第六扇では、唐船と西洋帆船が注目される（図3）。まず沖合に停泊する唐船からみていきたい。唐船からは貿易品と思われる積荷が小舟に移されている。また唐船は砲門を備えていることから、海上航行中に戦闘をおこなう可能性があったことになる。この唐船の墨書には「とう□い」とあるが、これは台湾の呼称である「とうねい（東寧）」と考えられる。これらの

図1　『寛文長崎図屛風』(右隻)(長崎歴史文化博物館所蔵)

図2　オランダ船の旗合　『寛文長崎図屛風』(部分)(長崎歴史文化博物館所蔵)

特徴から、この唐船は台湾（東寧）を出港した貿易船であり、長崎までの航海中には競合する諸勢力との戦闘へ備えていたと考えられる。

次に西洋帆船をみていきたい。この西洋帆船は、オランダ船入港の場合と異なり、周囲を番船によって厳重に囲まれている。この帆船の墨書に「エケレス」とあることから、一六七三年に来港し日本との通商を求めたリターン号であることがわかる。イギリス東インド会社では、自国製品の輸出とアジア域内貿易への参画のため、東アジアでの商館の設置を図り、日本へリターン号を派遣した。[8] このリターン号の掲揚している船旗はイングランド国旗（聖ジョージ旗）ではなく、赤白の縞模様の旗である。十字文様のイングランド国旗（聖ジョージ旗）はキリスト教の十字架を連想させるため、日本では拒絶

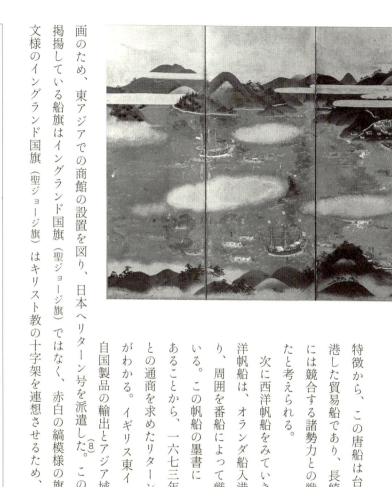

図3　リターン号と東寧船　『寛文長崎図屏風』(部分)
(長崎歴史文化博物館所蔵)

される恐れがあることを、リターン号は寄港した台湾の唐船船主から知らされていた。そのため赤白の縞模様の旗は、長崎入港のために台湾で新調した船旗であった(9)。

右隻に描かれている景観を概括すると、「旗合」などオランダ船の入港の手続き、異国船の侵入に備える長崎港の警備体制が描かれている。一方、鄭氏政権の東寧船やイギリス船リターン号など、一六七〇年代に来港した船舶も描かれている。

❖清朝の遷界令と長崎の唐船

左隻には長崎市中の町並み、市中に暮らす人々、そして港に停泊する様々な船舶が描かれている（口絵4、図4）。まず左隻全体を概観すると、画面の中央の大通りに祭礼行列が描かれ、観衆が沿道に集まっている。この行列は諏訪神社へ向かっていることから、長崎くんちを描いたものとわかる。長崎くんちとは、毎年旧暦九月におこなわれた諏訪神社の祭礼である[10]。

次に長崎港へ停泊している船舶に注目していく（図5）。左隻には、オランダ船三隻と唐船六隻が描かれている。唐船には墨書で出港地が表記されている。これを列挙すると、「かうち（交趾）」・「しやむ（暹羅）」・「ちやくちう（漳州）」・「とんきん（東京）」・「しやかたら（ジャガタラ）」「はんたん（バンタン）」となる。この墨書から唐船の出港地の特徴を考えると、大陸からの出港船は福建省漳州のみで、その他はいずれも東南アジアからの来港船という点が指摘できる。このような唐船出港地の特徴は、清朝の遷界令を反映したものである。明朝の滅亡後、清朝は勢力範囲を南方へ拡大していったが、鄭氏政権は大陸の東南沿岸や台湾を拠点に抗清活動を継続していた。一六六一年、清朝は鄭氏政権への対抗措置として遷界令を発令し、東南沿岸各省の住民を海岸から内陸へ強制移住させるとともに、民間の海外貿易・沿海漁業を厳禁した。しかし鄭氏政権は大陸東南沿岸での密貿易や長崎・東南アジアを結ぶ貿易ネットワークを維持し、清朝への抵抗

図4 『寛文長崎図屏風』(左隻)(長崎歴史文化博物館所蔵)

を続けていた[11]。また唯一の大陸からの出港船である漳州船だが、漳州の港口にある廈門港は鄭成功(口絵5、図6)が拠点を構えた港であり、一六八〇年に清朝が攻略するまで鄭氏政権の拠点であった[12]。以上から、『寛文長崎図屏風』に描かれている唐船の出港地は、清朝の遷界令と鄭氏政権による貿易ネットワークを反映していることになる。

次に屏風図に描かれている異国人に注目する(図7)。近世都市長崎は港市という特質から、海外からの来航者も都市の構成員であり、『寛文長崎図屏風』にもオランダ人・唐人が描かれている。両者を比べると、いくつかの違いがある。オ

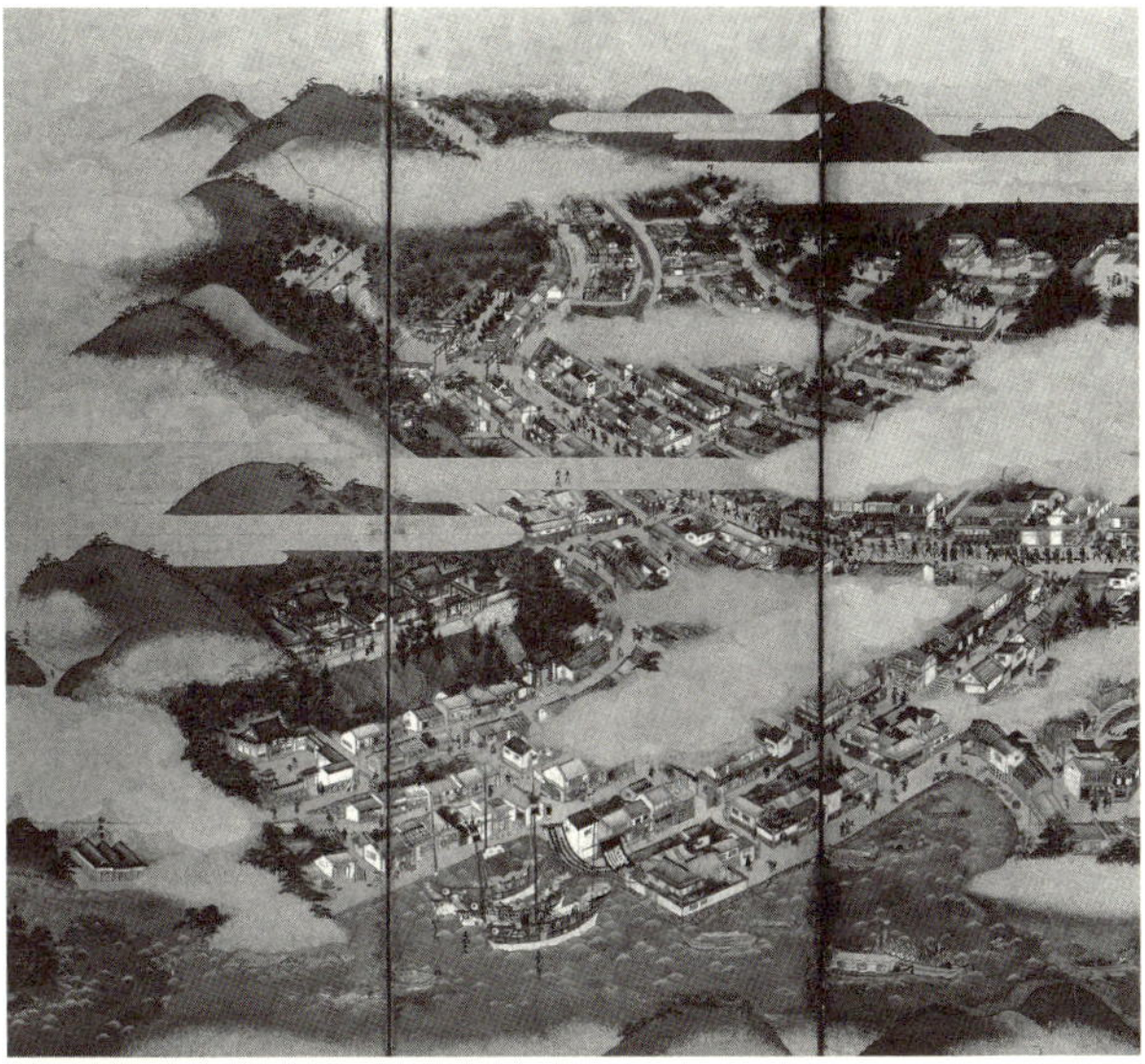

図5　長崎港に停泊する唐船　『寛文長崎図屛風』（部分）（長崎歴史文化博物館所蔵）

ランダ人の場合、出島からの外出を厳しく制限されていたため、長崎くんちの見学は出島から外出する数少ない機会であり、『寛文長崎図屛風』にはその様子が

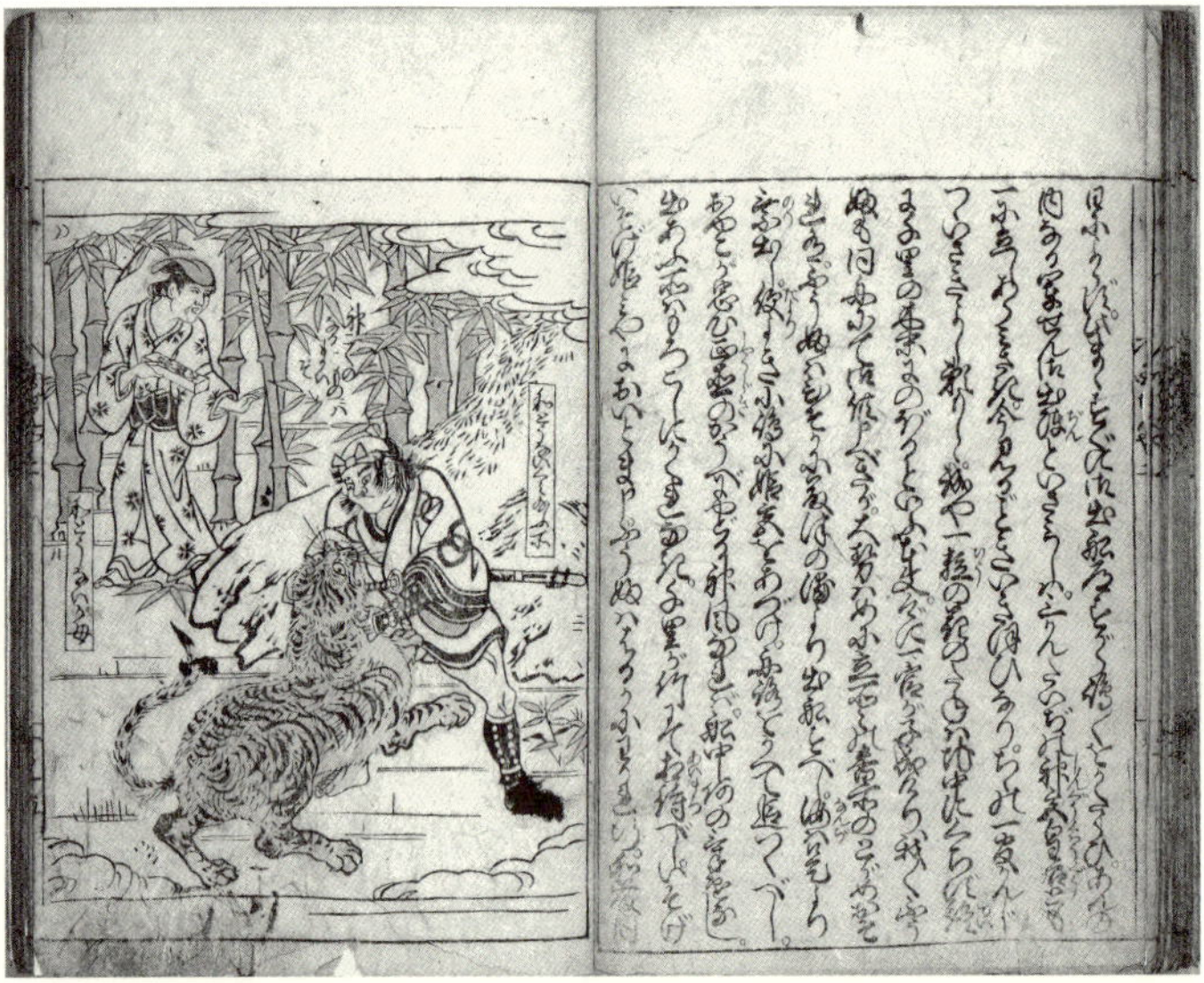

図6　国姓爺合戦　『国姓爺御前軍談』（東洋文庫所蔵）（口絵5参照）

象徴的に描かれている。一方、唐人の場合、長崎くんちの見学のほかにも市中の各所に描かれており、その数も圧倒的に多い。また唐人の限定された居留地である唐人屋敷は『寛文長崎図屏風』には描かれていない。『寛文長崎図屏風』の景観は唐人屋敷の設置以前であり、唐人は「市中雑居」として暮らしていた様子を描いているのである。[13]

このような左隻に描かれている景観は、一六八四年以降に大きく変化する。一六八三年に鄭氏政権が降伏し、翌年に清朝が遷界令を解除すると、南京など大陸各地から長崎へ来港する唐船が激増した。長崎に来港した唐船乗員は、生活・交易

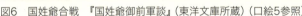

図7　長崎市中のオランダ人と唐人　『寛文長崎図屏風』（部分）（長崎歴史文化博物館所蔵）

機能が一体となっていた船宿（本宿・小宿）に滞在しており、特に唐船乗員の個人貿易に対する幕府の管理統制は困難を極めていた。貿易の管理統制の徹底を図る幕府は、生活空間と交易空間を峻別するために、一六八九年、幕府は唐人屋敷を設置し市中雑居を禁じて唐人屋敷への収容を命じたのである。[14]『寛文長崎図屏風』の左隻に描かれている景観は、唐人屋敷設置以前の市中の姿であり、清朝の遷界令という東シナ海域情勢における港市としての長崎の姿でもある。

二　明清交替とオランダ東インド会社

❖長崎オランダ商館によるオランダ旗交付

十七世紀中頃から後半の時期、東シナ海域の情勢は流動的で不安定な情勢が続いていた。オランダ東インド会社・鄭氏政権・清朝・日本の幕府など、諸勢力の競合・協力関係も流動的であった。競合的な相手に対しては「海賊」行為（＝攻撃）がおこなわれることから、敵・味方を識別するための手段が必要となる。ここからは、敵・味方を識別するための海事慣習を、『寛文長崎屏風』から読み解いていきたい。

『寛文長崎図屏風』のなかで手がかりとなる場面がある。左隻に描かれている一隻の唐船と、この船が掲揚しているオランダ旗である（図8）。オランダ船が国籍を表すためにオランダ旗を掲揚して入港したことは、『寛文長崎図屏風』の「旗合」の場面にも描かれている（前節参照）。本来は国籍を表すためのオランダ旗を唐船が掲揚している場面は、奇妙にも思える。唐船のオランダ旗掲揚には、オランダ船の場合とは異なる意味が存在していたと想定される。そこで本節では、明清交替という競合・協力関係が流動的な時期における長崎オランダ商館の活動を『商館長日記』から追いながら、唐船がオランダ旗を掲揚する海事慣習について明らかにしていきたい。

一六四四年の李自成の乱により明朝が崩壊すると、東シナ海域は不安定な状況となる。唐船の出港地である浙江省・福建省など大陸東南沿岸部が戦乱に巻き込まれると、長崎へ来港する唐船も影響を受け、長崎に拠点を置くオランダ東インド会社も東アジア域内貿易への対応を迫られることになる。一六四六年六月、清朝支配下となった南京から唐船が、生糸などの貿易品を積載して長崎へ来港した[15]。大陸で勢力を拡大する清朝に対して幕府が警戒を強めるなかでの来港であった。そのため南京船の商人たちは弁髪を帽子で隠すなど[16]、長崎奉行の対応を慎重にうかがっていた。

図8　オランダ旗を掲揚する唐船　『寛文長崎図屏風』（部分）（長崎歴史文化博物館所蔵）

一方、長崎奉行も南京船の商人を強く警戒し、貿易の許可など来港船への対応について江戸の幕閣へ指示を仰いだ。長崎奉行からの伺いに対して幕府は、タルタリア人（清朝）と通商がないこと、キリスト教との関わりが不明なことを理由に、南京船の貿易を不許可として帰国を命じた。(17) 幕府が清朝とキリスト教との関係を警戒した背景には、この時期に唐船によるキリシタン侵入事件の頻発が考えられる。(18) そのため、幕府はキリスト教布教についての清朝の対応を見極める必要があったのである。

清朝への警戒感を幕府が強めるなかで来港した南京船の商人たちは、このような幕府の対応についても事前に想定していた。南京船の商人は、秘密裏に長崎オランダ商館に対して直接貿易を働きかけた。(19) この交渉は、同年十月に来港した南京船・福州船の商人たちへと引き継がれ、具体的な交渉が進められた。その交渉の過程のなかで『商館長日記』には、次のような南京商人たちの要望が記されている。(20)

南京人たちは今やタルタリア人となり、従って当地から追放され〔たので〕、タイオワンへ通航し、自由に彼等の貿易を邪魔や障害なく行ってもよいというしるしと保証として、旗と通航証を与えて欲しいと望んでいる。

この南京商人の要望から、唐船がオランダ旗を掲揚する意味について知ることができる。南京商人は台湾への渡航と貿易の許可として旗と通航証を長崎オランダ商館に求めており、旗と通航

証にはオランダ東インド会社から攻撃を受けることはなく友人としてもてなされるという意味があったことになる。(21)

南京商人の意図は、オランダ東インド会社が商館を設置している台湾(タイオワン)での貿易にあった。幕府によって清朝支配地からの来港を禁じられたため、南京商人は南京・長崎貿易を、台湾でのオランダ東インド会社との中継貿易によって維持しようと企図したのである。

オランダ商館長ファン・ツムが「一官によって阻まれたもの」を取り戻す絶好の機会であると書き記しているように、(22)オランダ東インド会社にとっても南京船との台湾貿易は大きな好機であった。一六三一年、鄭芝龍(一官)によって中国本土へのオランダ船来港を禁止されると、中国本土へのオランダ船派遣は実現できず、また対日貿易の主要品である生糸・絹製品は、中国ジャンク船のネットワークに掌握されていたのである。(23)南京商人との交渉は、この状況を打破する好機であった。

❖長崎オランダ商館の南京進出構想

清朝支配下の南京商人と思惑が一致すると、長崎オランダ商館では、オランダ東インド会社の対日貿易への影響を配慮しつつ、通航証・オランダ旗の唐船への交付を慎重にすすめていった。

長崎オランダ商館は特に長崎奉行への配慮を怠らず、秘密交渉とはせずに長崎奉行の容認を求めたのである。これに対して長崎奉行は、通航証・オランダ旗の交付については「商館長の考え次第」であることを長崎オランダ商館へ伝えた(24)。長崎奉行がオランダ旗と通航証の交付を許可した理由について、南京・長崎貿易の問題が考えられる。幕府は、唐船によるキリシタン侵入の警戒(25)や抗清勢力からの援兵要請(26)などの理由から、清朝船に対して警戒を強め、入港と貿易を認めなかった。しかし南京など対日輸出港を清朝が支配することになれば、清朝船の貿易を拒否することで生糸などで輸入品の深刻な供給不足を招く恐れがあった(27)。清朝船とオランダ東インド会社との台湾貿易は、日本が清朝と接触することなく南京からの輸入を維持できる方法でもあった。

長崎奉行の承認を得たことにより、南京商人と長崎オランダ商館は、具体的な貿易計画を作成する。南京商人からの提案は二つであった(28)。一つは、来正月または次の二ヶ月内に、生糸絹織物を積んだジャンク船で台湾に渡り貿易をおこない、その後にオランダ船と共に中国に渡るというものであった。もう一つの提案はジャンク船が台湾に渡航できない場合には、「ヌンプーの島」へ貿易拠点を設置して、オランダ船来港に尽力するという内容であった。

この南京商人からの提案で注目されるのは、台湾での貿易だけでなく、オランダ船の南京来港も企図している点である。この提案はオランダ東インド会社にとっても魅力的な提案だった。オランダ商館長フルステーヘンは、南京・長崎貿易について、次の様に分析していた。[29] すなわち、福建出港船や東南アジア出港船は中大型船で貿易品の積載量は大きいが、頻繁には往来できないため商機に乗じた貿易については不利であり、一方、南京・長崎貿易は福建省や東南アジアに比べると航路が短く、そのため小型で機能的な船で商機に応じて往来し、生糸や絹製品で大きな利益を得ることができると考えていた。さらに貿易拠点としての南京については、次の様に分析している。[30] すなわち南京は季節風に左右されることなく商機に応じて一年中何時でも日本に渡ることができる輸出港であり、対日貿易に非常に有利な場所であると考えていた。そして清朝の「大官」の許可を得ることによって南京に進出できれば、「会社も南京の果実を一度正当にも食べてみること」[31] ができると大きな期待を寄せていた。

このような期待のなか、長崎オランダ商館は、商館員補デ・フロートとミューレナールの南京船派遣と、「ヌンプー」での貿易を許可されるのであればヨーロッパその他の貿易品を持って南京船と共に南京に派遣することを決議した。[32] 長崎オランダ商館の構想は、台湾貿易から南京への進出へと移っていった。

しかし、長崎オランダ商館が大きな期待を寄せた南京進出構想は失敗に終わる。オランダ通詞や日本人商人を交えて協議がすすむなか、オランダ通詞は旗と通航証の交付を長崎奉行臨席のもとでおこなうべきと提案した(33)。しかし実際に長崎奉行の前に通航証が提示されると、長崎奉行は通航証の交付も南京商人との交渉を禁じ、南京船とオランダ船の出港を命じたのである(34)。さらに十二月二十八日、通詞孫兵衛は、幕府が清朝に服して弁髪にした商人も、清朝に服していない商人も貿易を許可したと伝えた。その理由は、タルタリア人の信仰がキリシタンではないことが明らかになったためということであった(35)。

長崎奉行の強硬な処置に対して、南京商人も長崎オランダ商館も諦めなかった。南京船とオランダ船は長崎を出港した後、「日本の領外」である女島で待ち合わせ、そこで旗と通航証を引き渡すことになった(36)。オランダ商館長フルステーヘンは、南京進出構想がタイオワン（台湾）商館によって推進されることを期待していた(37)。しかしオランダ東インド会社南京進出構想は実現せず、フルステーヘンは強く後悔することになる(38)。

三　鄭氏政権とオランダ東インド会社の抗争

❖東シナ海域でのオランダ旗掲揚

さて、前節では唐船のオランダ旗掲揚には渡航証としての意味があるとわかったが、この点を踏まえて、もう一度『寛文長崎図屏風』に描かれた場面を詳しく見ていきたい。オランダ旗を掲揚している唐船は「はんたん」という墨書から、この唐船はバンタン出港船とわかる。十七世紀中頃のバンタン港は、オランダやイギリスが商館を構え、対日貿易に関わる中国人商人も在住し国際貿易港として賑わっていた(39)。

『寛文長崎図屏風』のほかにオランダ旗の唐船を描いたものとして、『唐船之図』（松浦史料博物館）（図9）がある。『唐船之図』では、二旗のオランダ旗を掲揚している「咬𠺕吧船出シ船」の唐船が描かれている。咬𠺕吧とは、オランダ東インド会社が商館を設置したバタヴィア港である。記録性の高い『唐船之図』の特徴から考えると、バタヴィアを出港した唐船がオランダ旗を掲揚していたことになる。

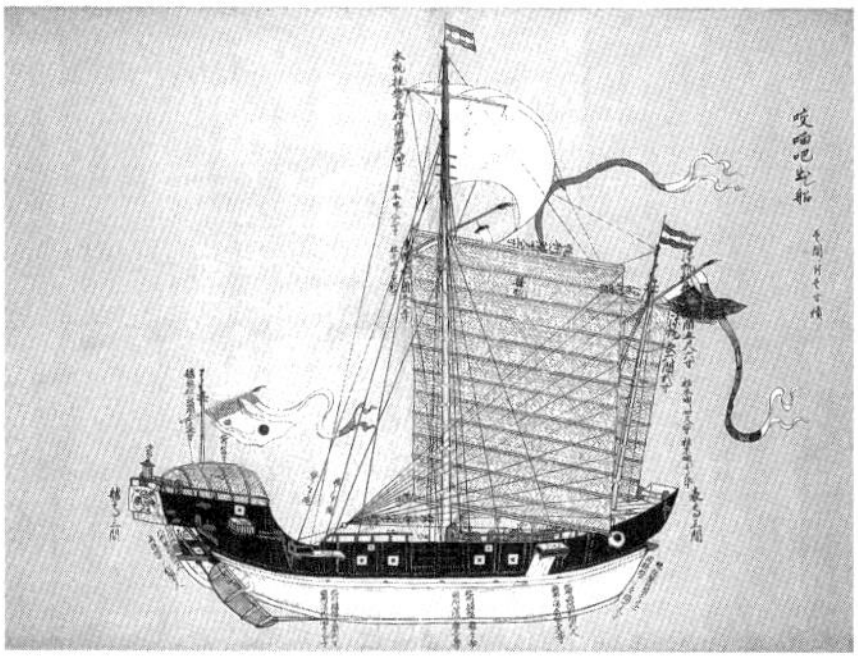

図9　オランダ旗を掲揚する咬𠺕吧船　『唐船之図（部分）』（松浦史料博物館所蔵）

『寛文長崎図屏風』と『唐船之図』に描かれたオランダ旗の唐船は、いずれも東南アジアから長崎へ来港した唐船であり、バンタン・バタヴィアというオランダ東インド会社が商館を置いた港から来港している。このことから、長崎へ渡航するために出港地の商館からオランダ旗を交付されたと考えられる。

唐船が掲揚していたオランダ旗については、長崎で唐船の管理業務に関わっていた唐通事の記録からも知ることができる。『唐通事会所日録』には、寛文十年（一六七〇）の二十八番船については次のように記述されている[40]。


寛文十庚戌十二月廿八日、弐拾八番船頭御政所江罷出申候而申候者、おらんたゟ状并はた、つてを以もらひ申候間、得御意候段申上候、御意被成候者、たれを頼もらひ申候哉と被成御意候付、則志築孫兵衛を頼、もらひ申候段申上候

唐船（二十八番船）の船頭が所持している「はた」とはオランダ旗であり、「状」とは通航証のことである。このように『寛文長崎図屏風』に描かれている唐船のオランダ旗掲揚は、同時期の文献資料からも確認することができる。また唐船の船頭は阿蘭陀通詞・志築孫兵衛の仲介によって交付されていることから、長崎オランダ商館より交付されたものであると思われる。

渡航証船旗としてのオランダ旗の掲揚は、オランダ東インド会社の商館が設置された港の周辺海域だけではなかった。『寛文長崎図屏風』の景観年代と同時期に、琉球王府の渡唐船もまた唐

船と同様にオランダ旗を掲揚していたのである。中国王朝や日本《ヤマト》への外交使節船の派遣が王権の構造と密接に関連していた琉球王府では、清朝へ進貢使節を派遣するために福建省福州へ渡唐船を渡海させていた(41)(図10)。一六六六年、鹿児島城下の鹿児島琉球館で在番を勤めていた小禄親方は、帰国する与那原を通じて渡唐船について次のような報告を琉球王府へ伝えている(42)。

一、阿蘭陀旗之儀、前々渡唐之刻、海上用心ニ持渡候処、琉球無之候間、此節申請可被下之由小橋川上江洲ゟ吉兵衛殿我等へ被申候間、右之段又左衛門様へ申上候へハ、当年者阿蘭陀之主取長崎へ不参候間静ニ可申上由被仰候条、右之段吉兵衛殿ゟ琉球へ可申越之由被申候間、来春右之首尾可被仰遣候、委細之儀ハ与那原可被申上候事

小禄親方は琉球王府に対して、前々より「海上用心」のために渡唐船が持ち渡っていた「阿蘭陀旗」について、薩摩藩を通じて長崎の「阿蘭陀之主取」(オランダ商館長)に申請したが、商館長が不在であったと伝えている。この報告より、琉球の渡唐船もまたオランダ旗を掲揚していたことがわかる。

また琉球渡唐船がオランダ旗を掲揚する目的を「海上用心」としている点に注目したい。小禄

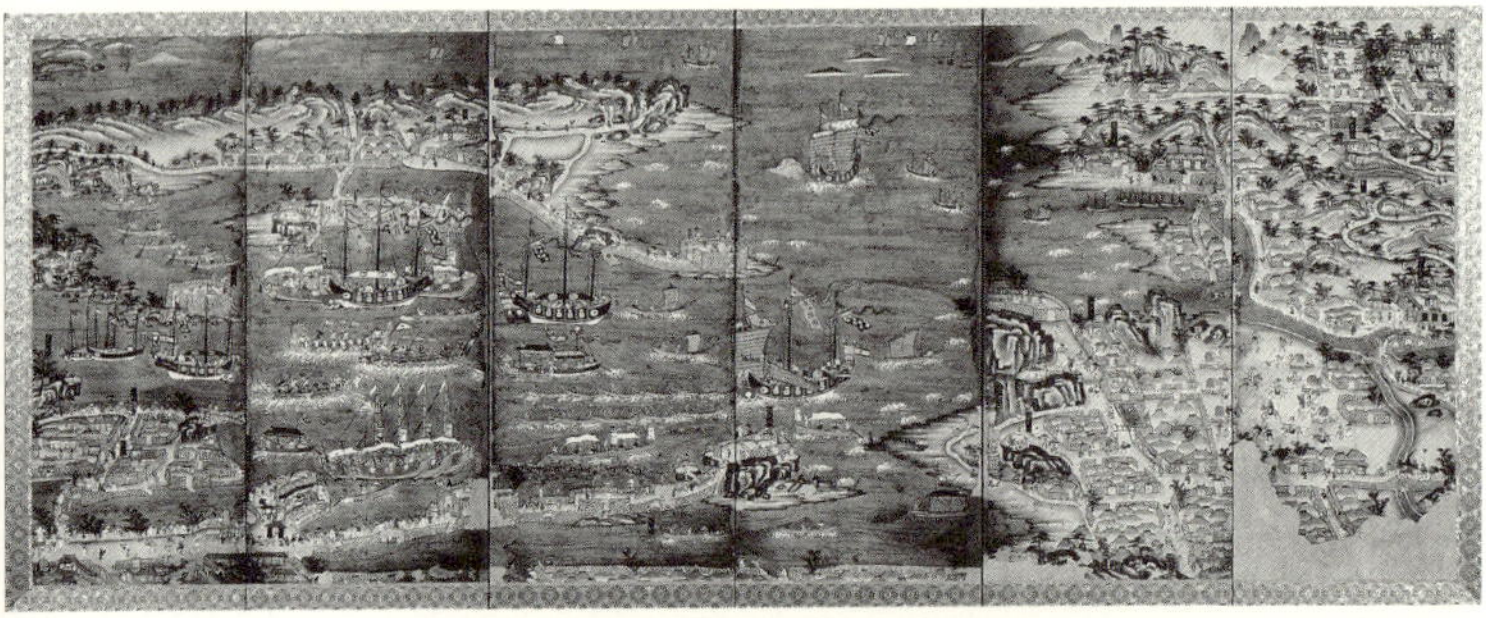

図10-1　『琉球交易港図屏風』(部分) (浦添市立美術館所蔵)

図10-2　那覇港に帰港する渡唐船　『琉球交易港図屏風』(部分) (浦添市立美術館所蔵)

親方の報告後、寛文十三年（一六七三）に幕府はオランダ商館長に対して「附庸国」である琉球の渡唐船を襲撃しないようオランダに命じている。(43) すなわち琉球の渡唐船は、福建省福州を往来する航海中にオランダ船から海上で襲撃される可能性があった。海上でのオランダ船からの襲撃を避けるために、オランダ商館が交付した渡航証としてのオランダ旗を「海上用心」として掲揚していたのである。

❖鄭氏政権とオランダ東インド会社との攻防

『寛文長崎図屏風』に描かれたバンタン船、『唐船之図』に描かれたバタビア船、『唐通事会所日録』の唐船の事例から、長崎から東南アジアという東シナ海域の広範囲にわたって、唐船は渡航証としてのオランダ旗を掲揚しており、また琉球の渡唐船がオランダ旗を掲揚していた事例から、オランダ旗が有効となるのはオランダ東インド会社の商館が設置された港の周辺海域だけでなく、唐船・オランダ船が航行する東シナ海域の海上まで広がっていたのである。

この時期に東シナ海域の広い範囲でオランダ旗が掲揚された背景には、東シナ海域の貿易をめぐる鄭氏政権とオランダ東インド会社との抗争があった。十七世紀のアジア域内の海上貿易は、鄭芝龍・鄭成功・鄭経と続く鄭氏政権が主導権を握っていた。一方、オランダ東インド会社も東アジア各地に商館を設置し、アジア域内の海上貿易への参画を図っていた。一六六三年、オランダ東インド会社の重要な拠点であった台湾のゼーランディア城が鄭成功によって攻略されると、東アジア域内の海上貿易で競合関係にある鄭氏政権とオランダ東インド会社の抗争は、両者の勢力範囲である東シナ海域全体へと拡大していったのである。(44)

この影響は、長崎の唐通事の記録である『唐通事会所日録』からも確認することができる。寛文三年（一六六三）、唐船の二十二番船がもたらした書翰は、太泥（パタニ）でオランダ船から襲撃されたことを長崎奉行へ訴えるものであった。この訴えに対し長崎奉行は、「国性とおらんた人ハ當分敵ニ罷成候而居候間、唐船ハおらんたを取、おらんたハ唐船を取事」となり、どのようにも裁断し難いとしている。(45)また同年には、広東潮州を出港した唐船が対馬沖で暴風雨のため漂流していたところを、オランダ船に攻撃され撃沈されていた。(46)このように、鄭氏政権とオランダ東インド会社との抗争のなかで、海上で互いの船舶を攻撃し撃沈していたのである。

鄭氏政権とオランダ東インド会社との抗争は、両者に属さない船舶にも大きな影響を与えた。バタビア・バンタンなどに拠点を置き鄭氏政権に属さない中国人商人の唐船は、同じジャンク船型であることから鄭氏政権の船舶と誤認されて攻撃される可能性が高かった。唐船と同じくジャンク船である琉球の渡唐船も、鄭氏政権の船と誤認される可能性があった。そのため鄭氏政権の船舶でないことを示し、オランダ船からの攻撃を回避するために、渡航証としてのオランダ旗を掲揚していたのである。

おわりに

『寛文長崎図屏風』を読み解きながら、十七世紀中頃から後半における東シナ海域の情勢と、これに対応する長崎オランダ商館の活動、そして流動的な情勢下において敵・味方を識別する海事慣習としてのオランダ旗について考察してきた。

『寛文長崎図屏風』に描かれた様々な来港船に注目すると、左隻に描かれたイギリス船リターン号と唐船（東寧）から、イギリスの東アジア進出と台湾を拠点とした鄭氏政権の活動を知ることができる。右隻では、長崎港に停泊する唐船の出港地から、清朝の遷界令がわかる。一方、長崎市中で生活する唐人の姿は、遷界令解除と唐人屋敷設置によって大きく転換する以前の港市・長崎の都市構造を知ることができる。このように『寛文長崎図屏風』は、東シナ海域情勢と密接に関係した港市・長崎の姿を描いているのである。

明朝崩壊による混乱と清朝の勢力拡大に対する幕府の警戒感のなか、一六四六年、長崎オランダ商館では南京・長崎貿易について南京商人との交渉がおこなわれた。台湾での貿易、オランダ東インド会社の南京商館設置が検討され、その交渉のために台湾へむかう南京船の渡航証としてオランダ旗の交付が準備されていた。また一六六〇年代以降、東シナ海域の海上貿易を基盤に清朝へ抵抗活動を続けていた鄭氏政権が、オランダ東インド会社の重要な拠点であった台湾のゼーランディア城を攻略すると、貿易で競合関係にあった両者の抗争は激化し、東シナ海域の海上で双方の船舶への攻撃が激しくなった。鄭氏政権に属さない中国人商人や琉球王府は、海上でオランダ船に襲撃されないよう、渡航証船旗としてのオランダ旗を掲揚したのである。これらの事例から、十七世紀の東シナ海域では、海上でのオランダ船の「海賊」行為（＝攻撃）を回避するために、渡航証船旗としてのオランダ旗を掲揚する海事慣習が存在していたのである。『寛文長崎図屏風』にも、海事慣習としての唐船のオランダ旗掲揚の場面が描かれているのである。

『寛文長崎図屏風』のような絵画資料からは、オランダ旗のように異文化交流における視覚情報を分析することができる。言語が異なる民族が交流する港市では、非言語コミュニケーション手段である視覚情報も重要な要素となる。船旗のような視覚情報は、侵入者と貿易者が混在する異民族交流において、接近することなく相手を認識することが可能となる。(47) 長崎への入港船の掲揚するオランダ旗には、西洋帆船のオランダ船をポルトガル船と区別するために掲揚される場合

（＝国旗）と、海上航行中にオランダ船の襲撃を回避するために唐船はオランダ旗を掲揚する場合（＝渡航証船旗）があった。掲揚する船舶によって、国旗と渡航証船旗という二つの意味を有したオランダ旗は、遠方からの視覚情報による敵と味方を確認できる事例である。

「オランダ旗」には、①日本のキリスト教禁教政策に対応し、ポルトガルに代わって日本貿易進出（国旗）、②東シナ海域における唐船、特に鄭氏政権に対する私掠行為、および私掠と対になる渡航許可制度（渡航証船旗）という、オランダ東インド会社の活動の背景があった。諸勢力の競合する東シナ海域において、オランダ東インド会社の活動の姿が『寛文長崎図屏風』のなかに表象されていると言えよう。

注

（1）木村直樹『幕藩制国家と東アジア世界』（吉川弘文館、二〇〇九年）四―六頁。

（2）歴史資料として絵画資料の利用については、ピーター・バーク（諸川春樹訳）『時代の目撃者――資料としての視覚イメージを利用した歴史研究』（中央公論美術出版、二〇〇七年）。

（3）小澤弘『都市図の系譜と江戸』（歴史文化ライブラリー、二〇〇二年）、小島道裕『洛中洛外図屏風――つくられた〈京都〉を読み解く』（歴史文化ライブラリー、二〇一六年）。図録『西のみやこ　東のみやこ――描かれた中・近世都市』（国立歴史民俗博物館、二〇〇七年）。京都を描いた『洛中洛外図屏風』

については、今谷明『京都・一五四七年──上杉本洛中洛外図の謎を解く』（平凡社ライブラリー、二〇〇三年）、黒田日出男『謎解き洛中洛外図』（岩波新書、二〇〇三年）、瀬田勝哉『増補 洛中洛外の群像──失われた中世京都へ』（平凡社ライブラリー、二〇〇九年）、小島道裕『描かれた戦国の京都──洛中洛外図屏風を読む』（吉川弘文館、二〇〇九年）などがある。『江戸図屏風』については、水藤真編『江戸図屏風を読む』（東京堂出版、二〇〇〇年）、黒田日出男『江戸図屏風の謎を解く』（角川選書、二〇一〇年）などを参照。

（4）近世日本の対外交流史における絵画資料の利用については、黒田日出男・ロナルド トビ責任編集『行列と見世物』（朝日百科日本の歴史別冊『歴史の読み方』十七、朝日新聞社　一九九四年）、黒田日出男「「黒船」のシンボリズム──日本の内外」（『境界の中世 象徴の中世』東京大学出版会、一九八六年）、ロナルド トビ『近世日本の国家形成と外交』（創文社、一九九〇年）、同『「鎖国」という外交（全集日本の歴史九巻）』（小学館、二〇〇八年）、久留島浩編『描かれた行列──武士・異国・祭礼』（東京大学出版会、二〇一五年）など。

（5）『新長崎市史　第二巻近世編』（長崎市史編さん委員会編、二〇一二年）一一九―一二四頁。

（6）オランダ船の長崎入港の手続きについては、片桐一男『鎖国時代対外応接関係史料』（近藤出版社、一九七二年）を参照。

（7）長崎警備については、長崎県史編集委員会編『長崎県史（対外交渉編）』（吉川弘文館、一九八五年）二五〇―二八六頁、松尾晋一『江戸幕府の対外政策と沿岸警備』（校倉書房、二〇一〇年）に詳しい。

（8）注1前掲木村書、第四章。

（9）拙稿「十七世紀後半の長崎港における船旗の役割」（『紀要（長崎歴史文化博物館）』五号、二〇一〇年）。

(10) 久留島浩「長崎くんち考――城下町祭礼としての長崎くんち」(『国立歴史民俗博物館研究報告』一〇三号、二〇〇三年)。
(11) 劉序楓「十七、八世紀の中国と東アジア」(溝口雄三・濱下武志・平石直昭・宮嶋博史編『アジアから考える［二］　地域システム』(東京大学出版会、一九九三年)。
(12) 鄭氏政権の軍事的抵抗については、石原道博『明末清初日本乞師の研究』(冨山房、一九四五年)を参照。
(13) 久留島浩「都市祭礼と「異邦人」――異文化表象研究の視点から」(『歴博』一二三号、二〇〇四年)。
(14) 拙稿「近世前期における長崎の唐船受入体制」(『研究紀要(長崎歴史文化博物館)』十七、二〇二三年)。
(15) 東京大学史料編纂所編『日本海外関係史料　オランダ商館長日記　訳文編之九』(東京大学出版会、二〇〇一年)一六五頁。
(16) 注15前掲書、一六六頁。
(17) 注15前掲書、一七〇頁。
(18) 拙稿「寛永期の唐船キリシタン禁令」(『研究紀要(長崎歴史文化博物館)』十六、二〇二一年)。
(19) 注15前掲書、二〇〇頁。
(20)『日本海外関係史料　オランダ商館長日記　訳文編之十』九頁。
(21) 注20前掲書、二〇頁。
(22) 注15前掲書、二〇〇頁。
(23) 永積洋子「東西貿易の中継地台湾の盛衰」(『市場の地域史地域の世界史九巻』山川出版社、一九九九年)。

(24) 注20前掲書、一四頁。
(25) 注18前掲拙稿。
(26) 注12前掲石原書。
(27) 長崎オランダ商館の輸入品の仕入れ地調査がおこなわれた際、オランダ商館長フルステーヘンは「中国人たちが日本にいなくても済ませることができないだろうか、という協議が行われようとしているのである」と書き記している（『日本海外関係史料　オランダ商館長日記　訳文編之十』二六頁）。
(28) 注20前掲書、一九―二〇頁。
(29) 注20前掲書、一二―一三頁。
(30) 注20前掲書、二三頁。
(31) 右同。
(32) 注20前掲書、二一頁。
(33) 注20前掲書、一五頁。
(34) 注20前掲書、二二頁。
(35) 注20前掲書、三九頁。
(36) 注20前掲書、二二―二三頁。
(37) 注20前掲書、二三頁。
(38) 注20前掲書、二二・一四一頁。
(39) 永積昭『オランダ東インド会社』（講談社学術文庫、二〇〇〇年）一六四頁。
(40) 東京大学史料編纂所編『唐通事会所日録　一巻』（東京大学出版会、一九五八年）一七七頁。
(41) 近世琉球の渡唐使節については、真栄平房昭「琉球における家臣団編成と貿易構造」（『琉球海域史論

（上）――貿易・海賊・儀礼』榕樹書林、二〇二〇年所収）、豊見山和行『琉球王国の外交と王権』（吉川弘文館、二〇〇四年）、深澤秋人『近世琉球中国交流史の研究』（榕樹書林、二〇一一年）などを参照。

（42）『内務省文書』（小野まさ子・里井洋一・豊見山和行・真栄平房昭「『内務省文書』とその紹介」『史料編集室紀要』一二号、沖縄県立図書館史料編集室、一九八七年）史料番号二四。

（43）真栄平房昭「イギリス・オランダ商館の貿易活動と琉球・薩摩」（注41前掲真栄平書所収）、注1前掲木村書、一〇四―一〇五頁。

（44）注1前掲木村書、九〇―一〇七頁。

（45）注40前掲書、一七三頁。

（46）注40前掲書、一七五頁。

（47）アジア海域では、ポルトガルのカルタス、明朝の文引、日本の渡海朱印状など渡航許可制度が併存していた（永積洋子『朱印船』吉川弘文館、二〇〇一年、一―一九頁）。朱印船時代の渡航証船旗については、岩生成一『新版朱印船貿易史の研究』（吉川弘文館、一九八五年）九七―一〇一頁、渡辺美季「鳥原宗安と明人送還」（坊津歴史資料センター企画展「坊津――さつま海道」二〇〇五年）。フェートン号事件以後の海防問題として船旗を取り上げた研究として、片桐一男「フェートン号事件が蘭船の長崎入港手続に及ぼしたる影響」（『法政史学』一九号、一九六七年）、松本英治『近世後期の対外政策と軍事・情報』（吉川弘文館、二〇一六年）などがある。アジア海域におけるヨーロッパ諸国の渡航許可制度については、〔ポルトガル〕M・N・ピアスン（生田滋訳）『ポルトガルとインド』（岩波現代選書、一九八四年）、〔イギリス〕薩摩真介『〈海賊〉の大英帝国――掠奪と交易の四百年史』（講談社選書メチエ、二〇一八年）、〔オランダ〕彭浩「十七世紀前期東アジア海域のトレーディング・パス」（『経済学雑誌』一二二、二〇二二年）などを参照。

8.『中国海賊《チャイニーズパイレーツ》』イメージの系譜

豊岡康史　TOYOOKA Yasufumi

はじめに――「中国海賊」とはだれか？

「中国海賊」と聞いて、どのようなイメージが浮かぶだろうか。まさか眼帯や髭の白人海賊ではあるまい。それとも「倭寇《わこう》」？　たしかに十四世紀あるいは十六世紀に東シナ海で活動した「倭寇」は、中国人をも構成員に多く含み、中国沿海でたびたび海賊行為に手を染めていた。だが、残念ながら字面通り、倭寇の「倭」は日本を意味するもので、「中国海賊」とは言い難いし、実際には多国籍武装商人であって、「寇」すなわち盗賊を意味する字が使われていたとしても海賊と呼ぶのは正確ではない。倭寇の末裔である国姓爺鄭成功も同様、彼はシナ海の王の一人であって、海賊呼ばわりするのはむしろ失礼だろう。それ以外はどうだろうか。おそらく「中国海賊」といっても、ふつう現代日本に暮らす人の脳裏に明確な像が結ばれることはないだろう。もちろん、その名前など知られてはいない。

❖映画の中の「中国海賊」

ところで、読者諸氏はディズニー映画「パイレーツ・オブ・カリビアン」シリーズはご存じだろうか。ジョニー・デップ主演のファンタジー活劇である。この「パイレーツ・オブ・カリビアン」シリーズ第三作では、世界の海賊が集合して、デップ演ずるジャック・スパロウとともに冒険に出発する。いわく、地中海のフランス海賊、黒海のバーバリー海賊、アドリア海のスペイン海賊、ニューオリーンズのアメリカ海賊、インドの海賊。加えて、中国の海賊女王とシンガポールの海賊。この典型的なディズニー／ハリウッド映画において、「世界の海賊」たちは、香港スター周潤發《チョウユンファ》演じるシンガポール海賊を除き、物語にほとんど関係しない。はっきりいって、いてもいなくても筋は全く変わらない。それでも、この海賊映画に「世界の海賊」が現れるにはそれ相応の理由がある。英語圏における海賊の歴史に関する一般向け書籍では、必ずといってよいほど世界各地の海賊が紹介されているからである。海賊の歴史を語るにあたり、「中国海賊」を含む「世界の海賊」へ言及するのは、ある種のお約束なのである(1)。

❖英語圏の「中国海賊」

さて、その海賊関連書籍で取り上げられる「中国海賊」物語は、おおむね以下のようなものである。十八世紀末、ベトナム内戦のなかで成長した海賊たちは、一八〇〇年頃から中国南部広東省沿海を横行した。海賊の首領ははじめ鄭一《ていいつ》なる人物が率いていたが、彼の死後、未亡人の鄭一《ていいつ》嫂《そう》(Mistress Ching)(2)と、その後夫である張保仔《ちょうほし》が海賊たちを率いるようになった。夫妻の海賊集団は強力で、中国を支配していた清朝も鎮圧することはできず、西洋人もしばしば襲われた。一八一〇年ごろ、張保仔は清朝に「降伏」し、武官の官位を与えられた。これにより「中国海賊」問題はとりあえず解決された。つまり十九世紀最初の十年の広東の海賊、すなわち「中国海賊」ということになる。

鄭一嫂＝ミストレス・チンは映画「パイレーツ・オブ・カリビアン」においてもそのままの名で登場し、張保仔もまた、名前と設定を変えてサオフェンとして登場した。要するに、英語圏「中国海賊」といえばこの二人しかいないのである。二十一世紀初頭にグローバル企業ウォルト・ディズニー・カンパニーが製作した海賊映画において、「世界の海賊」が登場し、特に市場として急成長を遂げる中国市場を念頭に、「中国海賊」が取り上げられたのは不自然ではないのだが、その中で登場する二人の名前はあまりにも〝お約束〟に忠実であった。

一　「中国海賊」イメージの遡航《そこう》

では、この〝お約束〟はどこから生まれたのだろうか？　十九世紀最初の十年の広東の海賊という、あまりにもマイナーな存在が、英語圏において中国海賊の代表として連綿と語り継がれてきたのは奇妙だと思われないだろうか。そもそも誰が、この一八〇〇〜一八一〇年の広東海賊を英語圏へ紹介したのか。「中国海賊」イメージを遡航してみることにしよう。

❖ゴス『海賊の世界史』（ロンドン、一九三二年）

さて、この海賊の歴史の中に、「世界の海賊」を組み込んだのは、『海賊の世界史 *The History of Piracy*』という一九三二年にロンドンで出版された一冊の本であった。著者フィリップ・ゴス（一八七九〜一九五九）は、二十世紀初頭に活躍したおそらく現在においても最も著名な海賊史家であり、ほかに『海賊紳士録 *Pirate Who's Who*』（一九二四）、『海賊図書館 *My Pirates Library*』（一九二九）などの著作がある。この『海賊の世界史』は古代ローマから、バルバリア海賊、ヴァイキング、イギリス海賊、バッカニーア、大西洋の海賊、アン・ボニーとメアリー・リードなどおなじみのヨーロッパ系海賊について著述した後、「東の海賊」として、マダガスカル海賊と、〝ジョアスミー海賊〟、そして中国の海賊とマレー半島の海賊について述べている（〝ジョアスミー海賊〟については本書の第二章（鈴木）を、東南アジアの海賊については第三章（太田）、第四章（弘末）を参照）。

図1　戦うチン夫人
（『海賊の世界史』p.155）

ゴスの描く「中国海賊」物語は、おおむね以下のようなものだ。全海賊船団を率いていたチンという男は、一八〇二年、アンナン・コーチシナで恨みを抱いていた住民に殺害される。その後、海賊船団を率いたのが、未亡人であるチン夫人（Mistress Ching）であった（図1）。チン夫人は部下たちに厳しい規律を課し、綱紀を保った。また略奪品の管理を徹底し、同時に勝手な略奪を禁じ、必要な場合は対価を支払うことで沿海住民と友好的な関係を築いた。チン夫人の海賊船団はその後、中国政府との死闘を繰り広げ、勝利を収めた。中国の皇帝は鎮圧不可能と判断し、赦免や官職支給と引き換えに、海賊に投降を求めた。海賊たちは次々に投降し、最後はチン夫人自身も投降、余生は大密輸集団の首領として過ごしたという。

つまり、チン夫人なる一人の女性が強大な海賊集団を率いて中国の皇帝とわたりあい、さらに西洋船を襲撃することもあった、というのがゴスの描くストーリーである。ゴスによれば、この海賊物語はチャールズ・ニューマンなる人物が翻訳したイェンツ・ユン・ルンという人物が残した記録に基づいたものであるという。さらに、ゴスは海賊に拉致されたグラスプールという人物の手記を引きながら海賊の残虐さを細かく述べている。なるほど、ゴスは、ニューマンとグラスプールの著述をもとに、『海賊の世界史』の一コマとして「中国海賊」物語を作り上げたということになろう。では、これらの著述は、どのようなものなのだろうか。

❖ノイマン『中国沿海を荒らしまわった海賊の記録』（ロンドン、一八三一年）

ゴスがチャールズ・ニューマンとよんだ人物、すなわちカール・ノイマン（一七九三～一八七〇）、は、ドイツ、バンベルクに生まれ、ミュンヘン大学でアルメニア語と中国語を教えていた十九世紀中葉の東洋学者である。彼は、一八三〇年九月、マカオを訪れ、中国語を学び、多くの本を蒐集して三ヵ月ほどで帰国の途についている。その時に手にした中国語の書籍『靖海氛記《せいかいふんき》』を英語に翻訳したものが、ゴスの言及した『中国沿海を荒らしまわった海賊の記録』である（図2）。

十九世紀初頭に広東に暮らしたユエン・ヨン・ルン、即ち袁永綸《えんえいりん》(3)なる人物は、実際に海賊集団が沿海の村々を襲撃する様を目撃し、多くの友人を失った。その時の記憶を書き記したのが『靖

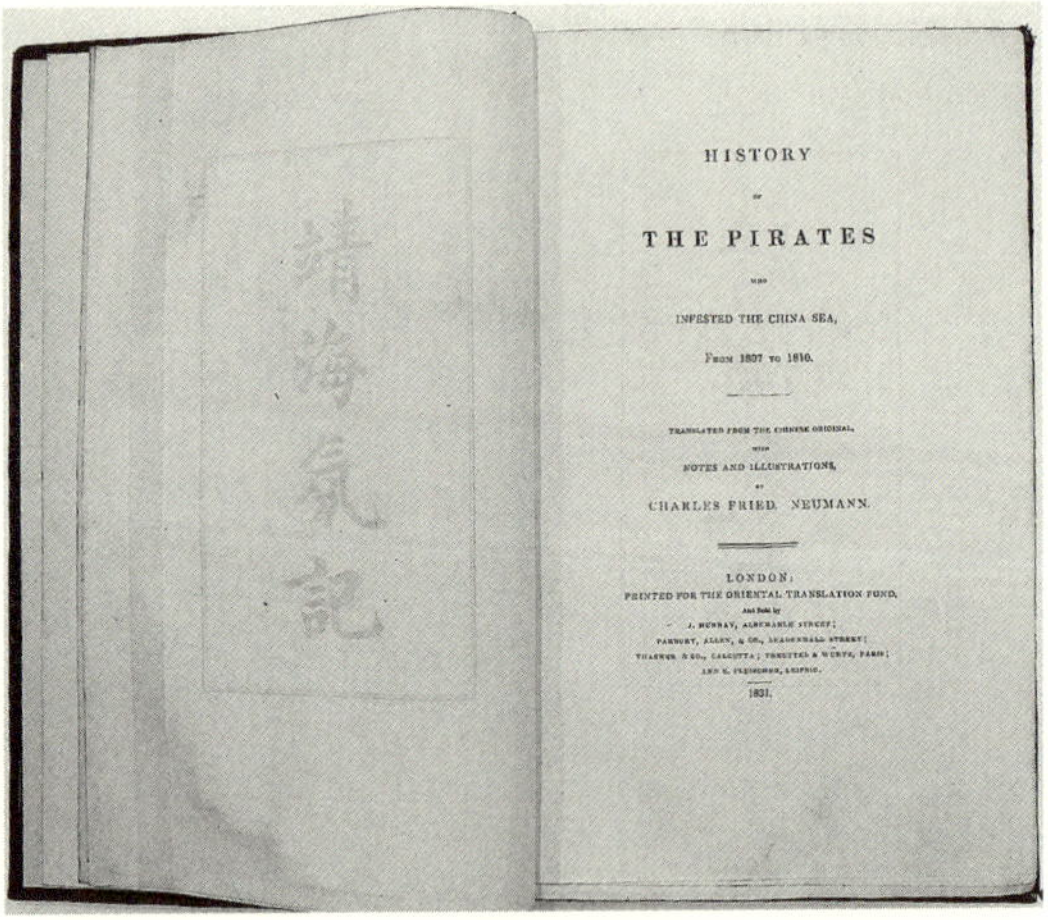

図2　**Karl Friedrich Neumann, *History of the Pirates who infested the China sea from 1807-1810*.**（東洋文庫所蔵）
左頁には「靖海氛記」と原題が書かれている

海氛記』（一八二〇）である。ノイマンは出版直後の『靖海氛記』を入手し、おおむね正確に翻訳している。その内容は、一八〇七年から一八一〇年にかけてベトナムから侵入し、珠江デルタを跋扈した複数の海賊集団と、それに対する地元住民の決死の防衛戦を描くものである。『靖海氛記』は、広東省の珠江デルタという、非常に限定された地域防衛に関する記録であった。

❖グラスプール『海賊捕囚についての簡略な記録』（バース、一八一四年）

グラスプールの手記は、もともとはジョージ・ウィルキンソンという人物が編纂した『中国の人情風俗』という、ウィルキンソン自身の中国訪問体験を基にした書物に収録されたことで公にされたものである。その後、グラスプールの手記は、上記のノイマンの翻訳書にも付録として収録された。おそらくゴスは一八三一年発行のノイマンの書籍を通じて、グラスプールの手記を読んだのだろう。

リチャード・グラスプール（生没年不詳）は、東インド会社船マルキー・オブ・エリー号の高級船員で、母船から小舟でマカオを訪れ、帰還する途中に遭難し、一八〇九年九月二十一日、海賊に拉致された。東インド会社、清朝当局と海賊の交渉の結果、身代金が支払われ、同年十二月二日に解放されている。手記を書き上げ、東インド会社に提出したのは解放から六日たった十二月八日のことだった。

海賊に囚われていた二か月強、グラスプールは、海賊集団の人々と行動を共にし、海賊集団が清朝の船団を撃退するのを見届けた。グラスプールを拉致した集団は、おそらくは鄭一嫂と張保仔が率いる海賊集団であったと思われるが、グラスプール自身は首領たちに直接会ったわけではない。また、グラスプールの報告書も、先にあげたノイマンの翻訳書も、どちらも鄭一嫂と張保仔を特別視せず、いくつかある海賊集団の首領の一人としてしか扱っていない。

以上の二冊の内容を確認すると、どうやらゴスはその枠組みを踏襲しつつ、自ら潤色を加え、鄭一嫂（チン夫人）を主人公にしていたことがわかる。では、グラスプールの手記以前の中国海賊に関する情報にはどのようなものがあったのだろうか。

❖ダルリンプル『中国沿海の海賊についての覚書』（ロンドン、一八〇六年）／『中国沿海の海賊についての追加報告』（ロンドン、一八一二年）

一八三一年に東洋学者カール・ノイマンが公刊した『海賊の記録』とその付録であるグラスプールの手記は、英語圏で広く受け入れられていたようである。しかし、この一八〇〇〜一八一〇年の「中国海賊」の存在は、ノイマンが発見したものではない。ノイマンが中国を訪れた一八三〇年ころにはすでに、一八〇〇〜一八一〇年の「中国海賊」の存在は、英語圏では比較的よく知られていた。ノイマンの一世代前の東洋学者アレクサンダー・ダルリンプルが、すでに広く紹介していたのである。

図3　ダルリンプル肖像（Wikipediaより）

スコットランド、ニューハイルス生まれのアレクサンダー・ダルリンプル（一七三七〜一八〇八）は、地理学者・水路学者として、英国海軍や商船に様々な情報を提供した、当代きっての東洋学者であった（図3）。彼は、十五歳の時、イギリス東インド会社に採用され、二十二歳の時には、スー

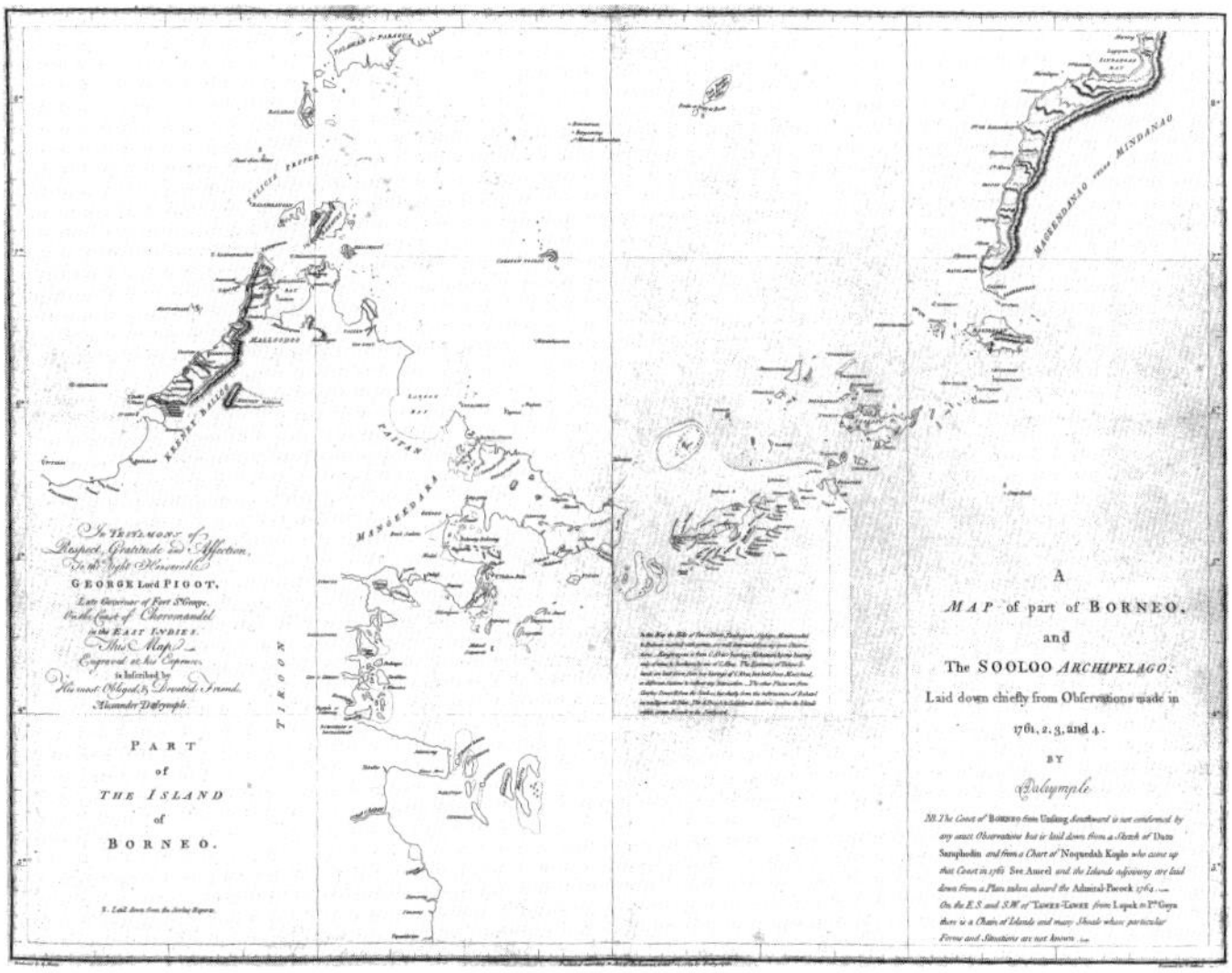

図4　ダルリンプルによるボルネオ島からスールー諸島にかけての海図（東洋文庫所蔵）　航路開拓と海図作成は、取引を毎年確実に行うために極めて重要な作業であった

ルー王国（フィリピン南部）のスルタンと会社の条約締結に会社側の代表として参加していた。その後、インドから中国への、スールー経由の新航路を発表している（図4）。

　ダルリンプルは、晩年、「中国海賊」に関心を持ち、一八〇六年に『中国沿海の海賊についての覚書』を編纂して出版した。この本は、一八〇五年までの中国広東からの英語によるさまざまな報告書から海賊に関わる記述を抜き出したものであった。ダルリンプル自身は一八〇八年に死去しているが、死後の一八一二年、彼が集めた「中国海賊」に関わる記事が『追加報告』として出版されている。

そもそも東インド会社がダルリンプルを派遣してスールーのスルタンと条約を結んだ目的のひとつに、安全な中国航路の確保があった。その後も、水路学者として活躍したダルリンプル自身も、中国沿海における航路の状態に強い関心を持っていた。対中貿易の航路上の問題は、会社のみならず、そこに投資を行う人々にとっても重大な関心事であったことは間違いない。一八〇六年に公刊された『覚書』には、海賊が会社船を襲うのではないか、という会社の中国貿易に関わる懸念が満ちている。しかし、海賊の内部事情についての三つの報告書が含まれる一八一二年の『追加報告』では、投資や交易というよりも、むしろ「東洋の海賊」そのものへの関心が強い。一八〇六年の『覚書』と一八一二年の『追加報告』では、編者の関心の向きが異なり、後者の方が興味本位のものとなっていたともいえる。

『追加報告』に含まれるのは、モーガン『中国沿海を荒らす海賊の記録』とターナー『タイ号一級航海士ターナー拉致記録』、それにグラスプールが帰国途中に書いた手紙（内容は前述の彼の手記のダイジェスト）の三つである。モーガンの『海賊の記録』は、中国海賊に関する調査報告書である。フィリップ・モーガン（生没年不詳）は、ボンベイ・マリーン（イギリス東インド会社所属の海軍組織）大尉で、一八〇六年五月から一八〇九年中頃まで継続して広東の海賊について調査を行っていた。もう一つのターナーの『拉致の記録』は、グラスプールの手記同様、海賊に拉致されたターナー氏本人による、解放直後の手記である。ターナーの手記が、これらの海賊集団についての報告書類の中で最も古く、その公開によって英国で「中国海賊」への好事家的な関心が高まったのだろうと思われる。では、ターナーの手記は、どのような背景をもつものなのだろうか。

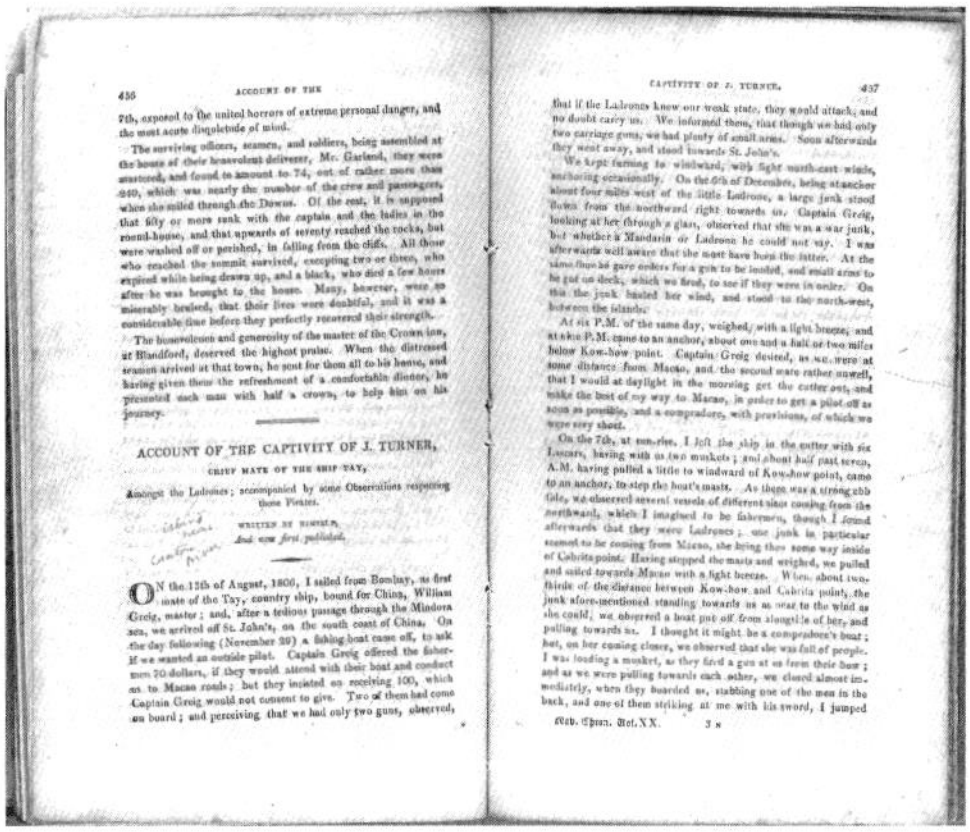
456 ACCOUNT OF THE

7th, exposed to the united horrors of extreme personal danger, and the most acute disquietude of mind.

The surviving officers, seamen, and soldiers, being assembled at the house of their benevolent deliverer, Mr. Garland, they were mustered, and found to amount to 74, out of rather more than 240, which was nearly the number of the crew and passengers, when she sailed through the Downs. Of the rest, it is supposed that fifty or more sunk with the captain and the ladies in the round-house, and that upwards of seventy reached the rocks, but were washed off or perished, in falling from the cliffs. All those who reached the summit survived, excepting two or three, who expired while being drawn up, and a black, who died a few hours after he was brought to the house. Many, however, were so miserably bruised, that their lives were doubtful, and it was a considerable time before they perfectly recovered their strength.

The benevolence and generosity of the master of the Crown inn, at Blandford, deserved the highest praise. When the distressed seamen arrived at that town, he sent for them all to his house, and having given them the refreshment of a comfortable dinner, he presented each man with half a crown, to help him on his journey.

ACCOUNT OF THE CAPTIVITY OF J. TURNER,

CHIEF MATE OF THE SHIP TAY,

Amongst the Ladrones; accompanied by some Observations respecting those Pirates.

WRITTEN BY HIMSELF,

And now first published.

ON the 12th of August, 1806, I sailed from Bombay, as first mate of the Tay, country ship, bound for China, William Greig, master; and, after a tedious passage through the Mindora sea, we arrived off St. John's, on the south coast of China. On the day following (November 29) a fishing boat came off, to ask if we wanted an outside pilot. Captain Greig offered the fishermen 70 dollars, if they would attend with their boat and conduct us to Macao roads; but they insisted on receiving 100, which Captain Greig would not consent to give. Two of them had come on board; and perceiving that we had only two guns, observed,

CAPTIVITY OF J. TURNER. 457

that if the Ladrones knew our weak state, they would attack, and no doubt carry us. We informed them, that though we had only two carriage guns, we had plenty of small arms. Soon afterwards they went away, and stood towards St. John's.

We kept turning to windward, with light north-east winds, anchoring occasionally. On the 6th of December, being at anchor about four miles west of the little Ladrone, a large junk stood down from the northward right towards us. Captain Greig, looking at her through a glass, observed that she was a war junk, but whether a Mandarin or Ladrone he could not say. I was afterwards well aware that she must have been the latter. At the same time he gave orders for a gun to be loaded, and small arms to be got on deck, which we fired, to see if they were in order. On this the junk hauled her wind, and stood to the north-west, between the islands.

At six P.M. of the same day, weighed, with a light breeze, and at nine P.M. came to an anchor, about one and a half or two miles below Kow-how point. Captain Greig desired, as we were at some distance from Macao, and the second mate rather unwell, that I would at daylight in the morning get the cutter out, and make the best of my way to Macao, in order to get a pilot off as soon as possible, and a compradore, with provisions, of which we were very short.

On the 7th, at sun-rise, I left the ship in the cutter with six Lascars, having with us two muskets; and about half past seven, A.M. having pulled a little to windward of Kow-how point, came to an anchor, to step the boat's masts. As there was a strong ebb tide, we observed several vessels of different sizes coming from the northward, which I imagined to be fishermen, though I found afterwards that they were Ladrones; one junk in particular seemed to be coming from Macao, she being then some way inside of Cabrita point. Having stepped the masts and weighed, we pulled and sailed towards Macao with a light breeze. When about two-thirds of the distance between Kow-how and Cabrita point, the junk afore-mentioned standing towards us as near to the wind as she could, we observed a boat put off from alongside of her, and pulling towards us. I thought it might be a compradore's boat; but, on her coming closer, we observed that she was full of people. I was loading a musket, as they fired a gun at us from their bow; and as we were pulling towards each other, we closed almost immediately, when they boarded us, stabbing one of the men in the back, and one of them striking at me with his sword, I jumped

Nav. Chron. Vol. XX. 3 N

図5　**John Turner, "Account of the Captivity of J. Turner, Chief Mate of the Ship Tay, Amongst Ladrones.**（東洋文庫所蔵）

❖ターナー「タイ号一級航海士ターナー拉致記録」（一八〇八年）

ジョン・ターナー（生没年不詳）の手記が公刊されたのは一八〇八年のことであった。英国海軍に関する記事を載せる雑誌『ネイバル・クロニクル *Naval Chronicle*』に収録されたこの手記は、もともとは一八〇七年五月二十二日にターナー本人が、身代金支払いに伴い海賊から解放されたのち、ほどなくして書き上げたものである（図5）。

内容は、イギリス商船タイ号から水先案内人

図6　***Sufferings of the John Turner, Chief mate of the country ship Tay, including His captivity and danger amongst the Ladrones.***（マカオ歴史文書館所蔵）　海賊に襲われるターナー氏の想像図

図7　***The dangers of the deep.***（東洋文庫所蔵）海賊による処刑想像図。生きたままはらわたを抉り出し、海賊たちはそれを酒につけて食べた、とターナーは聞いた。右端にターナーらしき囚われの身の人物が描かれるが、ターナー自身は報告書の中でその現場を実見したとは記してはいない

を探すために小舟でマカオへ向かう途中、海賊に拉致された一八〇六年十二月七日から、解放されるまでの五ヵ月余りのターナーの日記と海賊集団内部の状況に関する詳細な報告書からなる。

ターナーの手記は、公刊されるとすぐに挿絵付のダイジェスト版（図6）が発行され、一八二五

年にはカラー挿絵の小型本も発行される（口絵8、図7）。こうしてターナー拉致事件は、英国でも比較的知られた逸話となった。

そのほかの報告書と異なり、ターナーの手記は、東洋学者や中国貿易関係の専門家のみならず、海軍関係者全体が目にする機会のある雑誌『ネイバル・クロニクル』に掲載された。このことは、ターナーの手記が、ほかの報告書とは異なったルートで英国本国へ持ち込まれた可能性があったことを示している。では、ターナーの手記は、だれが英国本国へ伝えたのだろうか。

二　未完の海賊鎮圧計画

❖ロバーツ報告書

一八〇七年二月二十六日、イギリス東インド会社広東商館の最高責任者である筆頭管貨人ジョン・ウィリアム・ロバーツは、ベンガル総督バーロウに向けて、英国人であるタイ号一級航海士ジョン・ターナー氏が海賊に誘拐され、身代金を要求されていることについての報告書を書き上げ、インドへ戻る会社船に託した。その中で、ロバーツは海賊の武力鎮圧のためにインドから派兵を行うよう要請した。

その後、身代金交渉が妥結し、ターナーは無事帰還したが、ロバーツは海賊の武力鎮圧の必要性を再三、インド総督に主張した。いわく、清朝の広東当局者には海賊を鎮圧する意思がないし、兵力も足りない。いわく、マカオにいるポルトガル人も海賊鎮圧を行う能力はなく、マカオのイギリス東インド会社の事務所も危険である。いわく、海賊集団は強力で、沿海集落を度々襲撃している。いわく、海賊の存在はイギリス臣民の脅威となっている。海賊はどのようなものか、誘拐されたターナー氏がつぶさに見ている。ターナー氏の報告書をご覧にいれよう。海賊は強大な船を有し、残虐で統率のとれた強力な集団なのである。必ずや英国海軍の手で叩き潰さねばならない、と。

バーロウの反応は冷たかった。ロバーツはなぜ会社の利益に一言も言及していないのか。そもそも、かくも恐ろしい海賊が跋扈しているというが、いままで会社の利益に被害が出たことはない。むしろ、派兵を行い、勝手に鎮圧活動を行えば、中国政府とマカオを支配するポルトガル政府が怒り出すのではないか。その方が会社の利益を害する。派兵の必要はない。

一八〇七年のターナー誘拐事件と海賊活動の活発化を理由とした広東商館による英国海軍派兵要請は、まったく受け入れられなかったのである。

❖派兵要請の結末

ところが翌一八〇八年九月、英国海軍は、マカオを一時占領し、清朝軍と対峙することとなる。この時の派兵も前年同様、広東商館主席管貨人ロバーツによる派兵要請に基づいたものであった。一八〇八年の派兵要請は、海賊問題よりも、ヨーロッパの国際関係、すなわちナポレオン戦争との関連で行われた。一八〇八年段階のナポレオン戦争の洋上での構図は、イギリス・ポルトガルが、フランス・スペイン・オランダと戦うというものであった。ポルトガルの植民地であるとされていたマカオは、極東におけるイギリスの重要な同盟港であった。一方、オランダのジャワ、長崎、スペインのマニラなど、敵国の根拠地となりそうな地域も存在していた。ロバーツはこの点を突いた。一八〇八年のロバーツのインド総督ミントー卿（前年七月末にバーロウと交替していた）への派兵要請は、以下のように正当化されていた。いわく、情報筋によるとフランスは、マカオ武力占領を計画しており、派兵も間近だという。以前は派兵すると中国当局が機嫌を損ねると懸念されていたが、実は彼らはマカオの統治者が誰であれ気にしない。ついでに海賊鎮圧でもしてやれば、むしろ清朝の当局者は喜ぶのではないか。またマカオのポルトガル人も、ポルトガル政府やゴア総督が許可したと言えば、あえて抵抗はしないだろう。そもそも、ゴアはすでにイギリス軍の保護下に入っているではないか。

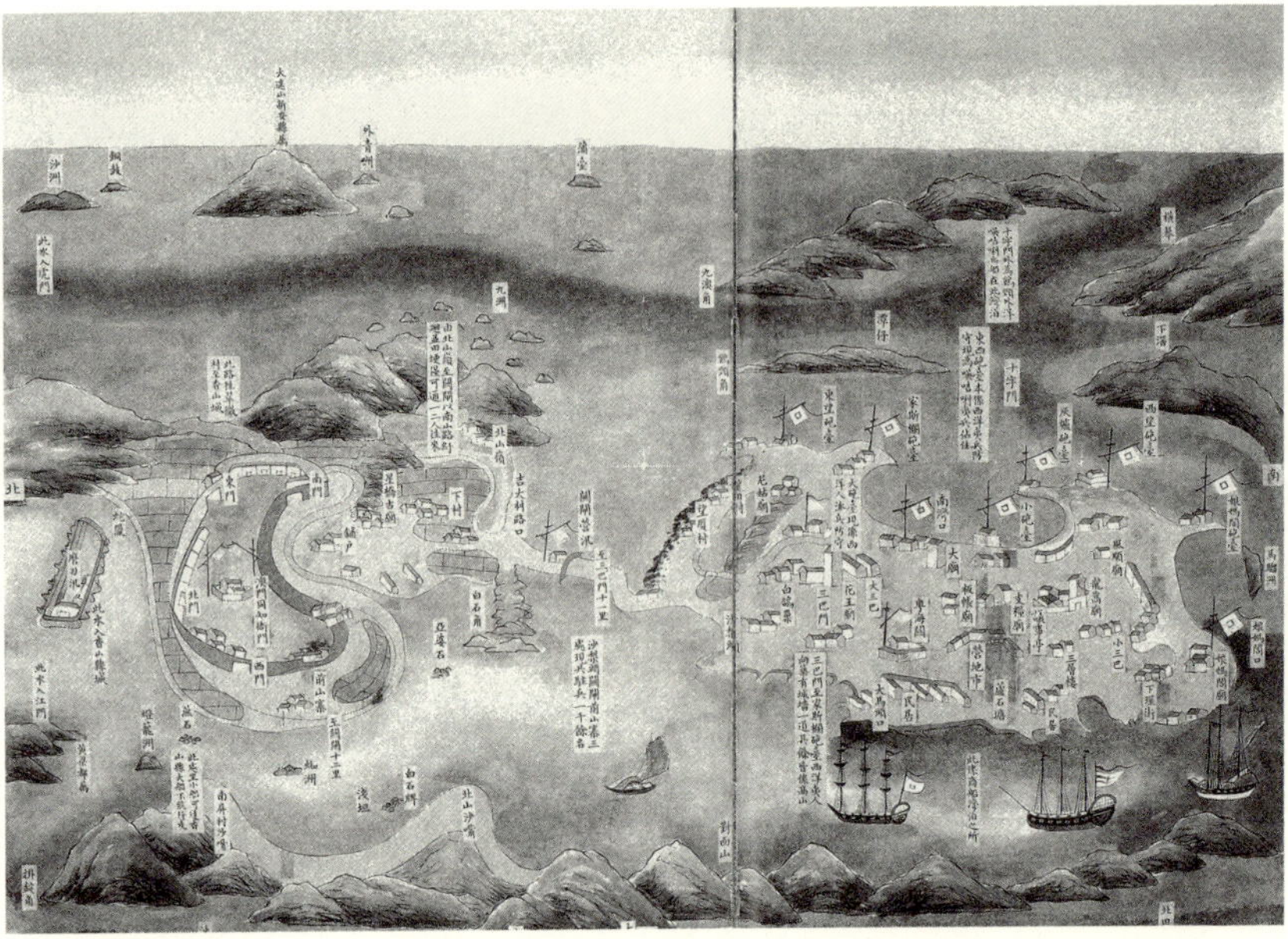

図8　「澳門図説」（中国第一歴史檔案館選編『澳門歴史地図精選』76―77頁）
清朝広東当局は、イギリス軍マカオ占領との報告を受け、この絵図を作成し、皇帝へ献上した。清朝はマカオをめぐる状況に強い関心を有していた

このあまりにも楽観的な見通しを真に受けたミントー卿は派兵を許可し、フェートン号（マカオ占領に加わる直前、長崎港に闖《ちん》入《にゅう》、フェートン号事件を起こしていた）を中心とする船団によるマカオ占領を許可した。イギリス艦隊は一八〇八年九月にマカオを占領したが、マカオ当局と清朝当局は猛反発し、すぐに清朝軍がイギリス軍占領下のマカオを包囲した（図8）。さらにイギリス軍のマカオ占領により広東での貿易がすべて停止されたため、イギリス商人もイギリス軍

に撤退を要請する事態となった。ロバーツの見通しはあまりにも甘かったのである。イギリス軍は十二月に撤退した。アヘン戦争の三十年前に行われたイギリスの対中派兵は自他ともに認める大失敗であった。

❖派兵要請の背景：アヘン貿易

このように、イギリス軍の中国沿海への派兵とマカオ占領は、結局、海賊問題とは関係のないところで行われた。海賊問題は口実に過ぎなかったのである。では、東インド会社広東商館の責任者であるロバーツは、なぜ派兵要請を行ったのだろうか。

もともとマカオのポルトガル人とイギリス東インド会社の関係は良好とは言い難い状態にあった。ポルトガル人は、イギリス人がマカオをいつ武力占領するか心配していたし、イギリス人は、マカオのポルトガル人は清朝当局と癒着して自分達の貿易を妨害していると考えていた。この対立が特に激しくなったのは十八世紀末のことであった。

十八世紀末、マカオとイギリス東インド会社の間で競合する商品が生まれた。アヘンである。図9は、東インド会社の対中貿易取引総額を示したグラフである。一七八〇年代初頭から増加に転じていることがわかるだろう。これは、東インド会社が中国茶の買付を増やしていたために起

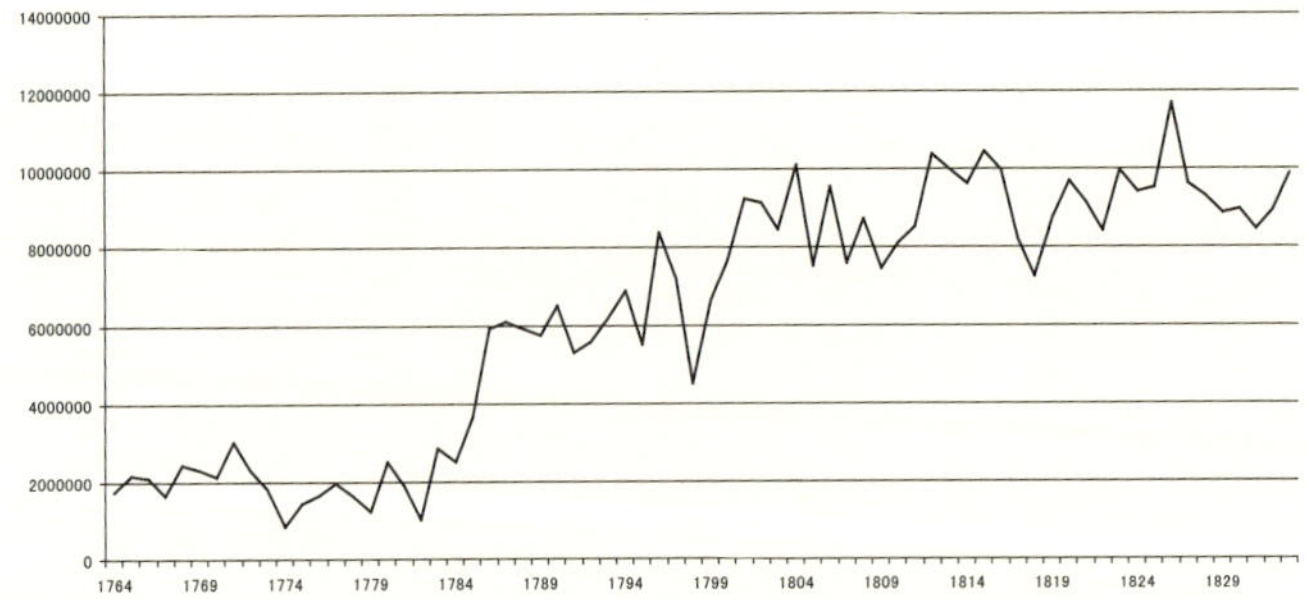

図9　イギリス東インド会社対中貿易取引総額（単位：銀両）

こったものである。イギリス本国で茶関税が一七八三年に大幅に引き下げられたことでイギリス国内の茶価格が下がり、茶需要が拡大し始めたことに対応したものであった。

東インド会社は中国茶を買付けるために、現銀を必要とした。この現銀を用意したのは会社以外のイギリス商船（カントリー・トレーダー）で、棉花や香辛料、米穀などのインド・東南アジア産品を中国へ販売して現銀を確保していた。カントリー・トレーダーは儲けた銀を自分でヨーロッパやインドまで運ぶのは大変なので、送金を東インド会社広東商館に委託した。広東商館はその銀を使って、茶を買付けていたのである。

そのため、広東商館としてはカントリー・トレーダーがしっかりと中国に商品を輸入し、多くの銀を獲得してくれないと茶の買付ができない。茶はできるだけたくさん買い付けたい。しかし、カントリー・トレーダーが持ち込む棉花などの量には限界がある。そこで目を付けたのがアヘンであった。アヘンは、清朝では禁制品なので、東インド会社としては取り扱いづらいが、別企業であるカントリー・トレーダーならかまわない。

東インド会社はアヘンをインドで生産し、カントリー・トレーダーに販売し、カントリー・トレーダーがこれを中国へ売る。そうすればカントリー・トレーダーを通じて銀を手に入れることができる。しかし、もしアヘンの生産量が多すぎると値崩れをおこして利潤が上がらなくなる。そのため、東インド会社は一八〇一年、アヘンの総販売量を四八〇〇箱に規制した。その結果、一八〇一年以降、カントリー・トレーダーが中国へ持ち込むアヘンの量は毎年四〇〇〇箱程度で落ち着くこととなった。

❖邪魔者マカオ

もし、アヘンを持ち込むのが東インド会社と関連が深いカントリー・トレーダーだけならば、これで問題はない。しかし、東インド会社が参入する以前から中国へアヘンを持ち込む商人がいた。マカオのポルトガル人商人である。マカオのポルトガル人が安いアヘンを中国で販売すると、値段が一定で量も決まっているカントリー・トレーダーのアヘンは売れなくなる。ポルトガル人商人は毎年一〇〇〇箱程度のアヘンを中国へ持ち込んでいた(図10)。彼らはイギリス東インド会

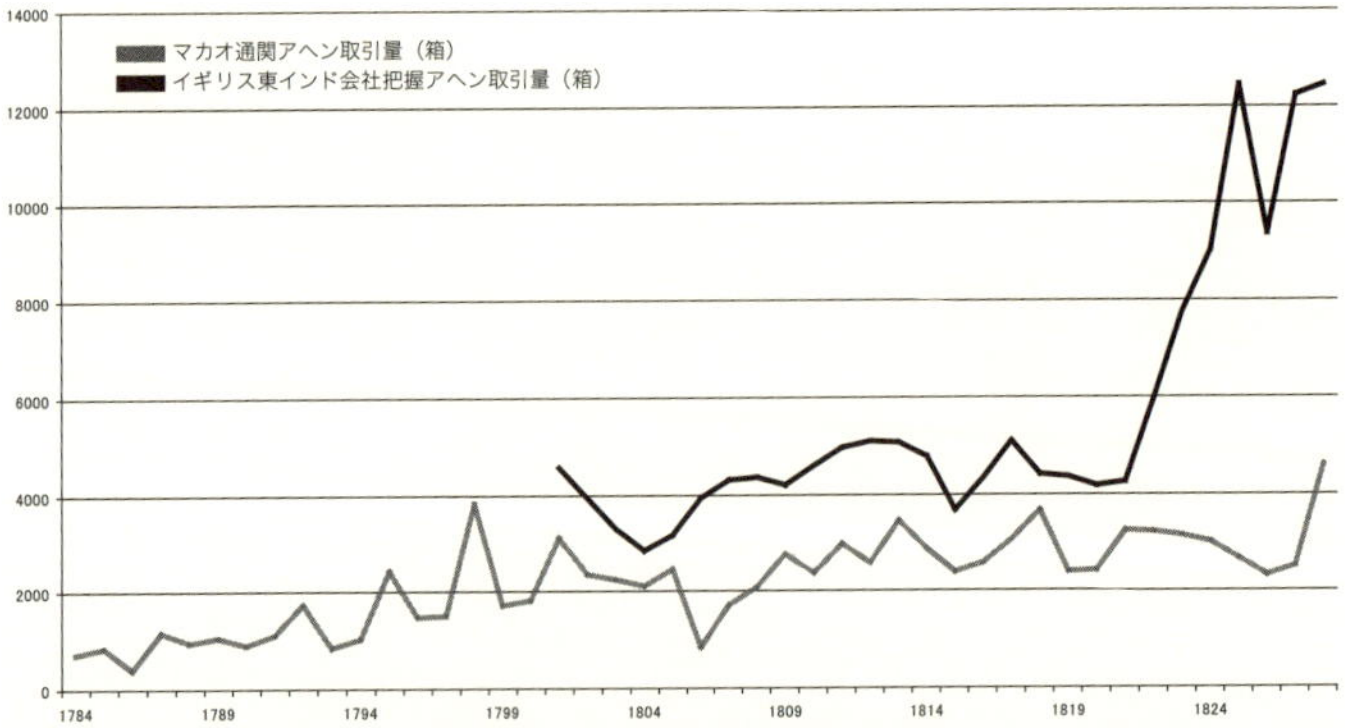

図10　中国持込アヘン量（単位：箱）1820年代、アヘンの品質が改善し同時に生産コストが低減すると、価格が大きく下がり、中国へ持ち込まれるアヘン量も急増するが、それは本章の話題の十年以上あとのことである

社を通さず、自前のルートでアヘンを仕入れており、値段を自由に決めることができた。これではカントリー・トレーダーがアヘンを中国で売却しようにもあまり高い値段はつけられないし、そうすると茶買付用の銀が会社へ順調に流れ込んでこない。以前から別会社を設立してアヘン取引に関わり、ベトナムまで販路開拓に行ったことのあるロバーツはもちろんこのことに気づいていた。できればあの気に入らないマカオの連中のアヘン取引を止めさせたい。ついでにマカオを占領してイギリスの勢力下に置ければ、万々歳である。

しかし、会社の利益のためとはいえ、インドから派兵を行い、マカオに強い影響力を行使し、場合によっては武力占領すべきだ、という意見書をおおやけに提出することはできない。なぜなら、マカオは、ともにフランスと闘うイギリスの同盟国ポルトガルの植民地なのである。また会社としても、中国側とのトラブルを避けるために、中国側の許可の無い派兵は控えたかったし、そもそも会社自らアヘン持込を禁止していた以上、アヘン取引を理由に派兵要請を行うこともできない。その時、折よくジョン・ターナーなる人物が海賊に誘拐された。「海賊の脅威」は、インドのベンガル総督に派兵要請を行う理由として十分に利用可能であった。

ロバーツはたびたび海賊の脅威を強調し、ターナーの手記を引用し、インドのベンガル総督に派兵を強く要請した。結果的に派兵要請は却下されたが、ベンガル総督は、ロンドンの本社にもターナーの手記を転送している。本社に送られれば多くの目に触れることになるだろうし、話題になることもあるだろう。『ネイバル・クロニクル』の編集担当者がなぜターナーの手記を掲載したのかを示す史料はないが、ターナーの手記が、興味深い内容も相まって、ほかの中国関係記事に比べて有名になっていた可能性は十分にある。海賊を理由にした派兵要請そのものは失敗したが、ターナーの手記はイギリス本国で「中国海賊」が本格的に知られる嚆矢となった。イギリスにおける「中国海賊」情報は、東インド会社広東商館の利益拡大の思惑の副産物であったのである。

❖イギリス人のみた海賊問題と実際の海賊問題

ここまでの話を時系列に沿ってもう一度確認してみよう。一八〇〇年から一八一〇年ごろ、中国広東省沿海では海賊活動が活発であった。一八〇六年にダルリンプルが資料集を編集するころには、航路上の障害として会社内部のみで関心がもたれるマイナーな話題に過ぎなかった。一八〇六年末、ジョン・ターナー一等航海士が拉致され東インド会社に身代金が要求される。この事件を利用して東インド会社広東商館主席管貨人ロバーツはインドのベンガル総督に派兵を要請した。その際、ロバーツは海賊の脅威を示すために帰還したターナーの報告書を利用した。ロバーツの主張は受け入れられなかったが、ターナーの報告書は海軍関係の雑誌に掲載され、その後もたびたびターナー海賊拉致事件は巷間にのぼった。一八〇九年、今度はグラスプール大尉が海賊に拉致され、帰還後やはり手記を公開すると、そのほかの海賊関連文書とともに、当時の著名な東洋学者ダルリンプルによってあらたな資料集が編纂された。

この十九世紀最初の十年の中国海賊を再び紹介したのが、東洋学者ノイマンであった。ノイマンが一世代前の著名な東洋学者ダルリンプルの紹介した中国の海賊情報を全く知らなかったとは考えられない。彼が中国を訪れる二十年ほど前、海賊が跋扈していたことを知っていたからこそ、『靖海氛記』を手に取った時に、翻訳の価値があると考えたのである。そして、彼は以前から知られていたグラスプールの報告書と、自ら発掘した『靖海氛記』を翻訳したものをあわせて出版した。少し時代が飛んで二十世紀初頭、ノイマンの著作を利用して、フィリップ・ゴスが『海賊の世界史』の中の中国海賊に関する記事を載せ、それ以降、二十一世紀に至るまで、「世界の海賊」の中に、「中国海賊」として一八〇〇〜一八一〇年の広東海賊が載せられるようになったのである。

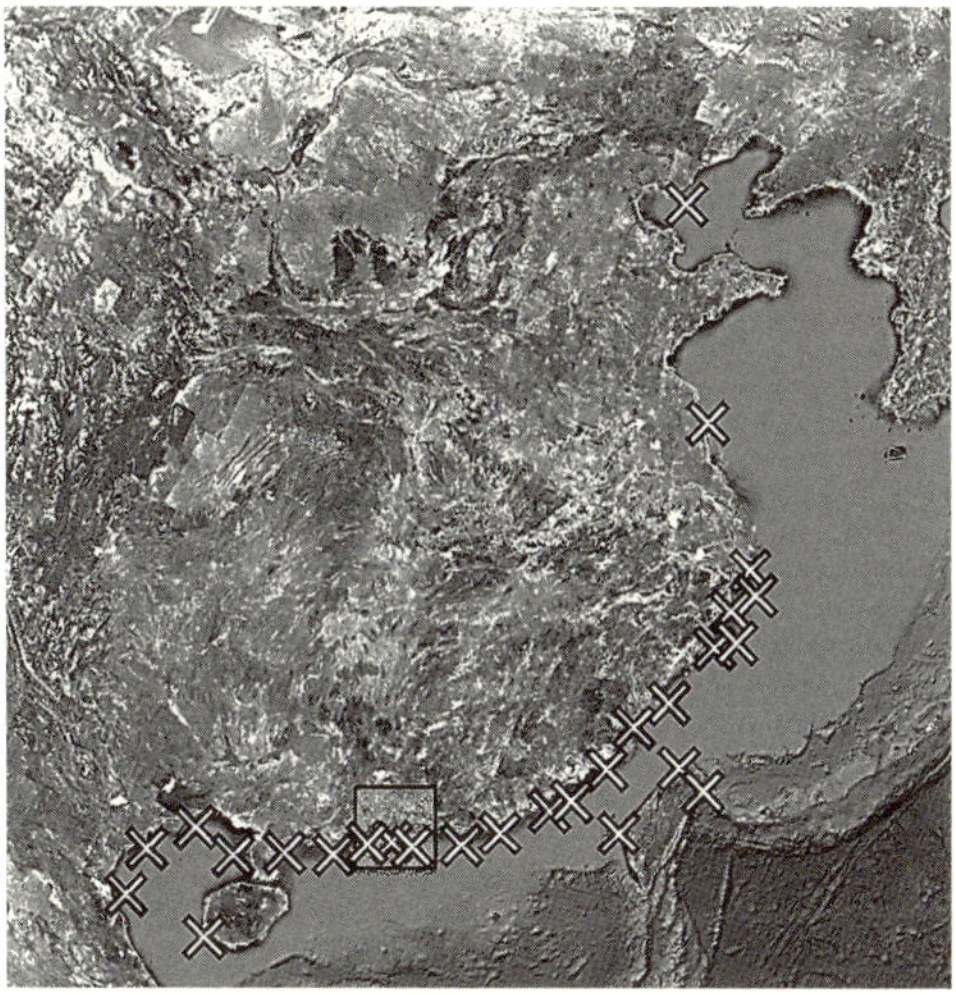

図11　主要海賊事件発生地域（1780〜1810）

現在でも、この一八〇〇年から一八一〇年ごろまでの広東海賊に関する英語圏の記事は非常に多いし、中国沿岸の海賊問題についての最も詳しいダイアン・マレやロバート・アントニーによる研究も、この一八〇〇〜一八一〇年の広東海賊を中心に扱っている(4)。では、それは、当時の海賊問題全体を的確に反映したものなのだろうか。答えは否である。実際には一七八〇年ごろから中国沿海の幅広い海域で海賊活動の活発化が見られ、一七九六年前後のベトナムからの海賊集団の大挙侵入によってピークを迎える。イギリス人が実際に見聞きした広東の珠江デルタ付近においては一八〇五年ころから海賊活動が活発なものとなったが、浙江省や福建省、台湾沿海では、十八世紀末以来ずっと海賊活動によって、海運や漁業に大きな損害がもたらされていた（図11：四角でかこった部分が珠江デルタ付近）。東インド会社の対中貿易に関連して広東を訪れていたイギリス人たちが、自分達の見た海賊こそが中国海賊の代表だと考えていたのか、それともほかの地域の状況を知っていながら、自分たちの利害のために広東の状況を故意に強調していたのかはわからない。どちらにせよ、イギリスへ伝えられた「中国海賊」情報は、実際には当時の中国沿海を震撼させた海賊問題の一部分にすぎなかった。むしろ、一部分だけが奇妙なほど詳しく知られていたというべきかもしれない。

三　「美しく残酷な女中国海賊」

先述のようにフィリップ・ゴスの『海賊の世界史』（一九三二）の「中国海賊」に関する部分ではミストレス・チン＝鄭一嫂とその後夫張保仔が主人公とされた。しかしゴスが見ていたノイマンの翻訳書（一八三一）では、鄭一嫂や張保仔は登場するが、特別な人物ではなく、いくつかある海賊集団の首領の一人に過ぎなかった。ふたつの書籍の間にはほぼ一世紀の時間が経過しているのだが、この間の飛躍はどこで起こったのだろうか。ダイアン・マレの議論に基づいて確認してみよう。

❖ゴロムとボルヘス

ロシア生まれの作家ジョセフ・ゴロムは、一九二八年、シー・カイという女性海賊の頭目を主人公とする『古今の海賊たち *Pirates Old and New*』という作品を発表した。ゴロムは、ゴス同様、種本としてノイマンの『靖海氛記』の翻訳とグラスプールの手記を利用し、スリルあふれる物語の中にシー・カイ＝鄭一嫂を主人公として登場させている。その中で、シー・カイは非常に美しく、力強い、聡明で、残酷な女性として描かれている。(5)

ゴスがミストレス・チン＝鄭一嫂を主人公とする中国海賊についての記述を発表したのが一九三二年のことであった。このゴスの記述をもとに、アルゼンチンの作家ホルヘ・ルイス・ボルヘスが翌一九三三年、鄭一嫂を主人公とした短編を発表している。(6) 一九二〇年代から三〇年代にかけて、中国の海賊といえば女性を主人公とした話題であるという認識が広まっていた。このころの中国の女性海賊二名に関する記事を見てみよう。

❖ロ・ホン・チョとライ・チョイサン

一九三五年に刊行されたアメリカの作家アルフェウス・ハイアット・ヴェリルによる海賊に関する伝聞を集めた『海賊の真実の歴史 *The Real Story of the Pirate*』という著作の中に、ロ・ホン・チョなる女性海賊が登場する。彼女は「一九二二年の香港来電」において「若く・美しく・残忍で凶悪」な女性とされ、最後は中国の軍艦に捕えられたという。

図12　**Aleko E. Lilius, *I Sailed with Chinese Pirates.*** （東洋文庫所蔵）表紙口絵左側の白人男性はおそらくリリアス本人であろう。ただし、写真（下）に写る小柄な人物が本当にライ・チョイサンであるのか確証はない

ライ・チョイサンに関してはもう少し詳細な記事が残る。ロシア生まれのジャーナリスト・作家であるアレコ・E・リリアスは、一九三〇年、『中国海賊との航海 *I Sailed with Chinese Pirates*』という自称「ノンフィクション」を発表した(図12)。リリアスによれば、ライ・チョイサンは「美しく・残酷な」「マカオの海賊の女王」であった。リリアスの著作は多くの読者を得た。しかし、ライ・チョイサンにせよ、ロ・ホン・チョにせよ、それぞれが登場する著作以外には、その実在を立証する根拠は今のところ発見されていない。漢字表記すらわからない。

このように一九二〇～一九三〇年代においては中国の海賊といえば女性であるという認識だけが揺蕩《たゆた》っており、似たような「女海賊」が多数描かれていた。おそらくは、戦間期の英語圏における強く残酷でつり目の中国人女性イメージ(たとえば西太后やドラゴン・レディ)と関連するが、ここでは深く立ち入ることはできない。ともあれ、一九三〇年代までに、それまでの中国海賊イメージに、頭目は女性という要素が付け加えられたのである。ゴスが、女性の海賊の頭目である鄭一嫂＝ミストレス・チンを中心に据えた記述を展開したのは、このような中国人女性イメージが存在していたことによるのだろう。

おわりに

中国イメージをヨーロッパに紹介したのは、まずは十六世紀以来、中国でカトリック宣教を行っていた宣教師であった。宣教師たちは、自らの宣教の意義を正当化するため、中国を康熙帝が率いる偉大な帝国として紹介した。その後、一七八六年のイギリス・マカートニー使節団の随行員たちの証言により、中国は機能不全を起こした崩壊間近の老帝国であるとされた。これらの中国情報がヨーロッパの思想にさまざまな影響を与えたことはよく知られている。一方で、十七世紀以来、長らく中国と交易を行ってきたイギリス東インド会社が、ヨーロッパにどのような中国情報をもたらしたのかついてはあまり知られていない。そもそも会社内部でもたらされる情報は商売上の秘密情報であったし、たとえば中国商人との取引に関わる商習慣などの情報など、東洋学者などの物好きでもない限り、特に社外では需要がなかっただろう。イエズス会が潤色を加えたスーパー君主康熙帝だったり、「もうすぐ滅びるに違いない」といった、いささか過激で、わかりやすくて単純な情報でなければ広がらないのである。イギリス東インド会社は、イギリスに中国の茶や陶器、絹製品という商品を持ち込む存在であったが、文化的な情報をやり取りする窓口ではなかったのである。

本章で取り上げた十九世紀初頭における「中国海賊」に関する情報は、イギリス東インド会社がヨーロッパに持込み、広範に知られることとなったという意味では、いささか特殊であった。しかも、十九世紀初頭、イギリス東インド会社は、中国の海賊と直接対峙したわけではなかった。会社の現地機関である広東商館が、アヘン貿易に関わって、「中国海賊」の脅威を過度に強調した、その副産物として「中国海賊」の存在が知られたのである。

事情はどうあれ、「東洋の神秘の国」中国の海賊というのは、十分に魅力的な話題であり、英語圏における一つの話題として定着し、二十世紀前半には「女海賊」にまつわる想像も添付された。二十一世紀初頭、中華人民共和国の急速な経済成長と世界経済における影響力の拡大にともなって、ハリウッドの映画産業の中で華人俳優が多く利用されるようになり、同時に「中国人」が登場する映画が増加していた。その結果、「中国海賊」は全世界で上映される映画のなかに姿を現した。現在、我々が目にする「海賊」イメージのある一部分の生成には、イギリス東インド会社が関わっていたのである。

注

(1) 最も古いのが、一八三七年に出版されたエルムス『海賊の書』Charles Ellms, *The pirates own book* である。現代のものは以下のとおり。Philippe Jacquin, *Sous le pavillon noir, Pirates et flibustiers*.; Jo Stanley ed., *Bold in her breeches*.; David Cordingly, *Pirates: Terror on the high sea*.

(2) 「鄭」は広東語ではズィンと読む。「嫂」は既婚女性への敬称であり、「鄭一嫂」とは「鄭一の奥様」といった意味である。もともとの姓から石氏とも呼ばれた。

(3) ゴスは袁永綸の名を「Yuentsze-yung-lung」という表記で引用している。が、これは、『靖海氛記』の序文のなかで、「袁子永綸」(「子」は敬称。伝統的な漢文においては敬称は姓の直後につき、その後に名が書かれる)と書かれているところのアルファベット表記から取ったようである。格好をつけたのかもしれないが、華人の姓名表記としては不自然である。なお、ノイマンは「Yung Lung Yuen」と姓と名をしっかり認識して、官話に近い形で表記し、「袁永綸はJang Sëen(瀛仙の広東語発音)と呼ばれた。これは彼の字(Tsze)である」とも書いている。

(4) Dian H. Murray, *Pirates of the South China Coast, 1790-1810*.; Robert J. Antony, *Like Froth Floating on the Sea*.

(5) ゴロムの描くシー・カイと実際の鄭一嫂の間の落差に関しては、ダイアン・M・マレ「鄭一嫂：事実とフィクション」(ジョー・スタンレー著、竹内和代訳『女海賊大全』)に詳しい。

(6) Jorge Luis Borges, "La viuda Ching, pirata".

参考文献

大野英二郎『停滞の帝国——近代西洋における中国像の変遷』(国書刊行会、二〇一一年)
小浜正子・下倉渉・佐々木愛・高嶋航・江上幸子 編『中国ジェンダー史研究入門』(京都大学学術出版会、

二〇一八年）
三王昌代『海域アジアの異文化接触――一八世紀スールー王国と中国・ヨーロッパ』（すずさわ書店、二〇二〇年）
豊岡康史「イギリス軍マカオ上陸事件（一八〇八年）に見る清代中期の対外政策決定過程」（『東洋学報』九〇―三、二〇〇八年）
豊岡康史「清代中期における海賊問題と沿海交易」（『歴史学研究』八九一、二〇一二年）
豊岡康史「珠江河口における貿易秩序と海賊問題（一七八〇―一八二〇）」（『東洋史研究』七二―一、二〇一三年）
豊岡康史『海賊から見た清朝――一八～一九世紀の南シナ海』（藤原書店、二〇一六年）。
新居洋子『イエズス会士と普遍の帝国――在華宣教師による文明の翻訳』（名古屋大学出版会、二〇一七年）
ブーヴェ著、後藤末雄訳、矢沢利彦編『康熙帝伝』（平凡社東洋文庫、一九七〇年）
松浦　章『中国の海賊』（東方書店、一九九五年）
山口みどり・弓削尚子・後藤絵美・長志珠絵・石川照子編『論点・ジェンダー史学』（ミネルヴァ書房、二〇二三年）
『田野与文献――華南研究資料中心通訊』四七（「（清）袁永綸著『靖海氛記』箋註専号」、二〇〇七年）
中国第一歴史檔案館選編『澳門歴史地図精選』（北京：華文出版社、二〇〇〇年）
Antony, Robert J., *Like Froth Floating on the Sea: The World of Pirates and Seafarers in Late Imperial South China*, Berkeley: Institute of East Asian Studies, University of California, 2003
Borges, Jorge Luis., “La viuda Ching, pirata”, en *Historia universal de la infamia*, Buenos Aires: Tor, 1935. English translation in 1971（J・L・ボルヘス著、中村健二訳『汚辱の世界史』岩波書店、二〇一二年）

Cordingly, David, *Pirates: Terror on the high sea*, Atlanta: Turner Publishing, 1996（デイヴィッド・コーディングリ編、増田義郎・竹内和世訳『海賊大全』東洋書林、二〇〇〇年）

Dalrymple, Alexander, ed., *Memoir Concerning the Pirates on the Coast of China*, London, 1806

Dalrymple, Alexander, ed., *Further Statement of the Ladrones on the Coast of China,* London, 1812

Ellms, Charles, *The pirates own book, or, Authentic narratives of the lives, exploits, and executions of the most celebrated sea robbers*, Salem, Mass.: Marine Research Society, 1924

Gollomb, Joseph, *Pirates Old and New*, New York, 1928

Gosse, Philip, *The History of Piracy*, London: Longmans, Green & Co, 1932（フィリップ・ゴス著、朝比奈一郎訳『海賊の世界史』中央公論社、二〇一〇年）

Guimarães, Ângela, *Uma Relação Especial: Macau e as relações luso-chinesas, 1740-1844*, Lisboa: Centre de Invessti-gação e Estudos de Socciologia, 2000

Hariharan, Shantha, "Macao and the English East India Company in the Early Nineteenth Century: Resistance and Con-frontation", *Portuguese Studies*, 23.2, 2007, pp. 135-152

Jacquin, Philippe, *Sous le pavillon noir, Pirates et flibustiers*, Paris: Gallimard, 1988（フィリップ・ジャカン著、後藤淳一・及川美枝訳『海賊の歴史：カリブ海、地中海から、アジアの海まで』創元社、二〇〇三年）

Lilius, Aleko E., *I Sailed with Chinese Pirates*, London: Mellifont Press, 1930（Ａ・Ｅ・リリアス著、大木篤夫訳『南支那海の彩帆隊：南支那海賊船同乗航行記』博文館、一九三一年。アレコ・イー・リリウス著、山本実訳『南支那海物語：海賊船同舟記』教材社、一九四〇年）

Menges, Jeff A., *Pirates, Patriots, and Princesses: The art of Howard Pyle*, Mineola, New York: Dover Publishing, 2006

Morse, Hosea B., *The Chronicles of the East India Company Trading to China, 1635-1834*, 5vols., Oxford: Clarendon

Press, 1926-1929

Murray, Dian H., *Pirates of the South China Coast 1790-1810*, Stanford, Calif.: Stanford University Press, 1987

Neumann, Karl F., *History of the Pirates who infested the China sea from 1807-1810. Translation of Yuan Yung-lun, Chinghai-fen chi*, London, 1831

Stanley, Jo, ed., *Bold in her breeches: Women pirates across the ages*, London: Pandora/Rivers Oram, 1995（ジョー・スタンリー編著、竹内和世訳『女海賊大全』東洋書林、二〇〇三年）

Sufferings of the John Turner, Chief mate of the country ship Tay, including His captivity and danger amongst the Ladrones, London: Thomas Tegg, ca.1809

The dangers of the deep: or, interesting narratives of shipwrecks and disasters at sea. Account of the captivity of Mr. J. L. Turner, amongst the Ladrones, in 1807, London, ca. 1825

Turner, John, "Account of the Captivity of J. Turner, Chief Mate of the Ship Tay, Amongst Ladrones; Accompanied by Some Observations Respecting Those Pirates ," in the *Naval Chronicle*, 20:456-472, 1808

Vale, A.M. Martins, do, *Os Portugueses em Macau(1750-1800): Degredados, ignorantes e ambiciosos ou fiéis vassalos d'El'rei?*, Lisbon: Institute Português do Oriente,1997

Verbinski, Gregor, dir. *Pirates of the Caribbean: At World's End*, Walt Disney Pictures, 2007, film

Verrill, Alpheus H, *The Real Story of the Pirate*, New York: D. Appleton, 1935

Wilkinson, George, ed., *Sketches of Chinese customs and Manners in 1811-1812*, Bath, 1814

India Office Record, The British Library, London, U.K

Foreign Office Record, The National Archives, Kew, U.K

9. 清朝に〝雇われた〟イギリス海軍
——十九世紀中葉、華南沿海の海賊問題

村上　衛
MURAKAMI Ei

はじめに

二〇一二年九月の尖閣諸島「国有化」をめぐる日中対立があまりに激しく、以後も日中関係が悪化の一途をたどっていることによってすっかりかすんでしまったが、二〇一〇年九月の中国漁船の海上保安庁巡視船への衝突で端的に示されたように、尖閣問題においては中国・台湾漁民の活動と日本側とのせめぎあいも歴史的には重要である。

中国漁民の進出と、それに対応する周辺諸国という視点で見れば、日中関係だけが特殊なのではない。中国近海における乱獲や汚染による漁業資源の枯渇から、中国漁民にとってより遠洋への進出は死活問題になっているが、その場合、日本のように比較的海域管理がきびしい国よりも、管理がゆるい国への中国漁民の進出はより深刻である。例えば韓国との間では中国漁民の大

船団が韓国側の海域で密漁を繰り返しており、中国漁民と韓国側の海洋警察との衝突が繰り返され、双方に死傷者が出ている。また、東南アジア諸国との南シナ海の島嶼における紛争に際しても、実際には中国漁民の進出が紛争の発端となっていることが多い。

そして、東アジアの漁民は東アジア以外でも紛争を引き起こしている。例えばソマリア沖では、ヨーロッパ漁民のみならず、東アジア漁民が進出し、現地の漁場を荒らしていることが、沿海漁民の生計の口を奪い、海賊発生にも影響している。こうした東アジア漁船は、中国人・台湾人や日本人といった東アジアの人々のみならず東南アジアの人々を含む多国籍の船員で構成されている。これは東アジア漁民のグローバルな展開といってよい。

もちろん、漁民が引き起こす国際的な問題は現在のことだけではない。たとえば、先述の二〇一〇年九月の事件を引き起こした中国漁船の出港地は福建省晋江市深滬鎮《しんこちん》であったが、この鎮が位置する深滬湾はアヘン戦争前後にはアヘン貿易の拠点となっていた。当時湾内にはジャーディン・マセソン商会をはじめとするアヘン貿易船が停泊し、現地の漁民らとアヘン取引を行っていた。そして一八四七年二月七日には、この湾に停泊するアヘン貿易船が「マカオの漁船」に襲撃されて多数の犠牲者が出る深滬湾事件が発生し、これはイギリスの対海賊政策を大きく転換させる契機となった(1)。

つまり、漁民をはじめとする中国東南沿海の人々の密貿易・海賊行為・「密漁」などは大きな国際問題となる可能性が常に存在する。したがって、漁民をはじめとする沿海の人々の管理は時代を問わず、重要な課題であり、本章でもその点に注目したい。

もっとも、漁民が引き起こす紛争が常に国際的な問題になるわけではない。例えば、世界各地には漁民などが武装した小規模な海賊は存在するが、これが国際的なニュースになることは少ないし、国際的対応が要求されることもほとんどない。二十一世紀の海賊問題として話題になり、「国際的対応」が迫られてきたのは、ソマリア沖、マラッカ海峡などである。同じ海賊問題なのに、なぜこうした違いが生じるのか。そこで本章では、「海賊問題」がいかなる時に浮上するのかを考えてみたい。

こうした海賊の相手は、通常、自国の警察・沿岸警備隊であったり、海軍であったりする。しかし、場合によっては、外国の海軍が海賊に対処する場合もある。ソマリア沖もその典型である。そして十九世紀中葉において中国海賊に対処したのもイギリス海軍をはじめとする欧米海軍であった。

当該期東アジアにおけるイギリス海軍のイメージは教科書でおなじみのアヘン戦争時の虎門の戦い（一八四一年一月七日）の版画によって形成されてきた（口絵9、図1）。そして、この版画をも

図1　アンソン湾におけるイギリス、ネメシス号の中国兵船砲撃（東洋文庫所蔵）

として、イギリスが清朝を軍事力で威嚇して不平等条約などを押しつけていたというような「砲艦外交」のイメージも作られてきた。こうしたイメージでは、イギリス対清朝といった国家間の対立の枠組みが前提となって、イギリス海軍の役割が位置づけられている。しかし、実際にイギリス海軍が常時相手にしていたのは清朝ではなかった。そこで本章ではこれまでのイギリス海軍の役割についてのイメージの転換を図りたい。

以上のような漁民の管理、海賊問題の浮上、イギリス海軍の役割を考えるにあたり、イギリス東インド会社による貿易独占時代の終焉後の十九世紀中葉における海賊の問題を取り上げたい。当該期を取り上げるのは、東アジア海域から大規模な海賊が消滅した時代であるうえ、欧米列強海軍が東アジア海域で海賊を掃討した唯一の時代であるからである。

本章ではまず、清朝による海の支配とその崩壊を治安面を中心に概観したあと、開港後の海賊勃興とそれに対する清朝、イギリスの対応について検討し、いかにして沿海が安定したのかを示す。それによって上記の問題を考えてみたい。

一 究極の「小さい政府」の海上支配

歴代の中国王朝の中でも、清朝は極めて中央財政の規模が小さい、いわば究極の「小さい政府」であった。当然、その国家が養うことのできる軍隊も官僚も限られてくる。沿海の治安に密接に関連する軍隊についてみれば、十八世紀の人口が三億人以上に達した巨大国家にも関わらず、正規軍の中核である八旗と武装警察ともいえる緑営の数は合わせても八十数万人であった。これは、禁軍だけで一〇〇万人以上に達していた宋代や、兵役を負担する軍戸が二〇〇万戸に達していた明代よりも、はるかに規模は小さい。(2) 清代の領域や人口が宋代や明代を遙かに上回ることを考えれば、歴代王朝の中でも清朝の軍事力・警察力は相対的に極めて小さいことになり、それは陸上支配だけでなく、海上支配にも影響していく。

清朝の海上軍事力・警察力に相当するのが水師で、沿海の各省に設置されたのであるが、これも国家の規模と比較して極めて小さかった。十七世紀の動乱、特に海上で清朝に抵抗し続けた鄭氏が一六八三年に降伏すると、清朝の水師の拡張は停止した。そして十八世紀における清朝の水師の戦闘ジャンク数は定数では総計八二六隻ないし八九九隻であり、総兵力は十万人となっていた。(3) しかもこの定数は机上の数字であって、後述するように、戦闘ジャンクの実数や稼働数は、はるかにそれを下回っていた。

この水師のうち、最大の勢力をもつのが福建水師であったが、その兵隊達は四十一ヵ所に分れて駐屯しており、それぞれの駐屯地の兵力は三人〜二〇一人であった。つまり、兵力は極めて分散していた。(4) そのうえ、当時、福建沿海地域の民衆は武装しており、水師の兵隊と民衆の装備していた武器に大きな差はなかったから、多数の武装した住民にこれらの少数の部隊が対抗できるような状態ではなかった。

当然、八旗・緑営や水師では、沿海の治安を維持することは不可能であった。もっとも、清朝は鄭氏が降伏した後には民間の海上貿易を認めており、十六世紀中葉の倭寇のような武装密貿易集団が出現する可能性は低かった。したがって、海賊活動も、漁船や輸送船を襲撃するなど、小規模で散発的な事件が多く、(5) 政府の穀物輸送船などを襲撃しない限り、清朝官憲は取締りの必要を感じていなかっただろう。

なお、「小さい政府」は官僚数も限られていたから、徴税などの様々な業務を民間に委託することとなり、そうした業務委託は海上貿易の管理にも及んだ。清朝は鄭氏降服後に民間の海上貿易を認めるや、沿海部に海関という役所を設置し、これが海上貿易すべてを管轄することになるが、海関は仲介業者を指定して徴税を請け負わせることで貿易を管理していた。(6)

また、漁民の管理についてであるが、漁船については、船舶の梁の長さや船員の人数に制限を加える規則が設けられており、それを実施するために港の連帯組織（澳甲《おうこう》）や親戚・同郷者らに保証させるなどの制度が存在した。さらに、出入港に関しても厳格な規定があり、十隻ごとに連帯保証させる規則もあった。しかし、漁民の側はこうした規則を回避する方法を編み出しており、また取り締る官僚は漁民から目こぼし料を取り立てる方が望ましかったから、これらの規則は実際には厳守されていたわけではない。(7)

以上のように、清朝は「小さな政府」であったため、海上支配は極めてゆるやかであった。これは、海上貿易への統制を減らすことになり、清代中期の対外貿易・内国貿易は共に飛躍的に増大することになる。しかしそれが、皮肉なことに、清朝の海上支配の崩壊につながっていく。

二　清朝の海上支配の動揺とアヘン戦争

清朝の海上支配の崩壊は貿易と治安の両方面から進んだ。周知のように、十八世紀末以降、世界的に貿易は拡大し、中国においても、イギリス向け茶貿易の発展により、広州貿易は急速に拡大した。この広州貿易の発展に対し、徴税を請け負う仲介業者が対応できずに倒産するなかで、仲介業者以外の商人達が貿易に参入し、貿易管理制度は動揺を始めた。(8)

一方で、中国の対欧米貿易の中心となっていたイギリスにおいても、貿易の拡大の中でイギリス東インド会社以外の商人、アジア間貿易をになう地方貿易商人が成長し、彼らの批判もあって東インド会社の貿易独占権は失われ、一八三四年には中国貿易の独占権を失うことになる。中国における東インド会社の時代は終わったのである。こうして中英双方で既存の貿易制度は変更を迫られていた。

治安の問題についてみると、十八世紀末〜十九世紀初頭にかけて、いわゆる「嘉慶海寇」とよばれる海賊活動の活性化が、中国東南沿海においてみられた。清朝水師にこれを十分に鎮圧できる能力はなく、海賊を投降させて水師として雇用する招撫や、ポルトガルの軍事力利用など、様々な手法を用いてどうにかこれを沈静化させた。(9)

嘉慶海寇の沈静化の背景には、アヘン貿易の発達があるだろう。東インド会社がインドにおいて専売制度をとって生産したアヘンをインドから広州周辺に大量に持ち込んだのは地方貿易商人であるが、広州周辺でこれを入手したのは沿海の広東人・福建人である。かれらの多くが漁業・海運関係者であり、もともと海賊であった者も多い。実際、アヘン運搬船は清朝水師が手を出せないほど重武装している場合もあった。沿海の人々にとって、小型船を襲撃する海賊稼業よりも、アヘン貿易はより大きな利益があったであろう。このアヘン貿易の拡大によって銀が流出したことは、清朝財政に大きな影響を与えたため、清朝は真剣にこれを取り締ろうとした。しかし、貿易管理を仲介業者に依存していたために、中国人側の行為を取り締ることができず、結局外国人商人の所有していたアヘンを没収し、それがアヘン戦争の契機となる。(10)

一八四〇年に始まったアヘン戦争であるが、戦争そのものは、軍事技術の格差だけでなく、清朝側の戦術の拙劣さもあり、清朝側の一方的な敗戦に終わった。なかでも、東インド会社海軍の汽走砲艦ネメシス号の活動はめざましいものがあり、先述の挿絵もネメシス号の活躍を示している。(11)ただし、中国に派遣されたイギリス艦隊の大半は帆船であり、また老旧艦であった。そもそもイギリス海軍の主力は本国防衛と地中海方面への対応のためにヨーロッパ海域に展開していたのである。もっとも、清朝相手ならばこの程度の海軍力で十分であるとイギリスは判断したのであろう。

実際、対外戦争を経験したことのない清朝水師は大打撃を受けた。イギリス艦隊は沿海の広範な地域に展開したが、戦場となったのは広州周辺から、福建（厦門）、浙江（舟山、寧波附近）、江蘇（乍浦、上海、鎮江）で、いずれも海上・水上交通の要衝であった。このうち広州周辺の戦闘で清朝側は戦闘ジャンクを少なくとも数十隻を失い、廈門では四十余隻の戦闘ジャンクが破壊された。[12]これによって、広東・福建の水師は海上警備能力を失い、清朝の海上支配はここに完全に崩壊した。そうした中で、海賊活動も活性化し、清朝に代わってイギリス海軍がその掃討にあたるという事態も生じていた。

三　海賊の勃興とその背景

アヘン戦争によって五港が開港したが、その後、沿海は著しく混乱した。新たに開港した五港においては、密輸が横行した。さらに一八五〇年代には廈門、上海、広州周辺などで秘密結社による反乱が相次ぎ、開港場貿易を阻害した。なによりも開港場貿易にとって大問題であったのは沿海部一帯で海賊の活動が活性化したことである。寧波では広東人やポルトガル人による海賊活動の活性化で、一時的に開港場として十分機能しないような状態に陥った。[13]

海賊の職業は漁民・船員などであり、嘉慶海寇・アヘン貿易参加者と同様である。ただし、中国人商人はほとんど参加していない。またその出身地をみると、広東人・福建人が中心であり、さらにはポルトガル・イギリス・アメリカ人などの欧米人を含む、多国籍の集団であった。

当該期に海賊活動が活性化した理由はいくつか考えられる。まず貿易のあり方が変化したことがある。アヘン戦争までの中国沿海の貿易は、中国帆船が行っていたが、中国帆船は基本的に海岸に沿って航行し、頻繁に税の負担の軽い、あるいは課税されない小港に立ち寄ったこともあって、沿海では小規模な港が発展していた。こうした小港は政府による監視の目がゆるいこともあり、アヘン貿易の拠点ともなった。しかし、開港後は外国船が開港場や開港場附近に直接来航するようになり、これらの地域に貿易が集中するようになった。結果的に開港場から離れた場所にある小港は没落し、これらの港を拠点とする漁民・船員らは打撃を受けた。

さらに、従来は福建人・広東人が担ってきた中国沿海貿易に欧米船が参入し、中国と東南アジアの間の貿易においても欧米船の優位が確立していった。そのうえ、銀の流出にともなう中国全体の不景気もあり、開港当初は貿易が停滞していた。こうした複合的な要因によって沿海部における貿易の担い手、すなわち船員・漁民などが失業したことが海賊勃興の背景にあるだろう。(14) なお、先述したようにアヘン戦争による清朝水師の弱体化も、海賊勃興の一因であることはいうまでもない。

四　海賊の海上支配

海上貿易の発展にとって、海賊は必ずしも阻害要因ではなかった。海賊が沿海の統治能力をもち、保護費の徴収の見返りとしての安全確保といったルールに基づいた貿易が維持できれば問題はない。例えば十六世紀後半の瀬戸内海の村上水軍や、十七世紀前半の中国東南沿海の鄭氏などは、特定の海域において一定の統治を行っていたと言えるだろう。

しかし、当該期の海賊は、広域的な海域支配を行う力はなかった。実際には、遭遇した船舶だけから保護費を徴収していた。これは、恒常的な保護費ではないし、保護費を徴収された船舶は別の海賊に遭遇すれば、また別に保護費を支払う必要が生じていた。さらに、中国船よりもはるかに優れた装備をしており、しかも欧米諸国の保護下にある欧米船に対する統制を中国人海賊が行うことは不可能であった。つまり中国人海賊に沿海統治能力はなかった。逆に言えば、海賊は交易の阻害要因でしかなかった。そして十六〜十七世紀と大きく異なっていたのは、海賊取り締まりの方針をとるようになっていたイギリスなどの欧米諸国が、海賊による統治を認める可能性がなかったことである。そこで清朝の海賊への対応が求められた。

清朝側の官僚の報告によれば、各省においては、水師による掃討・水師への編入が行われた。

さらには、先述したような旧来の漁船管理の手法にならって船舶十隻ごとの連帯組織の編成や、さらには地方武装組織である団練・郷勇の編制も試みられている。これらは嘉慶海寇の時やアヘン貿易対策などに用いられた伝統的な手法であったが、それが実際に行われたどうかも含め、効果は疑わしい。

そもそもアヘン戦争以前から水師の能力は低下していた。例えば福建水師は放置されたまま完成していない船舶が多数存在しており、規定されている名目上の戦船数は意味をなさなくなっていた。そして水師はその船舶を利用したビジネスに励んで海賊の鎮圧をせず、さらには海賊を水師に編入するということからも分かるように、水師そのものが海賊から構成されていた。

こうした状況の水師がアヘン戦争によって打撃を受けたのだから、海賊との力関係が完全に逆転する。福建人海賊は福建水師のトップである水師提督に対して数回にわたって挑戦状をたたきつけており、水師提督が乗っている船舶に焼夷弾を投げ込むような状況であった。これでは水師の権威もあったものではない。

また、広東人海賊張十五は、広東・広西省という二つの省を管轄する両広総督の徐広縉に対して、福建・浙江沿海の略奪・破壊を控える代わりに金銭を要求した。これは地方官僚トップに対する脅迫にほかならない。まさに、清朝の権威は地に落ちていた。そして実際に戦闘になれば、水師が敗北することも多かった。そういった状況では、水師に海賊を編入をしたとしても、彼らのコントロールは困難であったといえるだろう(15)。

このように清朝水師は海賊を抑制できず、海賊横行は貿易に打撃を与えていた。そこで登場するのがイギリス海軍である。

五 イギリス海軍の介入

アヘン戦争時に海賊掃討を行っていたイギリス海軍は、開港後、海賊掃討を一端停止する。それは、漁民と海賊の識別が困難であったからである。漁民が武装しており、チャンスを見つけた場合に海賊化するような状況では、識別は清朝の水師であっても不可能であっただろう。

しかし、開港場外側で欧米船が行っているアヘン貿易を海賊が攻撃する状況が続くと、この対応に変化が見られる。なかでも先述の深滬湾事件(一八四七年二月)は最悪の事件であった。廈門のイギリス領事はキャロライン号で発生した惨劇について、次のように報告している。

金曜日の午後八時半頃、この二隻の船[キャロライン号とオメガ号]は、突然、同時に恐らく各四十人を載せた、キャロライン号の乗組員の何人かが「ロルチャ船」と呼んだ二隻の海賊（マカオ）漁船［の海賊たちに］よって乗り込まれた。報告に同封した証言によればこれらのボートは吃水下《きっすい》は黒く塗られ、吃水上は明るく塗られワニスを塗装されていた。そのうち一隻は四門の大砲を装備し、もう一隻は二四ポンド砲六門を装備し、両方とも槍や焼夷弾などで十分に武装していた。

その［二隻の］乗員は広東人から構成され、間違いなくマカオないし香港の海賊である。これら二隻のボートはこれに先立つ三日前からこのイギリス船につきまとっており、夜間は湾を離れ、日中に戻ってくるのが確認されていた。

これらの船は詮索すべき対象であったのだが、キャロライン号の船長がこれらの船の様子に強い疑念を抱くことはなかった。

キャロライン号船上での攻撃があまりに急激で予期しないものであったため、その不幸な船長と不運な乗組員は武装したり、わずかな抵抗を試みたりする間もなく、船長は、みなの生命を守るためにボートを降ろすように命令した。

この行動は失敗した。船長、二人の航海士、九人のインド人水夫と一人の操舵手、三人の中国人は水面に降ろされた小型ボートに飛び乗り、ある恐ろしいタイプの殺人から逃れて、別のタイプの殺人に直面したのである。

彼らがあわてて小型ボートに飛び乗ったことにより、ボートは沈み、十六人の不幸な人々は水の中で生き延びようと格闘することになった。

約十三人の残りの乗組員は帆や横木にのぼり、深夜までそこにとどまった。舷側《げんそく》の溺れている人々からの叫び声は聞こえなかったが、二人ないし三人のインド人水夫のうめき声が聞こえた。彼らは鎖をたどって舳先《へさき》にたどり着こうとしたが、冷酷な襲撃者によって無慈悲に長槍で刺された。かくして、キャロライン号の舷側で十六人は残酷に殺害されたのである。

帆柱に上って逃れた人たちは、デッキに戻ると、キャロライン号が約六十箱のアヘンと総額三万五〇〇〇ドルにのぼると思われる全ての貴重品を奪い去られたことに気づいた。

同様にもう一隻のオメガ号の船員も殺害され、死者は合わせて三十名以上になり、積載していたアヘンと売上金が奪い去られることになる。(16)

この深滬湾事件に清朝の武官が関与していた可能性があったが、清朝側の追及は一部の漁民のみで終わった。このように深滬湾事件に対する清朝側の対応が不十分であったことから、イギリス軍艦の海賊掃討が開始された。一八四八年になると、イギリス海軍省も中国沿海における海賊

図2　海賊艦隊撃破（東洋文庫所蔵）

活動の活性化を認識して方針を転換し、イギリス軍艦による海賊掃討を奨励していくようになる。

海賊掃討にあたった中国艦隊のイギリス軍艦は砲艦などを中心としており、数百トン程度で、イギリス艦隊の中では小型であった。しかし、そうした艦船でも海賊を装備面では圧倒していたし、汽船であれば速力の点で優位であった。さらに、常に訓練している乗員の練度も海賊とは異なっていた。結果的に海賊との戦闘ではイギリス軍艦の一方的な勝利になる。

図2（口絵10）は一八四九年九月二十八日の香港島に近い大鵬湾における、広東人海賊徐亜保の艦隊とイギリス艦コロンバイン号との戦闘を描いている。圧倒的多数の徐亜保艦隊にイギリス艦船が挑むような形で描かれているが、実際には、イギリス艦船

闘はイギリス艦艇の圧倒的な勝利に終わる。この戦いの直後のバイアス湾における戦いにおいてイギリス艦隊は二十三隻の海賊ジャンクを撃沈し四〇〇人の海賊を殺害し、徐亜保の艦隊を壊滅に追い込むことになるが、その際のイギリス側損害は負傷者一名にすぎなかったとされる。(17)

こうしたイギリス海軍の海賊掃討が進む中で、清朝側の態度は変ってきた。一八四九年六月の駐廈門イギリス領事の報告によると、海賊掃討を終えた指揮官に対し、廈門の清朝官僚や民衆は以下のような態度をとるようになっていた。

…この名誉ある勇敢な指揮官の尽力に対して清朝当局の感謝が三度にわたって示されたことを、私は喜んで報告したい。そして廈門の人々は彼らの貿易に対して与えられたこの支援と、彼らのしいたげられた同胞達が多数解放されたことについて非常に喜んだ…。官僚はこれらの海賊の拿捕を非常に喜び、今や以前よりもより一層の協力を望み、海賊の名前や根拠地の情報を提供するようになった。私は戦闘ジャンクとの信号交換を成立させ、三人の中国側水師指揮官は指揮官ライアンズに手紙を持って行った。(18)

こうして、開港場においては清朝地方官僚・中国人商人からイギリス領事に海賊の情報が伝えられ、それを受けてイギリス軍艦が出動して海賊を掃討するといった中英の協力関係が構築されていった。

このようなイギリス海軍の介入の結果、大規模な海賊集団の形成は不可能になり、一八四〇年代末にかけて、開港場を中心とする交易の安全が次第に確保されていった。(19)

六　広東人海賊の勃興

ところが、一八五〇年代になると、広東人海賊が台頭してくる。広東人海賊の強みは、従来からの欧米人との関係にあった。彼らは欧米の技術・装備を導入して他の海賊集団よりも優位にたった。さらに、欧米人が直接海賊に参加することもあった。また、ポルトガル船が広東人海賊と協力して海賊活動を行うこともあった。こうした状況を背景に、広東人海賊が欧米船籍を偽装することもあり、イギリス・ポルトガル・アメリカ国旗などを掲揚することで、イギリス海軍などの掃討を回避していた。また、マカオ・香港といった安全な根拠地を確保していたことも優位につながっていた。

広東人海賊の優位のもう一つの理由は、清朝官僚との癒着である。そもそも福建水師提督が広東人海賊あがりであることもあり、地方官僚と広東人海賊の関係は深かった。こうした関係を利用して、広東人海賊は福建人海賊が支援していた廈門小刀会の反乱鎮圧にも協力し、さらには他の海賊掃討のために地方当局によって雇用されることもあった。

もっとも、このような広東人海賊の雇用は必ずしも成功したわけではない。反乱の多発していた十九世紀中葉、清朝の中央財政は破綻し、地方政府も財政難であり、長期間海賊を雇用することなど不可能であった。そして、雇用された広東人海賊が、自らが救出した船舶に対して襲撃した海賊と同様の強請を行っており、これでは他の海賊と同じである。そして広東人海賊は解雇されると、すぐに海賊化してしまった。

結局、こうした欧米人や清朝官僚との関係をフルに利用することによって、広東人海賊の活動の活性化が進んでしまい、沿海貿易に大打撃を与えることになる。一八五〇年代以降の課題は、これをいかに抑制するかにあった[20]。

七　沿海の安定と海賊

一八五〇年に咸豊帝が即位すると、清朝中央においては対外強硬派が力をもち、清朝と外国との関係は悪化した。そのため、地方から中央に対しては、海賊掃討をめぐって外国との協力関係を報告することはなくなった。

しかしながら、実際には地方における海賊対策においては中英の協力関係が強化されていた。すでにふれたように廈門ではイギリス領事を通じた清朝側の要請や情報提供に基づいてイギリス海軍が出動して海賊を掃討する協力関係があり、省都で、総督・巡撫などの高官がいる福州でも同様の事態が生じていた。

結果的に、沿海各地でイギリス海軍が広東人海賊を掃討することになった。その結果、広東人海賊の拠点は次第に減少し、活動範囲は広東省の沿海にせばまっていく。こうして、イギリス軍艦が開港場に停泊し、周辺海域の海賊掃討を行うことによって、開港場の安全が確保され、開港場に外国船貿易が集中していくことになる。

イギリス海軍の実力を認識した地方官僚はイギリス軍艦に反抗的な村落への武力介入を要請し、実際に武力行使を行う事例もあった。しかしながら、イギリス海軍の活動は公海上に限定されており、その展開能力には限界があった。したがって領海内の治安は清朝側が維持する必要性があった。しかし、一八五〇年代においては清朝が十分に軍事力を展開する余力はなく、地域的海賊を掃討することはできなかった。

もっとも、こうした地域的な海賊は開港場における外国船貿易に影響を与えることは少なかった。つまり主要港に貿易を集中させるというような形での清朝の海域支配は復活したといってよい。主たる貿易が維持されている限り、清朝地方官僚にとって武力介入の必要性は少なかったといえるだろう(21)。

第二次アヘン戦争(アロー戦争)によって天津条約(一八五八年)・北京協約(一八六〇年)が締結されると、そこでは海賊掃討における中英の協調が規定された。そして、第二次アヘン戦争以降、イギリスは軍事力を用いた政策から、外交的な圧力を利用する協調政策へと転換していった。一八六八年以降、イギリスの中国に対する軍事力行使の抑制方針が決まった。海外におけるイギリス海軍の規模が縮小する中で、イギリスの中国艦隊も縮小していった。

同時期、清朝を脅かしていた太平天国をはじめとする諸反乱の鎮圧も進み、清朝はようやく中国全体の秩序回復を達成していった。その中で、近代軍事力の威力を認識した有力督撫らによって軍事力の整備が進められ、近代海軍も創設される。一八六六年には福建船政局が成立し、近代的艦船の建造が始まった。一八六八年には中国最初の汽走砲艦も江南製造局で進水した。中国近代海軍の設立により、もはや列強海軍なくしても、大規模な海賊の復活は不可能になった。

その後、清仏戦争や日清戦争で中国近代海軍は敗北を繰り返し、主力である北洋艦隊は大きな被害を受けた。その結果、小規模な海賊が活性化する場合もあった。これらは清朝の支配が陸上において依然として弱かったことが原因である。しかし、これらの海賊は開港場貿易、すなわち欧米諸国の船舶や貿易にとって直接の脅威にならなかった。その点で「海賊問題」は十九世紀中葉に解決したといえよう。

おわりに

ここまでの内容をふまえ、最初の疑問に答えたい。まず、イギリス砲艦の相手であるが、アヘン戦争や第二次アヘン戦争時を別にすれば、それは海賊であった。沿海では「イギリス」と「清朝地方官」の協力関係が構築されつつあり、イギリス砲艦の砲口は海賊に向けられたのである。清朝地方官僚は中国人海賊の代わりにイギリス海軍に海賊鎮圧をほぼ「無料」で請け負わせて秩序回復に成功した。これは、清朝地方官僚のイギリスへの「アウトソーシング」とみなすことができる。「小さな政府」の清朝は、旧来と同じ方法を用いたと行ってよい。

もっとも、「アウトソーシング」には限界が存在した。イギリスは「領海」というものを認識しており、中国の領海内への介入は内政干渉となるから、イギリス政府にとって望ましいことではなかった。また、イギリス海軍の主たる関心は本国防衛にあり、はるか遠方の東アジアにおける展開能力にも限界があった。

それでは、海賊問題が浮上するのはどのような時といえるのだろうか。それは、地域的秩序の崩壊、陸上の治安の崩壊、それと同時に経済的な停滞がみられた場合に大規模に発生した海賊、あるいは国家が沿海を全て管理できない際に出現した海賊が貿易の幹線（開港場間貿易・国際貿易）に脅威を与える時であるといえる。十九世紀中葉の開港後の中国沿海の海賊は幹線貿易である開港場貿易（外国船貿易）を脅かしたために、イギリスなどに問題視されて掃討されたのである。ソマリア沖・マラッカ海峡の海賊が問題視されるのも、重要な国際貿易ルートに脅威を与えるからである。そして、地域的な海賊の存続は陸の支配と密接に関連していることも共通している。

そして漁民をいかに管理するかという問題であるが、中国は歴史上、海の支配に重点が置かれることは少なく、海陸を問わず地方の住民の管理が概してゆるいという特徴を持っていた。清朝は漁民に連帯責任を負わせようとしたが、それはある意味、責任を丸投げしていたともいえる。結局、政府が沿海の管理コストを負担することは困難であり、十九世紀中葉に清朝は外国に負担させていたし、近年になるまで東アジアでは中国が中国漁民の管理を外国側に負担させていたのも事実である。

しかし、中国漁民の活動範囲が拡大するなかで、海洋利権と関係させながら国家が管理に乗り出した場合、従来中国漁民を管理していた側、あるいは新たに管理をすすめる側との対立は深まることになる。これが現在中国の周辺海域での紛争の一因ともなっている。したがって、国家が漁民の管理に積極的に乗り出すことは、海域を不安定に導くことにもつながるのである。

注

（1）村上衛『海の近代中国――福建人の活動とイギリス・清朝』（名古屋大学出版会、二〇一三年）一四六―一四八頁。

（2）岩井茂樹『中国近世財政史の研究』（京都大学学術出版会、二〇〇四年）三三頁。

（3）王家倹「清代的緑営水師（一六八一―一六八四）」（李金強・劉義章・麦勁生合編『近代中国海防――軍事与経済』香港中国近代史学会、一九九九年）二〇二―二〇三頁。

（4）茅海建『天朝的崩潰――鴉片戦争再研究』（生活・読書・新知三聯書店、一九九五年）五〇頁。

（5）豊岡康史「清代中期広東沿海居民の活動、一七八五～一八一五年――『吏科題本』「糾参処分例」を中心に」（『社会経済史学』七三巻三号、二〇〇七年九月）。

（6）岡本隆司『近代中国と海関』（名古屋大学出版会、一九九九年）四三―七七頁。

（7）欧陽宗書『海上人家――海洋漁業経済与漁民社会』（江西高校出版社、一九九八年）一一二―一五七頁。

（8）注6前掲岡本書、九五―一〇一頁。

（9） Dian H. Murray, *Pirates of the South China Coast1790-1810*, Stanford: Stanford University Press, 1987, pp. 119-150. 豊岡康史「珠江河口における貿易秩序と海賊問題（一七八〇～一八二〇）」（『東洋史研究』七二巻一号、二〇一三年六月）。

（10） 注1前掲村上書、二六―八八頁。

（11） ネメシス号の活動については、吉澤誠一郎「ネメシス号の世界史」（『パブリック・ヒストリー』一〇、二〇一三年二月）参照。

（12） 注4前掲茅海建書、二一九―二七二頁、注1前掲村上書、一四三―一四四頁。

（13） John K.Fairbank, *Trade and Diplomacy on the China Coast: The Opening of the Treaty Ports, 1842-1854*, Cambridge, Mass.: Harvard University Press, 1953, pp. 329-346.

（14） 注1前掲村上書、一三九―一四〇頁。

（15） 注1前掲村上書、一四二―一四五頁。

（16） FO228/70, Layton to Davis, No. 15, February 9, 1847.

（17） Grace Fox, *British Admirals and Chinese Pirates 1832-1869*, London: Kegan, Paul, Trench, Trubner&Co., LTD, 1940, pp. 107-108.

（18） FO228/98, Layton to Bonham, No. 13, June 9, 1849.

（19） 注1前掲村上書、一四六―一五三頁。

（20） 注1前掲村上書、一五八―一六五頁。

（21） 注1前掲村上書、一六九―一七三頁。

年　表

西暦	東インド会社、及び世界史・日本史の主な関連事項
1595	オランダ船隊、はじめて東インドに向かう
1600	関ヶ原の合戦
1601	イギリス東インド会社（以下EIC）の創設
1602	オランダ東インド会社（以下VOC）の設立
1603	徳川家康、征夷大将軍となり、徳川政権が成立。第1回のオランダ東インド会社船隊12隻が、オランダを出航し、アジアに向かう
1609	VOC船、はじめて平戸に到着、商館を設置
1613	EIC、平戸に商館設置（1623年まで）
1619	VOCがアジアの海の拠点としてバタヴィアを占領、都市建設
1621	VOCバタヴィア総督クーンによるバンダ島民大量殺戮事件
1623	アンボイナ島事件起こる
1624	VOC、台湾にゼーランディア要塞を築く
1635	徳川政権が朱印船制度廃止、日本人の海外渡航・帰国を禁止
1637	天草・島原一揆起こる
1639	徳川政権、ポルトガル人の来航を禁止。オランダ人やイギリス人等との混血児とその母をバタヴィアに追放
1641	徳川政権、VOC商館の平戸から長崎出島への移転を命令
1643	ルイ14世即位する
1644	明帝国滅亡、清が北京に遷都し、中国の支配を始める
1651	イギリス、航海法を定める（オランダ商人の中継貿易排除が目的）
1656	清帝国、海禁令を発布（1684年まで）
1662	鄭成功、台湾のVOC要塞を征服
1664	フランス東インド会社設立。イギリス、オランダからニューアムステルダムを奪いニューヨークとする
1669	VOC、マカッサル王国を征服
1670	デンマーク・アジア会社の設立（～1807）
1674	フランス東インド会社、ポンディシェリを獲得

西暦	東インド会社、及び世界史・日本史の主な関連事項
1683	清帝国、台湾の鄭氏政権を平定
1689	長崎で唐人屋敷建設、以後来航華人はすべてここに住むことになる
1697	幕府、長崎会所を通じて、貿易を管理する
1707	ムガル帝国の皇帝アウラングゼーブ没。インド亜大陸の政治情勢流動化
1715	正徳新例により、徳川政権、長崎における対外貿易額を制限
1716-17	享保の改革（～ 1745、禁書令の緩和）
1731	スウェーデン東インド会社設立（～ 1807）
1740	バタヴィアで華人虐殺事件発生
1746	フランス東インド会社軍、マドラスを占領（～ 1748）
1757	インドでプラッシーの戦い。清、ヨーロッパ船による貿易を広州1港に限定
1761	EIC、ポンディシェリを占領（インドで対フランス戦争に勝利）
1765	EIC、ベンガル（インド）の徴税権を得る
1769	フランス東インド会社解散
1776	アメリカ独立宣言
1784	インド法制定（イギリス）
1787	寛政の改革（～ 1793）
1789	フランス革命開始
1792	フランス、第一共和制。ロシアよりラクスマンが根室に来航
1793	イギリス使節マカートニー、清帝国に来航
1799	オランダ東インド会社廃止
1802	ベトナム阮朝の成立
1804	ナポレオン皇帝即位。ロシアよりレザノフが長崎に来航
1805	トラファルガーの海戦
1808	フェートン号事件（長崎におけるイギリス船の侵入）
1813	イギリス東インド会社、インドとの独占貿易終了
1815	ウィーン条約調印、ワーテルローの戦い

西暦	東インド会社、及び世界史・日本史の主な関連事項
1816	オランダ、ジャワを回復。アマースト中国に至る
1825	幕府、異国船打払い令を出す
1833	イギリス東インド会社、中国との独占貿易終了、以後商取引停止
1840	アヘン戦争起こる
1849	イギリス航海法廃止
1855-58	アロー戦争
1858	ムガル帝国の滅亡、イギリス東インド会社解散

あとがき

平野健一郎　HIRANO Kenichiro

本書は、東洋文庫ミュージアムが二〇一二年四月十四日に日仏会館ホールをお借りして開催した「東インド会社とアジアの海賊」というシンポジウムから生まれたものです。シンポジウムは、東洋文庫ミュージアムが同年三月七日から六月二十四日まで行っていた「東インド会社とアジアの海賊」という企画展示を記念する行事で、企画展示と同じタイトルでした。

一九二四年に創立された東洋文庫は、岩崎文庫（東洋文庫創設者岩崎久彌のコレクション）とモリソン・コレクションを中核として充実してきた、世界有数の東洋学研究図書館ですが、二〇一一年の改築に合わせて、同年十月にミュージアムを開館しました。東洋文庫が所蔵する貴重な書物を広く一般の方々にもお見せしたいという狙いです。第一回の展示は開館記念特別展で、モリソン・コレクション、東方見聞録コレクションの初公開、辛亥革命百周年記念展示など、大変好評でした。第二回展示からは、特定のテーマを掲げて、それに関わる東西の文献をお見せする企画展示を重ねて行くとの方針を立て、その最初に行なったのが「東インド会社とアジアの海賊」でした。

そもそも「東洋」とは、西洋から見ての「東洋」（オリエント）で、「東洋学」の出自も西洋でした。幕末以降、日本は近代諸科学を西洋から懸命に採り入れましたが、歴史学もその例外ではありませんでした。歴史上、西洋から東洋に伸びてきた力の、一つの具体的な表れが東インド会社だったといえます。勢い、近代日本における「東洋学」的研究の一つの柱になったのが東インド会社研究で、第二次世界大戦の戦前と戦後、日本のみならず、東南アジア各地の東インド会社をめぐる歴史事実を発掘する研究は、正統な東洋史研究として大きく発展しました。東洋文庫は、その成り立ちからしてその時期の東インド会社研究に類縁性があり、研究を刺激し、推進する役割を果たしたと思われます（ただし、戦前の東洋文庫に対して、「オリエンタリズム」という批判が当てはまるかどうかは一考する必要があると思います。東洋文庫を生み出す元となった岩崎文庫が漢籍と和書からなるように、本来の東洋と日本の書誌学的伝統がもう一つの大きな力になっています）。

それから半世紀弱、東洋文庫ミュージアムの企画展「東インド会社とアジアの海賊」のための図録（『時空をこえる本の旅2　東インド会社とアジアの海賊』東洋文庫、二〇一二年三月）の巻頭言は、次のように述べています。

今から約四〇〇年前、世界初の本格的な株式会社である「東インド会社」は、オランダ・イギリス・フランス・スウェーデンなどの北西ヨーロッパで相次いで誕生しました。これらの国々がアジア各地に進出した際の経済活動、ひいては軍事行動をともなう植民地支配において、主要な役割を担ったのが東インド会社です。

この迫りくる〝脅威〟に対して、アジアの人々がおとなしく手をこまねいていたわけではありません。多様で豊かな物産の独占交易を目指して、東インド会社はアジア諸地域で海上覇権の確立を狙いますが、その大きな障壁として立ちはだかったのが現地の海賊たちです。

巻頭言は続けて、東インド会社と現地の海賊の衝突を「富の配分をめぐるグローバリズムとローカリズムの衝突」と性格づけ、「近代が幕を開けようとしたその時、〔アジアとヨーロッパ〕二つの文明世界はいかに出会い、いかなる関係を取り結んだのでしょうか」と、読者・来館者を展示に誘いました。

さて、シンポジウムですが、羽田正さんの「アジアの人々と東インド会社という海賊」と題された基調講演から始まって、続く七つの報告は、多様な事象と側面について、それぞれ、綿密な現地調査や丹念な考証を行った最新の研究成果にもとづくご報告で、一つ一つ、ぐっと惹きつけられるものでした。しかも、それにとどまらず、特筆すべきことは、八つの報告全体で「東インド会社に手向かうアジアの海賊」という通念的な理解を、見事にひっくり返されたのでした。東洋文庫ミュージアムの企画展をすでに見ていた人をはじめ、シンポジウムに集まった人々の多くに、「誰が海賊だったの?」という予感のようなものが感じられていましたが、シンポジウムはその予感に見事に応じるものでした。そして、その応答は、現在の歴史研究、地域研究の、きわめて厳密な知的作業によってこそ生み出されたものだ、という実感が知的興奮をいっそう強めて、シンポジウムは終わりました。

この、シンポジウムの成果は、「東インド会社研究」(と、狭い呼び方をするのは適当でないかもしれませんが)の今日の到達点という、歴史的な意義を示すもののように思われます。すなわち、研究面においては、西洋から東洋へ、という一方向的な視線はとうに乗り越えられ、グローバリズムとローカリズムの(衝突ではなく)融合が、新しい歴史理解を生み出しているということです。目の覚めるような新しいアジア学の成果です。東洋文庫は、その歴史的発展に即して、東インド会社研究の第一のピークと第二のピークの両方に機縁を持つことができました。あのシンポジウムの知的興奮と感動が本書に記録され、東洋文庫の役割も後世に残されることに心からの感謝を捧げる次第です。

シンポジウムの基調報告者と報告者の皆様には、あらためて心からのお礼を申し上げますと共に、本書のために原稿を整えてくださったことにも感謝を申し上げます。中島楽章様には、あたかもシンポジウムでご報告いただいたようなご文章を本書に補っていただきまして、ありがとうございました。深瀬公一郎様には、別に催された企画展記念講演会（二〇一二年五月十九日）で「屏風に描かれたオランダ東インド会社の活動」と題するご講演をいただき、それにもとづくご文章を本書に収めることをご了承くださいまして、ありがとうございました。また、このたびの増補改訂にあたっては嘉藤慎作様にインド洋西海域の海賊活動の実態を示す貴重なご論考を新たにご寄稿頂きました。また、嘉藤様をご紹介頂いた島田竜登様にもこの場をかりて謝意を表します。

手前味噌になりますが、東洋文庫普及展示部の研究員、学芸員は、「東インド会社とアジアの海賊」企画展示とシンポジウム、講演会の企画・設営・運営に全力を尽くし、本書の誕生の支えとなったことを付言させていただきます。最後に、シンポジウムの意義と面白さに注目されて、本書の出版を提案された勉誠社に深く敬意を表します。

執筆者一覧（掲載順）

【監修者】

斯波義信（しば・よしのぶ）

一九三〇年生まれ。東洋文庫常務理事・文庫長。東京大学名誉教授、大阪大学名誉教授。専門は宋代の商業史、華僑・華人研究など。アメリカ歴史学会終身名誉会員、日本学士院会員。瑞宝重光章、文化功労者、文化勲章、唐奨［漢学賞］、フランス学士院レオン・ヴァンデルメシュ記念中国学賞を受賞。

著書に『宋代商業史研究』（風間書房、一九六八年）、『華僑』（岩波書店、一九九五年）などがある。

平野健一郎（ひらの・けんいちろう）

一九三七年生まれ。東洋文庫常務理事・普及展示部長・東洋文庫ミュージアム館長。東京大学名誉教授、早稲田大学名誉教授。専門は国際関係論・国際関係史・国際文化論。日本国際文化学会初代会長。国立公文書館アジア歴史資料センター長を歴任。

編著に『近代日本とアジア――文化の交流と摩擦』（東京大学出版会、一九八四年）、『国際文化論』（東京大学出版会、二〇〇〇年）などがある。

【編者】

牧野元紀（まきの・もとのり）

一九七四年生まれ。東洋文庫文庫長特別補佐。学習院女子大学国際文化交流学部教授。専門はベトナム史・アジア近代カトリック史・太平洋海域史・博物館学・アーカイブズ学。日仏東洋学会評議員、日本漢字学会評議員、長崎世界遺産学術委員会委員、永青文庫客員研究員。編著に『時空を超える本の旅五〇選』（東洋文庫、二〇二一年）、『ロマノフ王朝時代の日露交流』（勉誠出版、二〇二〇年）などがある。

羽田　正（はねだ・まさし）

一九五三年生まれ。東洋文庫評議員。東京大学名誉教授。現代的な視座から世界史の解釈・叙述方法を考える国際共同研究「新しい世界史／グローバルヒストリー共同研究拠点の構築」事業（https://coretocore.tc.u-tokyo.ac.jp）を、海外の研究者たちとともに展開している。編著に『東インド会社とアジアの海』（講談社、二〇〇七年）、『新しい世界史へ――地球市民のための構想』（岩波書店、二〇一一年）、『海から見た歴史』（東京大学出版会、二〇一三年）などがある。

嘉藤慎作（かとう・しんさく）

一九九〇年生まれ。滋賀大学経済学部准教授。専門はインド洋海域史、南アジア史。現在、近世アラビア海の海域秩序の研究を進めている。論文に'The Dutch East India Company in the Port City of Surat on the West Coast of India in the Eighteenth Century'（*Acta Asiatica: Bulletin of the Institute of Eastern Culture*, 122, 2022, pp. 19-31）などがある。

鈴木英明（すずき・ひであき）

一九七八年生まれ。国立民族学博物館グローバル現象研究部・総合研究大学院大学准教授。専門はインド洋海域世界史、世界史。現在は、十九世紀を事例にしてインド洋海域世界史から世界史のモデル構築を目指している。著書に *Slave trade profiteers in the Western Indian Ocean : suppression and resistance in the Nineteenth Century*, Palgrave, 2017,『解放しない人びと、解放されない人びと——奴隷廃止の世界史』（東京大学出版会、二〇二〇年）、『東アジア海域から眺望する世界史——ネットワークと海域』（編著、明石書店、二〇一九年）などがある。

太田　淳（おおた・あつし）

一九七一年生まれ。慶應技術大学経済学部教授。専門はインドネシア社会経済史および海域東南アジアの移民と貿易の研究。著書に『近世東南アジア世界の変容——グローバル経済とジャワ島地域社会』（名古屋大学出版会、二〇一四年）、*In the Name of the Battle against Piracy: Ideas and Practices in State Monopoly of Maritime Violence in Europe and Asia in the Period of Transition*, Leiden and Boston: Brill, 2014（編著）、『アジア経済史（上）』（古田和子と共編、岩波書店、二〇二四年）などがある。

弘末雅士（ひろすえ・まさし）

一九五二年生まれ。立教大学名誉教授。専門は海域東南アジア史ならびにインドネシア近現代史。現在は、前近代の港市国家や近代移行期の港市住民の歴史を中心に研究している。

著書に『東南アジアの建国神話』（山川出版社、二〇〇三年）、『東南アジアの港市世界――地域社会の形成と世界秩序』（岩波書店、二〇〇四年）、『人喰いの社会史――カンニバリズムの語りと異文化共存』（山川出版社、二〇一四年）、『海の東南アジア史――港市・女性・外来者』（ちくま新書、二〇二二年）などがある。

中島楽章（なかじま・がくしょう）

一九六四年生まれ。九州大学人文科学研究院准教授。専門は中国社会史、東アジア海域史。とくに明清時代の徽州社会や、十五～十七世紀東アジアの海上貿易・人々の移動などを研究している。

著書に『明代郷村の紛争と秩序――徽州文書を史料として』（汲古書院、二〇〇二年）、『徽州商人と明清中国』（山川出版社、山川リブレット一〇八、二〇〇九年）、『寧波と博多』（編著、汲古書院、二〇一三年）、『南蛮・紅毛・唐人――一六・一七世紀の東アジア海域』（編著、思文閣出版、二〇一三年）、『大航海時代の海域アジアと琉球――レキオスを求めて』（思文閣出版、二〇二〇年）などがある。

パオラ・カランカ（Paola Calanca）

一九六三年生まれ。フランス国立極東学院・香港支部代表。専門は中国海洋史、海防史、中国を中心とする海賊の歴史。

著書に *Piraterie et contrebande au Fujian. L'administration chinoise face aux problèmes d'illégalité maritime (17e - début 19e siècle)*（福建における海賊と密貿易――十七～十九世紀初頭、海洋にお

ける非合法活動への中国政府の対応), Paris: Indes savantes, 2011; 編著にPaola Calanca, Liu Yi-chang & Frank Muyard, eds. *Taiwan Maritime Landscapes from Neolithic to Early Modern Times*（台湾の海洋風景――新石器時代から近世まで), Paris, EFEO, Etudes Thématiques 34, 2022; 論文に“Piraterie et sécurité côtière dans le sud-est de la Chine, 1600-1780”（一六〇〇～一七八〇年、中国東南沿岸における海賊と海防), Antony Robert ed., *Elusive Pirates, Pervasive Smugglers: Historical Perspectives on Violence and Clandestine Trade in the Greater China Seas*（捕らえどころのない海賊、遍在する密輸船――中国沿岸における暴力と密貿易に関する歴史的研究), Hong Kong: Hong Kong University Press, 2010, ch. 7, pp. 85-98 “The Maritime Environment around Taiwan: Perception and Reality”（台湾の海洋環境――認識と現実) in Paola Calanca, Frank Muyard & Liu Yi-chang, eds., *Taiwan Maritime Landscapes from Neolithic to Early Modern Times*, Paris, EFEO, Études thématiques 34, 2022, p. 213-248 などがある。

彌永信美（いやなが・のぶみ）
一九四八年生まれ。フランス国立極東学院・東京支部元代表。専門は仏教学、とくに仏教神話と中世日本仏教。
著書に『幻想の東洋』（青土社、一九八七年、ちくま学芸文庫、二〇〇五年）、『大黒天変相――仏教神話学Ⅰ』（法藏館、二〇〇二年）、『観音変容譚――仏教神話学Ⅱ』（法藏館、二〇〇二年）などがある。

深瀬公一郎（ふかせ・こういちろう）
一九七三年生まれ。長崎歴史文化博物館研究員。専門は近世日本・琉球の港市研究。
論文に「近世日琉関係における外交・貿易シス

テム」(『南島史学』六四号、二〇〇四年)、「十六・十七世紀における琉球・南九州海域と海商」(『史観』一五七、二〇〇七年)、「十九世紀における東アジア海域と唐人騒動」(『研究紀要(長崎歴史文化博物館)』三、二〇〇八年)などがある。

豊岡康史(とよおか・やすふみ)
一九八〇年生まれ。信州大学学術研究院准教授。専門は清朝政治史、中国東南沿海の社会経済史・国際関係。
著書に『海賊から見た清朝——一八～一九世紀の南シナ海』(藤原書店、二〇一六年)、『銀の流通と中国・東南アジア』(大橋厚子と共編著、山川出版社、二〇一八年)、『嘉慶維新研究——嘉慶四(一七九九)年上諭訳注』(村上正和・相原佳之・柳静我・李侑儒と共編著、汲古書院、二〇二三年)などがある。

村上　衛(むらかみ・えい)
一九七三年生まれ。京都大学人文科学研究所教授。専門は中国近代社会経済史。歴史的に形成されてきた中国の社会経済制度が、十九世紀以降に如何に変容し、また持続しているのかについて検討を進めている。
著書に『海の近代中国——福建人の活動とイギリス・清朝』(名古屋大学出版会、二〇一三年)などがある。

監修者紹介

斯 波 義 信（しば・よしのぶ）

1930年生まれ。東洋文庫常務理事・文庫長。東京大学名誉教授、大阪大学名誉教授。専門は宋代の商業史、華僑・華人研究など。アメリカ歴史学会終身名誉会員、日本学士院会員。瑞宝重光章、文化功労者、文化勲章、唐奨[漢学賞]、フランス学士院レオン・ヴァンデルメシュ記念中国学賞を受賞。

平野健一郎（ひらの・けんいちろう）

1937年生まれ。東洋文庫常務理事・普及展示部長・東洋文庫ミュージアム館長。東京大学名誉教授、早稲田大学名誉教授。専門は国際関係論・国際関係史・国際文化論。日本国際文化学会初代会長。国立公文書館アジア歴史資料センター長を歴任。

羽田　正（はねだ・まさし）

1953年生まれ。東洋文庫評議員。東京大学名誉教授。現代的な視座から世界史の解釈・叙述方法を考える国際共同研究「新しい世界史／グローバルヒストリー共同研究拠点の構築」事業（https://coretocore.tc.u-tokyo.ac.jp）を、海外の研究者たちとともに展開している。

編者紹介

牧 野 元 紀（まきの・もとのり）

1974年生まれ。東洋文庫文庫長特別補佐。学習院女子大学国際文化交流学部教授。専門はベトナム史・アジア近代カトリック史・太平洋海域史・博物館学・アーカイブズ学。日仏東洋学会評議員、日本漢字学会評議員、長崎世界遺産学術委員会委員、永青文庫客員研究員。

増補改訂版《ぞうほかいていばん》
東《ひがし》インド会社《がいしゃ》とアジアの海賊《かいぞく》

監修者　東洋文庫
　　　　斯波義信
　　　　平野健一郎
　　　　羽田　正
編　者　牧野元紀
発行者　吉田祐輔
発行所　㈱勉誠社
〒101-0061 東京都千代田区神田三崎町二-一八-四
電話　〇三-五二一五-九〇二一㈹

二〇二四年九月二十日　初版発行

印刷
製本　中央精版印刷㈱

ISBN978-4-585-32056-2　C0022